權證小哥

股市致勝

交易筆記

權證小哥◎著

Contents 目錄

▶第1篇 用對交易工具 抓住獲利機會

Contents 目錄

▶ 第4篇　追蹤股市大事　搶賺波段行情

▶ **第5篇 擬定布局策略 提高致勝機率**

▶ **第6篇 實戰問答解析 釐清投資盲點**

實戰策略
來自巨量的交易經驗

我和小哥是六年二班的同學，屬於一種擁有共同記憶、且隨著年歲增長而彼此相知的同溫層。

還記得第一次採訪他是 2010 年，在寶來證券（已併入元大證券）舉辦的權證競賽活動頒獎典禮上，他當時以 3 個月報酬率 68% 最佳成績，獨得「獲利王」100 萬元現金獎金。

他走下台階、我上前與他攀談，他還刻意壓低帽沿想要低調些。當時他的外表不脫理工科老師的喜感及質樸，但言談間又藏不住對數字異常敏銳的精明鋒芒，讓人印象深刻。

這些年來，他對權證商品知識的專精，奠基於一位老師（小哥原來的職業是國中理化老師）的養成訓練，具追根究柢的精神，再配合實務上每天往復的巨量交易經驗，加上在市場第一線的近身目擊和事件觀察；所以只要是小哥提出

來的實戰策略，都深受年輕人的喜愛與追隨。好幾次我們約在公眾場合採訪，總有粉絲會認出他來，上前要求簽名與合照。

小哥還有超然的正義感。早些年我還在媒體中負責主跑台灣證券交易所的路線時，他時常會提出權證造市券商的不合理處——也就是各種吃投資人豆腐的小動作，像一見有買盤就瞬間調降隱波，或是一看有賣單就拉大價差等等。

他會要求我帶著他去找證交所的副總經理，討論造市規定的改善空間；當時我們兩個應該都是證券商最不受歡迎的黑名單人物。此外，他早年也會踢爆各種股市「冥」師，要大家少上當、少賠錢，就算被詐騙集團鎖定報復，也不畏懼退縮。

而我有榮幸因為小哥對賺錢的熱情，喔不，是追求公平和正義的熱情，而一起對改善權證造市規定、健全市場發展，做出小小的貢獻。

多年來我因為整理小哥的專欄、書稿，耳濡目染，學習了不少挑選權證及追蹤籌碼的技巧，可以提前離開血汗職場，過著半工作、半退休的生活。

其實小哥也老早就跨越財富自由的門檻，卻為了教誨市場裡的「莘莘學子」，即使新冠肺炎確診、甚至開刀後還住在病房裡，都沒有中輟，日日分享籌碼流

向，也時常開課，分享各種賺錢技巧和心得給大家。

　　我和小哥已邁入人生半百，但他這種毅力、意志力及恒心，實在令同齡的我由衷敬佩，也因為追不到他的車尾燈而汗顏。他的堅持，為台灣年輕交易人創造了典範。

　　小哥的前 3 本書，堪稱為台灣股市短線交易的經典作品，今日欣見第 4 本書即將問世，希望大家能夠繼續買爆、用新台幣下架，來肯定他這位不藏私、有教無類的真正「名師」！

資深媒體人

陳淚飛

從籌碼流動
看懂股市財富的流向

　　我是權證小哥，距離第 3 本書《贏家的智計》出版後，距今也過了 7 年。其中遇到了 2018 年 0206 選擇權賣方大屠殺；2020 年新冠肺炎疫情，巴爺爺從來沒看過的美國標普 500（S&P 500）指數 4 次熔斷；也經歷過 2021 年航海王、鋼鐵人，全民瘋股，成交量 8,000 億元的年代。

　　其中看到有投資人居然在 7 個月內，利用權證與股票期貨從 30 萬元翻成 3,000 萬元，後來又大賠回去；聽說少年股神從幾十萬元翻成 2 億元，後來又負債 2,000 萬元的狀況。最神奇的是，PTT 上的「航海王」年賺 40 多億元的盛況。

　　2022 年，大盤崩跌 4,000 多點，在眾多台股基金還有許多大咖投資人都大賠的那年，小哥的獲利卻創了新高。最關鍵的還是小哥優化了很多交易策略，對於停損更加確實；對於眾多投資商品，可以更加靈活運用；對於籌碼研究，更有充分的認知。所以在空頭年，持股最大的部位可成（2474）逆勢上漲，

算是多方最穩健的股票之一。

而經由可轉債的研究，更可以由籌碼跟股價，知道公司派的企圖，進而做出較佳的交易策略。小哥樂於分享賺錢方法，看到投資人喜愛用小哥的方法，就會有很大的成就感，於是便興起了寫這本書的念頭。

本書對於小哥常用的交易方法，有更詳盡的介紹，希望能對讀者們在投資上，少走點冤枉路，建立正確的交易知識。

平常就有粉絲和投資朋友們問我，要在股海裡生存，要如何才能在股市裡穩紮穩打，提高勝率？小哥的投資操作邏輯是這樣的：

1. 一定要有紀律。
2. 要研究籌碼。
3. 要會分析線型。
4. 要研究相關大事件。
5. 要運用數據分析。

掌握這 5 大點，就能在股海裡提高勝算，尤其若能夠掌握籌碼流動，就能看懂股市財富的流向，搭主力便車，安穩賺。

説到搭主力便車，小哥遇到的「五五專案」，也值得在本書記錄一下，小哥算是被檢調認證的籌碼高手。

　　五五專案發生在 2021 年，當時因為疫情的關係，台北很多高檔飯店住宿費都非常便宜，我也常帶爸媽住遍台北五星級飯店。記得 5 月 4 日那一天下午，我們入住台北萬豪酒店，窗外是松山機場景色，甚是好看。

　　5 月 5 日一大早不到 7 點，我接到老婆打來的電話，她很緊張地説門口有一群人説要找我，自稱是調查局。我還問她：「這些人看起來正派嗎？怕是有歹徒來找碴。」確認他們的確是調查員之後，我立馬開車回桃園，當時我父母還在吃早餐，我離開時還來不及告訴他們。

　　開車途中，我先打電話給一位曾跟我上課的調查員學員朋友，因為我自知沒做什麼不法事情，我們推測可能被冒名詐騙之類的，朋友跟我説應該不會有什麼問題。

　　我一回到家裡，確認他們的搜索票和文件之後，我當然是全部配合，他們要我把手機解鎖交出來，我也照做，就把我的密碼設定全部改掉了。然後一拿起我的手機就輸入股票代碼 6126，我就説你們找信音，是不是為了調查投顧老師 A 某，他很驚訝的看著我，問説：「你怎麼知道？」

我就跟他說：「來來來，我來告訴你他們的出貨模式。」剛好那時候已經早上 8 點多了，平常電視上那位投顧老師也該露臉了。沒想到我一打開電視，螢幕上是另外一個投顧老師 B 某，我說：「那位 A 某是不是已經被你們抓了？」調查員回答我：「你怎麼連這個也知道！？」

我還告訴他們，這位 A 某常用的 4 個券商分點，以及我平常追蹤他們的籌碼賺錢的方法。

這其實是一個行之多年，主力利用投顧老師喊盤、出貨給一般散戶的老方法了。我發現投顧老師 A 某和他 2～3 位同夥在電視上喊多的個股，都有固定 4 個分點在前一天買進股票，然後老師喊多，4 個分點在股價拉高時，就順勢倒貨給一般投資大眾。

所以後來我習慣在晚上看看這 4 個分點買進標的，只要他們有買，隔天在電視上喊多時，我在高檔買盤竭盡時，就放空股票，等於跟他們同向。只是他們是賣前一天的庫存股，但我是融券放空，等到尾盤回跌時再回補，這樣操作的勝率很高、大概有 8 成多，不過有時候也會被軋。

我跟上課的學員說：「放空的動作是做善事，可以讓散戶不會追在更高點，而在低檔回補時也是做善事，因為讓散戶停損賣出時，還有買盤，哈。」

他們有時候是開盤前在電視節目上喊、有時候是盤中喊，最高紀錄有過連喊 5 次的，那一次算是史上最誇張。

記得當時是 2018 年 9 月，他們用同樣的手法買進亞電（4939）2,000 多張，隔天我在拉高時掛出空單 1,000 多張，想不到當天買盤很積極，一下子吃了我 1,000 張空單，我就把剩下還沒成交的單子刪掉，想不到這個動作被發現了，於是他們想軋我，所以沒有出貨、反而是狂買，當天買到庫存 8,000 多張，拉到了漲停板。

第 3 天，他們又繼續在電視上推薦這檔股票，記得在 Youtube 聊天室裡，網友就紛紛說：「今天到底要喊幾次，當天總共有 5 位老師一起喊進，卻留了一個高檔十字線！」而亞電股價也在他們出貨之後，很快的 1 個月內股價腰斬了，集保戶數在當週也增加了 1,000 多戶。

我的空單本來被軋慘，後來股價下跌後變成是小賺出場，而這幾個出貨分點則是大賺出場，賠慘的是看電視的小散戶。這個案例，我常常在上課的時候提到，算是很典型的手法。

回到五五專案。檢調單位是鎖定投顧老師 A 某在電視上經常喊多的 40 檔股票，然後在上面找有獲利的帳戶，我當然就被鎖定搜索了。當天一共 12 個人

被約談，其中他們同夥有 4 個人，但其他沒有跟他們共謀的，應該就是全台灣追蹤籌碼最厲害的高手了。

那位拿著我手機的年輕調查員，聽我描述完就知道我是沒事的。不過帶隊的老調查官，對於股票市場可能沒那麼熟，我跟他說我一定沒罪的時候，他竟然回我：「每一個被抓的人都是這麼說的。」讓我真的是哭笑不得。

結束家裡的搜索已經快要到中午了，我拜託調查員跟檢察官報告，我得去台北把我爸媽接回桃園，檢察官很快就通融，算是有人性。我下午到桃園調查站做筆錄的時候，還有好幾個調查員湊過來說：「小哥、小哥，我也是你的粉絲。」

做筆錄時，我用了當時聯絡律師的手機，打開新聞一看，天哪！我的全名已經出現在新聞裡頭了，不是說偵查不公開嗎？報紙上還寫得沸沸揚揚，說我跟他們同群組，在記者的描述中，真的很容易讓人誤以為我跟他們是共犯，但我是完全清白的啊！

到地檢署複訊、且被無保請回之後，我的律師叫我不要在網路上講任何與案件有關的事情。我想說：「靠，明明是抓錯人，但是我的名聲全被毀了，怎麼可以不講？」連兒子都問我說：「爸爸，你真的跟他們在同群組嗎？」我說：「我有 100 多個 line 群組，但就是沒有他們……。」

所以我只好在臉書上 Po 了一篇自清文，後來才有媒體寫「權證小哥自曝被搜索」這一段，這是小哥粉絲團上第一次破萬讚的文章，底下有 1,000 多則留言都是鼓勵支持小哥的，看了真令人感動。

後來有其他正派的投顧老師跟我說，這些老師會鋌而走險，有些是因為會員太少，還是得要有收入，而這些喊盤的酬勞 1 個月是數十萬元。

還有一個小花絮，事件落幕後，還有調查員約我出去吃飯，說他真希望有一天跟小哥一樣，不要當調查員，自己在家裡做交易，然後環遊世界。我跟他說，國家栽培你這麼久，還是多貢獻心力，等以後再退休。

這次事件讓我開了眼界，也讓我人氣暴漲，配合股票市場翻多，追蹤小哥一起學習籌碼的人，也因此大幅成長，算是因禍得福，成為我人生重要的里程碑。

分享這件事，也是告訴小哥粉絲，股市投資要成功，要先把重點放在學習，花功夫認真學習，找到獲利的好方法，才是過好生活的致勝關鍵。

小哥將在這本書中循序漸進傳授多年交易心得，除了讓新手投資朋友可以在短時間內輕鬆學習投資觀念，也希望能讓資深投資者學習更多元專業的投資，更精準的操作方法；與投資朋友們一起研究籌碼，熟悉布林通道分析，也與投

資朋友們分享小哥在股海中多空交易的武功密技。

　　希望可以幫助投資朋友們提高勝率，在投資路上一同前行。

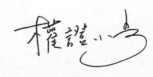

建立正確觀念
成為獨立思考投資人

在投資之前，建議讀者朋友們，一定要先建立正確的投資觀念，有自己的思考邏輯，不是跟風聽信他人買股票。先擁有一套自己的交易策略，讓自己成為可以獨立思考的專業投資人。

小哥常提到的心法觀念：

1. 方法用得好，賺錢來養老。投資方式沒有絕對，**建立正確觀念，成為獨立思考的投資人**，只要自己能夠接受並且有幫助就是好方法。

2. 投資不是賭運氣，是比高勝率，研究籌碼、檢討失敗原因。找出高勝率的方法，你就能把小錢變大錢。

3. 資金配置很重要，風險永遠擺在獲利前面，長久獲利才是大贏家！資金控管是投資重要課題，要留在市場上，才有翻本的機會。

4. 要擬定停利停損策略。投資不怕虧損，跟小賠當朋友，要即時停損才不會造成更大的傷害，投資路上最怕不敢認賠。

5. 下單要靠自己研究，千萬別輕信他人。不要相信明牌，要學會自己釣魚的方法。不要跟老師，要跟著趨勢。

6. 記取失敗的經驗，不是只在意輸贏的數字，而是要專注檢討自己的看法到底對不對？禁不禁得起市場的檢驗。依此建立專屬於自己的投資系統，有助於驗證績效、改善操作。

7. 多問自己幾個為什麼？為什麼買？為何賣？多找幾個理由，可以增加自己的投資判斷力，提高投資勝算。

小哥在這本書上提到的股市投資工具有以下4項（詳見表1）：

1. **股票**：可以現股買賣和當沖。

2. **權證**：以小搏大高槓桿，用小錢參與股價漲跌，看漲買認購，看跌買認售。

3. **股票期貨**：高槓桿，沒有停資券、強制回補問題，可多空靈活操作。

表1 可轉換公司債適合退休族、想穩健獲利的投資人
——4種投資工具

族群	股票	權證	股票期貨	可轉換公司債
小資族	✓（可買零股）	✓	✓	CBAS（可轉債選擇權）
上班族	✓		✓	✓
退休族	存高殖利率股			✓

4. **可轉換公司債**：適合退休族、想穩健獲利的投資人。

在了解股票、權證、股票期貨和可轉換公司債的相關操作知識之後，本書將進一步讓投資朋友熟悉技術線型，並學會如何解讀籌碼及掌握下單交易重點。

認識股票、權證、股票期貨交易常識

股票和權證、股票期貨，交易時間都略有不同，要使用這幾種不同的投資工具，必須要具備一些基礎的常識。包括交易單位、交易時間、交易成本等（詳見表 1）。

1.交易單位

①股票

市場上的股價報價都是以 1 股為單位，但是一般買賣股票的單位都是「1張」，也就是「1,000」股，因此要買進 1 張股票，成交金額會是「股價 ×1,000 股」；如果資金不足以買到 1 張股票，還是可以買零股，最低就是以 1 股為單位。

②權證

報價是以 1 股為單位，但是最低的交易單位是 1 張（1,000 股），沒有零

表1 權證與股票期貨槓桿倍數高
──股票vs.權證vs.股票期貨比較

項目	股票	零股交易	權證	股票期貨
交易時間	◆09：00～13：30 ◆盤後定價委託時間：14：00～14：30 ◆盤後成交時間：14：30	◆盤中09：00～13：30 ◆只能電子下單 ◆只接受ROD限價單 ◆無法融資券及現股當沖 ◆盤後13：40～14：30 ◆撮合成交時間：盤中09：10～13：30；盤後14：30	◆09：00～13：30	◆08：45～13：45
交易稅（政府）	股票賣出時收取千分之3，當沖為千分之1.5	股票賣出時收取千分之3	賣出成交金額的千分之1	依每次交易之契約金額之10萬分之2計算
手續費（券商，可談折扣）	買賣股票手續費分別各收千分之1.425	股價×股數×千分之1.425	買賣股票手續費分別各收千分之1.425	小哥學員群組價約每口30元；其他每家不定，依交易量而談
槓桿倍數	1倍（當沖高槓桿）	1倍	高	高
資金需求	高	低	低	低

股交易。

③股票期貨

　　一般的股票期貨，1個單位是「1口」，等同2,000股的價值；若是「小型

股票期貨」1 口則是 100 股。

2.可交易時間

①股票

　股票的盤中交易時間為 09：00 ～ 13：30，包含整股（整張股票）、零股（不足 1 張股票），其中零股的撮合時間從 09：10 開始，每 1 分鐘撮合一次直到收盤。盤後也可以交易股票，整股只能定價（收盤價）委託，委託時間為 14：00 ～ 14：30。盤後零股可以自行選擇委託價，委託時間則為 13：40 到 14：30 之前，兩者都是在 14：30 時撮合。

②權證

　權證的交易時間為 09：00 ～ 13：30。

③股票期貨

　股票期貨的交易時間為 08：45 ～ 13：45。

3.交易成本

①股票

　　買進股票時，需額外支付成交金額的千分之 1.425 作為給券商的手續費；
賣出股票時，券商也會收取成交金額的千分之 1.425 的手續費，政府則會收
取千分之 3 的交易稅（ETF 為千分之 1）。

範例❶》買股票要付手續費

　　小美買進每股股價 100 元的 A 股票 1 張（1,000 股），除了成交金額 10
萬元（100 元 ×1,000 股），小美還必須支付手續費：

　　手續費＝ 10 萬元 ×0.001425 ＝ 142 元（通常小數點後無條件捨去）
　　小美實付金額＋手續費＝共 10 萬 142 元

範例❷》賣股票要付手續費、證券交易稅

　　如果小美在 A 股票上漲到 120 元時賣出這張股票，成交金額 12 萬元，那
麼小美賣股票收到的錢不會是 12 萬元，而是扣掉手續費和交易稅之後的金額。

　　手續費＝ 12 萬元 ×0.001425 ＝ 171 元
　　證券交易稅＝ 12 萬元 ×0.003 ＝ 360 元
　　小美實收金額＝ 12 萬元－ 171 元－ 360 元＝ 11 萬 9,469 元

　　不過，現在許多券商針對電子交易客戶，多有 5 折～ 6 折甚至是更低的手續

費折扣，投資朋友可以評估比較後選擇適合的券商開戶。

②權證

權證跟股票一樣，買進和賣出都會被券商收取手續費，費率也一樣是千分之1.425。不過，權證的證券交易稅比較便宜一些，只有千分之1。

③股票期貨

股票期貨的買與賣也都要支付手續費，但並非像股票和權證那樣交易金額愈高就有愈多手續費，而是1口價，例如1口30元、50元，券商營業員會根據投資人的交易量給予不同程度的手續費標準。

交易稅的費率也極低，只有0.002%，也就是交易金額的10萬分之2。

第1篇

用對交易工具
抓住獲利機會

投資股市除了買賣股票，還有其他衍生性商品可以參與股價的漲跌。權證、股票期貨都具有槓桿的特性，提供以小搏大的獲利機會；可轉換公司債則是同時具有股票和債券性質、風險相對較小的商品。一起來認識這3種工具的操作方式。

1-1 權證》透過5步驟快速掌握操作眉角

　　相信大家都有買彩券的經驗，一券在手，希望無窮，期待可以幸運賺大錢。而在股市中，也有一種「彩券」，讓投資朋友們有機會大賺好幾倍！這個商品就是「權證」。

　　權證是股票的衍生性商品，每檔權證的漲跌都跟它連結的股票價格息息相關，因此要投資權證前，必須先了解股票的基本常識，並且學會判斷股價的漲跌趨勢，這樣買賣權證才有機會賺錢。

　　投資人用比股價少很多的成本買權證，就能夠參與股票或指數標的的漲跌，投資人看多買認購權證，看空買認售權證，可以多空靈活操作。雖然投資權證同樣都需要付手續費和交易稅，但是交易稅比股票便宜，只要千分之1（股票的交易稅為千分之3），下單方式都和股票一模一樣，交易十分方便。

　　整體而言，權證因為投資門檻低，低成本，槓桿效果好，用零用錢就能參與

股票行情，損失也有限。這是權證最大的魅力，只要花少少的錢，就可以買一個未來可能賺大錢的希望。

小哥的前幾本書對權證有深入的探討，在這本書中會再做一些基礎的說明，並搭配實際案例，讓投資朋友們可以更清楚操作權證需要注意的細節，也讓第一次接觸權證的新手投資人，能以最快速的方式熟悉權證商品。

步驟1》查詢可以交易的權證

要怎麼知道有哪些權證可以買賣？可以先到券商的網站查詢。以下以「元大證券權證網」為例：

①進入元大證券權證網（www.warrantwin.com.tw/eyuanta），點選「權證搜尋」進入搜尋頁面（詳見圖1-❶）。

②在「標的股票」輸入股票名稱或代號。例如：若想搜尋連結台積電（2330）的權證，則輸入「台積電」或「2330」（詳見圖1-❷），再點選「查詢」（詳見圖1-❸），即可看到目前券商發行的所有台積電權證商品（詳見圖1-❹）。如果是已經比較熟悉權證的投資人，也可以再輸入其他條件來篩選適合的權證商品。

圖1 透過元大證券權證網查詢權證商品
——元大證券權證網示意圖

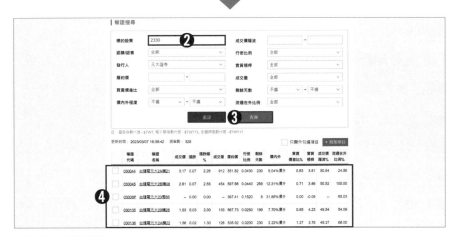

資料來源:元大證券權證網

步驟2》看懂權證名稱

每檔權證都有專屬的代碼和名稱，例如權證「台積電元大 29 購 28」及代號「030135」（詳見圖 2），看看分別代表什麼意思？

①權證代碼編碼原則

以國內證券或指數為標的之認購權證為例（根據 2022 年 11 月 29 日修訂的中華民國證券市場編碼原則）：

認購權證：全為數字，前 2 碼為數字，後加 4 位流水編號。

認售權證：前 2 碼為數字，後加 3 位流水編號，第 6 碼為英文字母 P、U 或 T。

②權證名稱規則

❶標的股票名稱。

❷發行券商（2 字）。

❸到期年份（民國年末 1 位數）。

❹到期月份（1 月至 9 月以「1、2、3、⋯⋯9」表示，10 月、11 月及 12 月分別以「A、B、C」表示）。

❺權證類型（認購、認售）。

❻末 2 位元組（2 個阿拉伯數字，依同發行人發行同到期年月之相同標的權

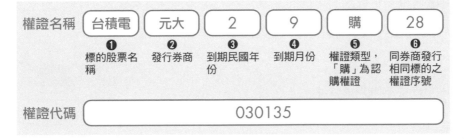

圖2 030135為台積電元大29購28身分證號
——權證名稱及代碼的意義

權證名稱	台積電	元大	2	9	購	28
	❶ 標的股票名稱	❷ 發行券商	❸ 到期民國年份	❹ 到期月份	❺ 權證類型，「購」為認購權證	❻ 同券商發行相同標的之權證序號
權證代碼	030135					

證的順序，以「01、02、03、⋯⋯99」表示）。

例如「台積電元大 29 購 28」這檔權證的身分證號 030135，是以台積電為標的，元大證券發行。

「2」、「9」分別代表民國 112 年（2023 年）、9 月到期；「購」代表此檔為認購權證，「28」意思是此檔為元大證券發行同樣到期月份的第 28 檔台積電權證。

再看另一檔權證，「大立光元大 25 售 01」（詳見圖 3），這檔權證的身分證號 05578P，是以大立光（3008）為標的，為元大證券所發行民國 112 年

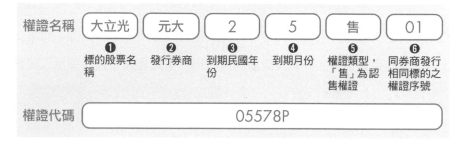

圖3 05578P為大立光元大25售01身分證號
──權證名稱及代碼的意義

5 月到期的大立光認售權證的第 1 檔。

　權證基礎買法：看多時買認購，看空時買認售；最好在股價出現大波動時，才進場。

步驟3》看懂權證身分證

　每檔權證都有它的身分證，會顯示它的基本資料，例如在元大權證網中點進「台積電元大 29 購 28」頁面，可以看到如圖 4 的資訊。

　權證身分證上一定要看懂的基本資訊如下：

❶**到期日期**：這檔權證將在哪一天到期。距離 4 個～ 6 個月到期的權證算是遠天期，距離愈久，時間價值掉得愈慢，但是槓桿也比較低。

❷**發行型態**：權證的履約方式可分為美式（每天可結算）和歐式（到期日結算）。不過小哥買權證並不會真的放到履約日，都是極短線操作，所以美式或歐式對我來說沒什麼差別，投資人只要大概知道它們分別代表什麼意思即可。

❸**流通在張數／比率**：主要看「流通比」，介於 1%～ 90% 最好。

❹**履約價**：認購權證的履約價，為未來向發行券商申請履約時可買進標的股票的價格，認售權證則為可賣出標的股票的價格。

❺**行使比例**：此權證可換得多少比例標的股票的權利。例如這檔是認購權證，行使比例 0.025，到期履約或結算時，每張（1,000 股）權證可換得買進「0.025×1,000 股＝ 25 股」台積電股票的權利。

❻ **Delta**：標的漲 1 元，權證漲 Delta 元，例如此檔權證的 Delta 為 0.0117，代表當台積電漲 1 元，此檔權證漲 0.0117 元。

當 1 檔權證的 Delta 為 0.5，而散戶買進 100 張權證，發行的券商就要去

圖4 台積電元大29購28造市委買波動率49.31%
——台積電元大29購28（030135）基本資料

030135 台積電元大29購28

標的: 台積電 (2330) 513.00 | +3.00 (+0.59%)

⑪ 元大造市委買波動率 49.31%

成交價	買價	賣價
1.34	**1.34**	**1.35**
313張	499張	150張

基本資料　　　　　　　　　　　　　　　　　　　　　　公開說明書 ⤓

	上市日期	2022-11-23		買價隱波	49.16%
	最後交易日	2023-09-20		賣價隱波	49.43%
❶	到期日期	2023-09-22	❻	Delta	0.0117
❷	發行型態	美式認購	❼	Theta	-0.0072
	最新發行張數	1100		剩餘天數	191
❸	流通在外張數/比例	738 / 67.09%	❽	價內外程度	9.64%價外
❹	最新履約價	567.73	❾	實質槓桿	4.43
❺	最新行使比例	0.0250	❿	買賣價差比	0.74%

資料來源：元大證券權證網

市場上買 100×0.5 ＝ 50 張股票來避險。若標的股價上漲 1 元，發行商就又得再去買 50 張股票避險；反之，若下跌 1 元，則要賣出 50 張避險。

　　也就是說，當標的股價往上漲時，Delta 會變大，發行商就得去買更多股票避險；反之，則是賣出股票，因此會成為股價助漲或助跌的動力。

❼ Theta：這檔權證每天減少的時間價值。

❽ 價內外程度：「價內」代表履約時可以拿到錢；「價外」代表無法履約。

認購權證的「價內」為標的股價＞履約價，「價外」為股價＜履約價。認售權證的「價內」則為股價＜履約價，「價外」為股價＞履約價。而無論認購或認售，「價平」都是股價＝履約價。權證的價內外程度，則為標的股價與履約價的差距（詳見表1）。

❾ 實質槓桿：實質槓桿若為 X 倍，則標的漲 1%，權證漲 X%。

❿ 買賣價差比：委買與委賣價之間的差異，也就是我們要付給券商的成本，算法是（委賣價－委買價）／委賣價。這個比率低一點比較好。

⓫ 委買波動率：也就是所謂的「隱含波動率」（Implied Volatility，IV），簡稱隱波率。雖然隱波率有分委買、委賣、成交隱波率，但實務上買賣都是看委買隱波率，所以本書所稱的隱波率若沒有特別註明，指的就是委買隱波率。

隱波率代表權證投資人對該標的股未來波動程度的看法。隱波率高，權證就貴；隱波率低，權證就便宜。

表1 標的股價高於認購權證履約價，為價內權證
——權證履約價與標的股價關係

項目	價內	價平	價外	價內外程度
認購權證	股價＞履約價	股價＝履約價	股價＜履約價	$\dfrac{股價－履約價}{履約價} \times 100\%$
認售權證	股價＜履約價	股價＝履約價	股價＞履約價	$\dfrac{履約價－股價}{履約價} \times 100\%$

然而挑權證的重點在於「隱波率要穩定最好」，有不肖券商會惡意調低隱波率，侵害投資人權益；因此一定要挑有信譽的券商發行的權證。

至於哪些券商信譽好或不好？書中不便明講，可以上網逛逛相關討論區就有答案了。

步驟4》了解價內外權證特性

價內外權證各有不同優缺點，通常價外的權證利率比較高。為什麼說是利率呢？其實權證有點像你跟發行商借錢買股票，借錢買股票要算利息。

假設股價沒動，權證每天的報價會愈來愈低，意思就是投資人持有權證每天要付的利息愈來愈高。我將權證的利率定義為：「Theta／權證價格

表2 價內權證槓桿較小但風險低，整體優點較多
—— 價內權證vs.價外權證

項目	價內權證	價外權證
利 率	低	高
槓 桿	小	大
風 險	低	高
報 酬	低	高
履 約	可	不可
降隱波率	影響小	影響大

註：深度價內不怕降隱波率，價外權證最怕降隱波率

×365×100%」。

　　買價內權證擺一段時間，你會發現利率比較低；買價外權證的利率比較高，借錢買股票利率高，壓力就比較大。所以權證要買「價內」，優點比較多，我把相關特性整理如表2。

步驟5》了解權證的基本原則

　　權證分為認購權證和認售權證，因此多空市場都可以操作（詳見表3）：

表3 做多買認購權證，做空買認售權證

——認購權證vs.認售權證

項目	認購權證	認售權證
方　向	做多	做空
最高價	上檔無限	上檔有限
槓　桿	較大	較小
造市積極度	較好	較差
差槓比（價差比／槓桿）	0.3%以下很好	0.5%以下很好
權證總數	很多	較少

看多：買進認購權證、牛證；賣出庫存的認售權證。

看空：買進認售權證、熊證；賣出庫存的認購權證。

<table>
<tr><td>1-2</td><td></td></tr>
</table>

掌握11項指標 挑出好權證

目前市場上發行的權證,將近 3 萬檔。要如何在這麼多檔的權證中,挑出好權證呢?還有投資朋友問小哥,為什麼老是買了權證不賺錢?股價漲,但認購卻沒跟著漲,股票跌,認售也跟著跌?很多投資朋友買入權證,只看報價、買賣盤的價格。這樣的操作策略,導致投資不賺錢,風險很高。

權證在買進前,一定要注意權證的時間價值、流通率,要觀察券商內外盤報價的差距是否過大,以及「避免深度價外」且「避開隱含波動率(簡稱隱波率)過高」的權證。

通常挑選權證時要留意以下 11 項重要指標:

指標1》買量、賣量、流通比須在正常範圍

券商有造市的責任,要掛出足夠的委買與委賣量,且最好是固定數字,才能

讓投資人買得到、賣得掉。

例如元大發行的常用 200 張、統一發行的常用 168 張、玉山發行的常用 113 張，這些代表是發行商的造市單。買賣時，比較有發行商的回收買盤保障。

有時候發行商不想賣或剩下很少可賣時，賣量會剩下 10 張，買量上百張，這樣還算是好的發行商。

然而，如果委賣量掛很多，委買量卻很少，例如賣量上百張，買量剩 10 張，這代表發行商在整人啦！權證投資人想要賣出大量權證的話就會比較困難。遇到這種狀況，又有大量權證要賣，投資人可以撥打發行商服務電話。不過，想買大量張數的投資人最好避開此類權證。

再來要搭配「流通比」，流通比是指流通在外的權證比率（流通在外權證／發行商的權證發行量），這數字可以在權證身分證上看到。

流通比最好介於 1% ～ 90% 之間，低於 1% 不好，容易被券商降價求售（降隱波率）；流通比若大於 90%，買賣價容易失真，此時委買委賣價大部分都是散戶掛的，通常價格會高估，所以買這類認購權證，容易造成股票漲，權證沒漲的狀況，要特別小心。我個人建議可以挑流通比小於 50% 的權證。

指標2》用外內比判斷市場投資人是否在買進

外內比＝（外盤成交量－內盤成交量）／總成交量

外內比會介於 -1 跟 1 之間。通常外盤成交量是指投資人買進，大部分是發行商賣出，因此：

外內比為正的認購權證

代表投資人買進張數大於投資人賣出張數，若張數夠多的話，那現股就會有發行商的避險買盤，也就是自營商的買超。

外內比為負的認購權證

代表投資人賣出張數大於投資人買進張數，若張數夠多的話，現股就會有發行商拋售原有的避險買盤，也就是自營商的賣超。

外內比為正的認售權證

代表投資人買進張數大於投資人賣出張數，若張數夠多的話，那現股就會有發行商的賣壓，也就是自營商的賣超。

外內比為負的認售權證

代表投資人賣出張數大於投資人買進張數，若張數夠多的話，那現股就會有發行商的買盤，也就是自營商的買超。

指標3》價差比愈小愈好

價差比這個數字也可以從權證身分證上看到，代表著要付給券商的交易成本，這個值愈小愈好。

指標4》差槓比愈低愈好

好的權證價差比要小、槓桿要大，但常會發生價差比很小、但槓桿很小，或者價差比很大、槓桿很大的兩難情況。

為此，小哥會特別用「差槓比」來同時觀察價差比和實質槓桿的關係，差槓比愈低，愈容易賺錢。

差槓比＝價差比／實質槓桿

短線交易權證，若進出的張數不多，就以差槓比來做第一優先選擇即可；若進出的張數很多的話，那麼好的發行商就挺重要了。

指標5》挑選好券商發行的權證

有良心的券商不會任意降低隱波率，所以一定要避開會降低隱波率的券商。

指標6》隱波率要「低」且「穩」

履約價、行使比例、到期日都相同的條件之下，隱波率愈高、權證愈貴，隱波率愈低、權證愈便宜。

所以投資人最喜歡的是買在低隱波、賣在高隱波，但這種情況大概得等現股跌停後，撿到傷心賣單才有辦法。一般買在中隱波，賣在中隱波，這樣也算合情合理，最怕的是買到黑心發行商的權證，就是買在高隱波，賣在低隱波了。

所以買賣權證看的隱波率，最好是買在低隱波，賣的時候也是相同的低隱波，這樣對發行商跟投資人而言是最公道合理的了。但各位記得，價內大於 30% 之後的隱波率，就沒什麼意義了。

指標7》實質槓桿高，代表高風險高報酬

實質槓桿愈大，獲利愈大，但風險也愈大，利息也愈高。

指標8》Theta值愈小愈好

Theta 值就是買進 1 檔權證，1 天要付出的時間價值，Theta 值愈小，代表時間價值損失愈少，愈接近零愈好。

指標9》權證利率愈低愈好

因為每檔權證的價格不一，所以投資人要支付的時間價值（Theta 值）不一，就像每個人買的房子價位不同，每個月要繳的利息不同，單憑利息多少，是無法理解房貸利率的高低。

所以小哥特別定義權證利率，讓投資人了解 Theta 值的利率，權證不想被發行商賺太多時間價值的話，請選低利率。

$$權證利率＝Theta\ 值／權證價格 \times 365 \times 100\%$$

不同天期、價內外程度的權證，利率變化的關係如下：

◆天期愈長，利率愈低；天期愈短，利率愈高。
◆愈價外，利率愈高；愈價內，利率愈低。

指標10》「低溢價比」的權證才適合長抱

認購權證溢價比率：在到期日時，股票要漲幾%，這檔權證才會回本。

認售權證溢價比率：在到期日時，股票要跌幾%，這檔權證才會回本。

溢價比公式＝（權證價格＋履約價格－標的股價）÷標的股價

舉例來說，投資人假如買到溢價比率是1%的認購權證，那麼在到期日時，股票只要再比現在多個1%，這檔權證就不會賠錢啦；若漲超過1%，那就是賺錢了，這樣解釋聽起來是不是比較簡單呀！

指標11》挑選偏價內的權證

再複習一次，價內的認購權證指「標的股價＞履約價」；價內的認售權證指「標的股價＜履約價」。

1檔權證是價內或價外，其實可以在權證身分證上看到，不用自己算；建議挑選偏價內的權證，可以控制風險。

依據上述這幾項指標，投資朋友們可以設定自己的篩選條件，股票看多買認

購、看空選認售，來挑選好的權證。如果一開始記不起來太多指標，那也至少要熟悉以下這 3 大挑選權證的重點：

重點1》差槓比低

差槓比低的容易賺錢，「差槓比＝價差比／槓桿倍數」，價差比要小、實質槓桿要大，所以差槓比的數值愈小愈好，投資人最好能買到成本低、但槓桿倍數高的產品。

重點2》價內

偏價內可控制風險，價內權證價格，較不容易受到隱波率下降的影響。

重點3》好券商

避免隱波率過高，也要挑選好發行商避免被調降隱波率。

新手投資人進場操作權證時，要記住幾個要點：

1.認購權證買賣報價跟股票買賣報價是正相關，股票漲，認購權證通常會漲。認售權證則是負相關，股價跌，認售權證通常會漲。

2.委買隱波率跟其他比別高太多就可，當權證價格變貴了，要小心，這是隱

波率上升。流通比超過 50%，要注意委買隱波率有沒有拉高。

3. **權證千萬不要下市價單**，容易買或賣到不合理的價格。

4. 要做風險控管，最好每檔不要投入超過 10% 資金，並且分批操作。

5. 權證有時間價值，一定不能擺太久，特別是價外權證。短天期權證槓桿大，時間價值流失快，須果斷停利或停損。

6. 看錯就要停損，記得「少賠就是賺，投降輸一半」。可以分批停損，認購權證可在紅 K 時停損，認售權證可找黑 K 時停損。

7. 權證最好是在股價有波動時再進場。例如法說會可能有大行情，賭會大漲或大跌，就可以買價外，因為槓桿大。投資一定有風險，操作時請謹慎評估。

8. 權證最怕「龜苓膏」（歸零），最喜歡「玉米」（台語諧音：翻倍）。短天期的權證，槓桿大；長天期的權證，時間價值流失慢，槓桿也小。買賣權證時間要抓緊，不要長相廝守。

9. 買權證希望好脫手，要看價差比，但是權證的靈敏度夠好，槓桿就要大；

要綜合評估就看差槓比（價差比／槓桿），愈小愈好。

10. 權證要活潑要看實質槓桿倍數，槓桿倍數影響活潑度，數值愈大，獲利
空間大。

1-3　留意4訣竅 有效避開賠錢地雷

複習一下，優質權證記得至少要把握 3 個重點：1. 差槓比低、2. 價內、3. 好券商。實務上，還要特別留意幾個挑選訣竅：

訣竅1》避開「高隱波率」權證

為什麼股票漲，自己挑選到的權證漲幅不如預期？其中，最關鍵的因素就在「隱含波動率」（簡稱隱波率）。前面提過，「隱波率」的高低，意味著投資人對該標的股票未來波動程度的看法；隱波率愈高，權證就愈貴；隱波率愈低，權證就愈便宜。而高隱波率的權證很難賺錢，千萬不要碰！

我們來看這個案例。2022 年，有 1 檔認售權證合一統一 23 售 09（71365P，已到期）在 2022 年 9 月 1 日的相關數據（詳見圖 1）：

①委買隱波率：高達337%（隱波率沒保證穩定）

圖1 71365P為高隱波率、深度價外的權證
—— 合一統一23售09（71365P）基本資料

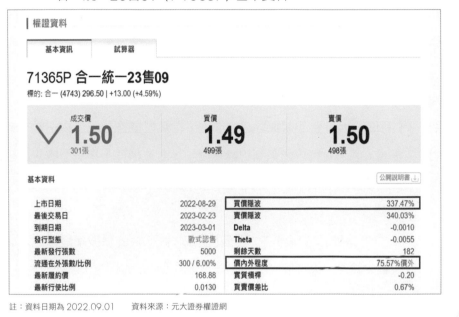

權證資料		
基本資訊	試算器	

71365P 合一統一23售09
標的: 合一 (4743) 296.50 | +13.00 (+4.59%)

成交價 ∨ **1.50** 301張	買價 **1.49** 499張	賣價 **1.50** 498張

基本資料　　　　　　　　　　　　　　　　　　　　　公開說明書 ⬇

上市日期	2022-08-29	買價隱波	337.47%
最後交易日	2023-02-23	賣價隱波	340.03%
到期日期	2023-03-01	Delta	-0.0010
發行型態	歐式認售	Theta	-0.0055
最新發行張數	5000	剩餘天數	182
流通在外張數/比例	300 / 6.00%	價內外程度	75.57%價外
最新履約價	168.88	實質槓桿	-0.20
最新行使比例	0.0130	買賣價差比	0.67%

註：資料日期為 2022.09.01　　資料來源：元大證券權證網

　　當天標的股票合一（4743）股價293.5元，因為是認售權證，「實質槓桿」–0.2倍，負號代表股票漲它會跌，股票跌它會漲。當時試算這檔權證的價格，若合一跌到股價為0元時，權證價格才值2.19元（可善用券商試算網站，例如「元大權證網」的「權證試算」功能）！發行商一直跟投資人説權證是以小搏大，但這檔是**以大搏小**。

②價內外程度：價外76%

這種價外程度，時間價值會很重。時間價值（Theta）高達 -0.0055，Delta 也才 -0.001，我們用 1 日 Theta 除於 Delta 去算，等於 5.5，代表持有這檔權證，每天股票要跌 5.5 元，才能夠付時間價值，萬一被降隱波率，跌起來更恐怖。

提到隱波率的重要性，帶大家回顧華南永昌事件。華南永昌證券在 2020 年 2 月至 11 月間，大量發行指數型認售權證（指數型權證是以加權指數作為發行標的，投資人看漲會買「指數型認購權證」，看跌則買「指數型認售權證」以求在空頭市場獲利）當時為什麼會造成這家證券公司大幅虧損？有 2 個原因：

1. 當時其發行指數認售權證時，用低於市場約 20% 的隱波率造市。這類權證，投資人樂於購買，也容易成為其他券商避險套利的標的。

2. 衍生性金融商品具有高槓桿的特性，發行商發行此類商品都需要避險，當市場波動度大時，更要特別留意風險的管控。而華南永昌證券發行大量台股指數型認售權證卻避險不足，忽略風險；因此在 2020 年 3 月 12 日台股重挫時，市場持續大幅波動，市場隱波率高達 70%，虧損擴大。在短短 8 個交易日，華南永昌證券就虧掉 7 年的獲利。

在華南永昌事件之後，發行商為了保護自己，現在都把隱波率調高，但有些

圖2 權證歷史隱波率概念類似「蓋屋成本」
——權證小哥挑選權證小幫手示意圖

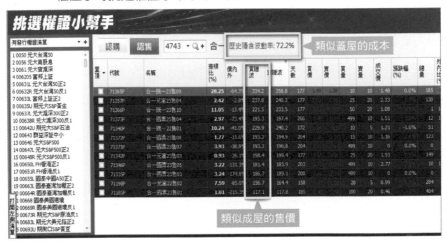

資料來源：理財寶權證小哥挑選權證小幫手

發行商把隱波率調得太高，卻把很大的風險轉嫁給投資人。隱波率調高，投資人買權證，輸錢的機率特別高，即使是漲跌看對方向，也會賺不到錢。所以投資朋友們，一定要記住 2 個重點：

1. 造市隱波率大於市場隱波率太多的權證，完全不值得購買。

2. 歷史隱波率就像「蓋屋的成本」（詳見圖 2），而隱波率就像「成屋的售

價」。隱波率若是高達歷史隱波率4倍、5倍，代表售價比成本高出4倍、5倍，發行商大賺，投資人就損失了。買到高隱波率的權證要賺錢，真的是太困難了。

所以提醒投資朋友，一定要避開高隱含波動率的權證。投資人不買高隱波、低槓桿的權證，沒人買賣，久而久之，發行商就不會賣高隱波權證。

要查詢權證標的的歷史隱波率，可從「理財寶權證小哥挑選權證小幫手」中查詢；群益證券「權民最大網」中的「權證達人寶典」頁面也可下載檔案查詢（下載網址：https://iwarrant.capital.com.tw/warrants/wCanonical.aspx?）。

訣竅2》遠離槓桿低於1的權證

買賣權證最吸引人的地方是只需要投入小資金，就有機會以小搏大。若能夠看對方向，挑選實質槓桿大的權證，利用槓桿效益，將能賺取比股票更多的報酬率，期待獲利可觀。但是，一定要小心權證發行商的一些手腳，之前就發了一堆槓桿低於1的權證，完全失去了權證以小搏大的特性。

除了要避開槓桿小於1的認售權證外，市場上也有部分認購權證槓桿也接近1（小於1.3，詳見圖3），這類權證完全不值得投資，還不如買零股就好，因為權證有時間價值流失的問題。

圖3 實質槓桿低於1的認售權證，不值得投資

實質槓桿低於1的認售權證列表

A	B	H	I	J	K	L	M	N	O	P
日期：	2023/4/20				[權證] 基本資料 / 交易資訊					
		本參考資訊，不保證內容之正確性，使用者依本資訊交易發生損失需自行負責，各項資訊須以台灣								
權證 代碼	權證 名稱	權證 買價	權證 賣價	權證 買賣價差	溢價 比率	價內 價外	理論 價格	隱含 波動率	有效 槓桿	剩餘 天數
07668P	台積電國票24售02	0.01	5.00	49900.00%	52.1%	108.7%	0.00	274.26%	0.000	8
03220P	台積電富邦25售12	0.00	0.01	-	42.2%	72.9%	0.00	77.26%	-0.370	27
05353U	東哥國票2C售01	1.65	1.66	0.61%	48.3%	31.6%	1.65	129.88%	-0.860	251
05351U	東哥國票2B售01	1.31	1.32	0.76%	41.9%	14.7%	1.31	128.25%	-0.890	221
05352U	東哥國票2B售02	1.92	1.93	0.52%	54.4%	59.8%	1.92	139.76%	-0.950	221
05350U	東哥國票2A售04	1.35	1.36	0.74%	28.5%	-8.7%	1.35	115.00%	-1.000	190
04991U	威盛統一2A售05	1.07	1.08	0.94%	16.5%	-22.2%	1.07	98.63%	-1.100	176
70899P	金麗科元大26售01	2.53	2.88	13.83%	1.3%	-43.4%	2.57	95.06%	-1.170	62
05337U	創意統一2A售08	1.20	1.21	0.83%	22.1%	-14.9%	1.23	95.70%	-1.170	190
05349U	東哥國票29售05	1.39	1.40	0.72%	28.0%	-2.7%	1.39	113.68%	-1.180	160
05309U	東哥國票2A售03	1.48	1.49	0.68%	31.3%	4.1%	1.48	108.79%	-1.190	189
05633U	SGBR2X元大2A售05	1.28	1.29	0.78%	28.3%	-1.2%	1.28	109.23%	-1.210	174
05685U	穎崴中信2C售01	0.65	0.66	1.54%	25.5%	-5.1%	0.66	88.62%	-1.250	237
03326P	SGBR2X凱基28售07	2.25	2.29	1.78%	9.2%	-24.6%	2.26	100.33%	-1.280	120

實質槓桿接近1的認購權證列表

權證 代碼	權證 名稱	權證 買價	權證 賣價	權證 買賣價差	溢價 比率	價內 價外	理論 價格	隱含 波動率	有效 槓桿	剩餘 天數
日期：	2023/4/20				[權證] 基本資料 / 交易資訊					
		本參考資訊，不保證內容之正確性，使用者依本資訊交易發生損失需自行負責，各項資訊須以台								
070033	聯發科凱基26購01	0.00	0.04	-	373.1%	78.9%	0.00	119.30%	0.230	71
085904	智邦國票24購03	0.01	0.02	100.00%	44.1%	30.6%	0.00	114.38%	0.380	6
088277	南電凱基24購09	0.02	0.80	3900.00%	20.3%	15.0%	0.01	133.17%	0.980	6
736743	華星光統一29購01	0.00	0.00	-		25.3%	-124.4%	3.24	330.03%	1.170	144
739945	合一統一39購01	1.31	1.32	0.76%	105.0%	24.6%	1.31	190.47%	1.200	501
739225	合一統一38購01	0.72	0.73	1.39%	110.3%	30.4%	0.72	188.63%	1.230	481

註：資料日期為 2023.04.20　　資料來源：群益「權民最大網」權證達人寶典

訣竅3》差槓比最好低於0.3%

很多書上有提到，要挑選價差比小的權證，小哥建議要看重要的參數——差槓比，這個數值最好低於 0.3%，大於 1% 就不適合。

差槓比＝買賣價差比／實質槓桿倍數

進一步說明，為何「低差槓比＝勝率高」？差槓比是用來衡量權證成本，差槓比愈小，代表成本愈低，因此數值愈小愈好。

而權證的證交稅是 0.3%，假如 1 檔權證的差槓比 0.3%，代表現股漲 0.3%，權證就回本了（如果不想自己算差槓比，可以用查的，可參考「理財寶權證小哥挑選權證小幫手」，詳見圖 4）。

我們來看好的權證案例（詳見圖 5）。以差槓比低、價內、好券商挑選出來的 1 檔完美權證案例：台積電元富 94 購 06（049900）。當台積電（2330）現股維持 328 元時，權證價格是 2.28 元；當台積電現股上漲到 328.5 元時，權證價格是 2.3 元。

買盤一跳動，就可以買賣權證賺價差。雖然是完美權證，但也要小心觀察發

圖4 挑選權證時，差槓比愈小愈好
——差槓比低的權證列表

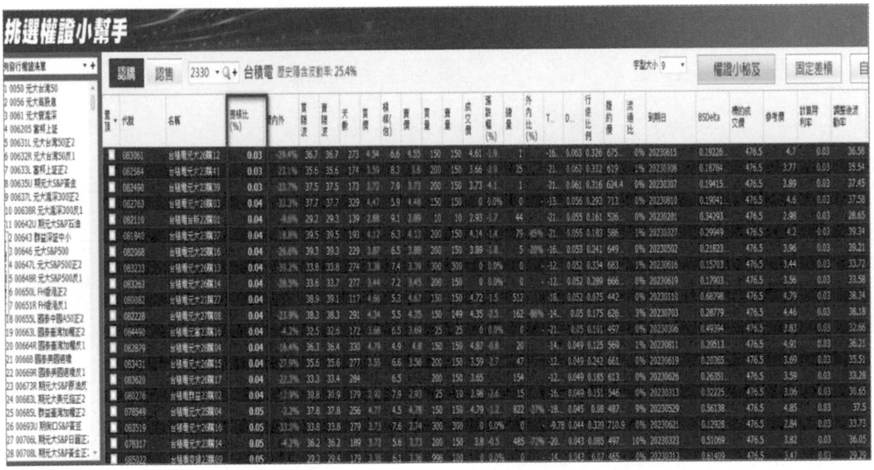

資料來源：理財寶權證小哥挑選權證小幫手

行商是否把隱含波動率降下來，一降，就不是完美權證了。

　　為了加深讀者對權證注意事項的了解，來個權證隨堂考，測試一下自己對權證的熟悉度。

　　問：在其他條件都一樣（履約價、到期日、隱波率、槓桿）的狀況下，有 A、B 這 2 檔權證報價如下，請問要挑哪一檔？

A. 委買 1 元，委賣 1.01 元，行使比例 1。

B. 委買 0.1 元，委賣 0.11 元，行使比例 0.1。

答：兩者的價差都是 0.1 元，但是價差比不同。

A：價差比＝（委賣價 1.01 元－委買價 1 元）／委賣價 1.01 元＝ 0.99%。

B：價差比＝（委賣價 0.11 元－委買價 0.1 元）／委賣價 0.11 元＝ 9.09%。

價差比愈小愈好，因此答案選 A。

權證放愈久愈難賺錢，有賺要離場若賠錢更要跑

做權證賺錢的時候要找機會離場，輸錢更不能久放，一定得賣出，權證最怕人家輸錢不離場，因為權證有時間價值。權證有到期日，持有期間每天會損失 Theta 值（這是持有權證每天的時間成本）。Theta 值愈小愈好，代表買進權證後，每天會減損的時間價值愈少。舉例：Theta ＝ -0.0203 →每天減損 0.0203 元，槓桿愈小則 Theta 會愈低。Theta 是權證很大的一個傷害，所以買權證一定不要擺太久。

投資通常高風險伴隨高報酬，高 Theta 也有高槓桿倍數，快到期的權證 Theta 值就會變大，會減損很快。

圖5　台積電元富94購06為優質權證
——優質權證範例

資料來源：理財寶權證小哥挑選權證小幫手

　　權證最愛的是波動，所以要「遠離低波動的股票」，才能遠離不賺錢的權證標的。舉個實例來看，就會更清楚。例如台中銀（2812）股價沒什麼波動，但它的認購權證台中銀凱基93購01（046819，已到期）隨著天數增加，權證價格卻愈來愈低（詳見圖6）。

　　再看另一個案例，中鋼（2002）股價漲漲跌跌，波動不高，它的認購權證漲幅也不大，隨著時間價值流失，權證價格也逐漸往下；即使中鋼本身的股價

圖6 台中銀股價平穩，同期間認購權證價格持續下跌
——台中銀（2812）日線圖及認購權證價格變化

資料來源：理財寶籌碼K線軟體

回到購入點，權證還是賠錢的（詳見圖7）。一定要記得，權證的時間價值會減損得很快，絕對不要跟權證談戀愛！

訣竅4》把握買權證3個最佳時機點

許多投資人心中都有一條線，就是心中的解套線，股價沒到這個價格就不出場。但是面對權證，一定不可以這樣想，因為權證的時間價值流失快，要快速

圖7 中鋼股價波動不大，認購權證價格卻逐漸往下
——中鋼（2002）日線圖及認購權證價格變化

資料來源：理財寶籌碼K線軟體

出場，不然容易歸零。權證最愛的是波動，根據我多年來的交易經驗，買權證的最佳時機點是在：法說會、除權息前、選擇地板股搶反彈。

時機點①：法說會

法說會前是操作權證的最好時機點，公司開完法說會，通常漲多跌少。舉個例子，台股中最會法說的股票：美律（2439），曾在2017年2月、4月、7月、10月的法說會隔天都漲停板。

圖8 **美律股價在2017年兩度於法說會後漲停**
——美律（2439）日線圖

註：資料日期為 2017.06.27 ～ 2017.11.03　　資料來源：XQ 全球贏家

選擇價內權證比較好，價外比較刺激，不過價內大概超過 20% 時，例如說履約價 100 元，股價 120 元，券商就不太愛報價了。因為那種權證，券商就沒什麼好賺的。

我們看圖 8 美律的股價走勢，2017 年 10 月 26 日是法說會隔天，美律權證的漲幅最少也有 60%（詳見表 1）。所以利用法說會時機點前進場，可以參與波動行情，有機會大賺一波。若統計過往的法說會行情，美律法說會後一天

表1　美律2017年法說會隔天，多檔權證漲幅逾60%
——美律（2439）法說會隔天權證漲幅

權證代碼	權證名稱	發行券商	價格（元）	漲跌（元）	漲跌幅（%）
060514	美律元大68購01	元　大	0.99	0.59	147.50
063537	美律群益71購03	群益金鼎	0.88	0.47	114.63
063713	美律元富71購01	元　富	1.14	0.60	111.11
064496	美律元大72購05	元　大	0.10	0.21	110.53
064853	美律富邦72購03	富　邦	0.35	0.18	105.88
060477	美律群益6C購02	群益金鼎	1.16	0.58	100.00
062377	美律元大6C購06	元　大	2.06	1.01	96.19
064152	美律國泰73購02	國　泰	0.45	0.22	95.65
064076	美律永豐72購01	永豐金	0.27	0.13	92.86
062552	美律永豐71購01	永豐金	1.02	0.49	92.45
061275	美律永豐6C購04	永豐金	1.07	0.48	81.36
061750	美律凱基6C購02	凱　基	1.50	0.67	80.72
064963	美律國泰73購04	國　泰	0.97	0.43	79.63
063806	美律國泰71購04	國　泰	1.00	0.44	78.57
060694	美律凱基6B購02	凱　基	1.05	0.45	75.00
063815	美律永豐71購04	永豐金	0.35	0.15	75.00
063483	美律永豐71購02	永豐金	0.61	0.26	74.29
063582	美律元大71購03	元　大	0.80	0.34	73.91
060414	美律元富6B購01	元　富	1.23	0.52	73.24
060622	美律元大71購01	元　大	1.08	0.45	71.43
063859	美律元大73購01	元　大	0.60	0.25	71.43
064136	美律元大72購02	元　大	0.45	0.18	66.67
064182	美律永豐72購03	永豐金	0.20	0.08	66.67
064323	美律元大72購03	元　大	0.38	0.15	65.22
062306	美律凱基6C購04	凱基	1.80	0.71	65.14
060493	美律統一6B購06	統　一	0.86	0.33	62.26
065552	美律元富73購03	元　富	0.50	0.19	61.29
061523	美律元富6C購01	元　富	1.53	0.58	61.05
061614	美律日盛6C購02	日　盛	1.65	0.62	60.19
062366	美律群益71購02	群益金鼎	1.68	0.63	60.00
063379	美律統一72購01	統　一	1.20	0.45	60.00
065907	美律群益74購01	群益金鼎	1.04	0.39	60.00

註：資料日期為 2017.10.26　　資料來源：群益策略網權證達人寶典

圖9 美律法説會後一天股價上漲機率達49%
—— 美律（2439）法説會行情統計

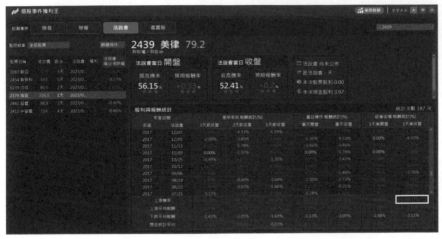

註：統計截至 2023.01.17　　資料來源：理財寶權證小哥個股事件獲利王

收盤的上漲機率達到49%（詳見圖9）。上漲機率是不怎麼樣，但上漲平均漲幅2.35%，比其他日都來得高！

另外，智原（3035）、譜瑞-KY（4966）這2檔，也是過往法説會時會出現大波動的股票。

時機點②：除權息前

很多投資人會選擇參與除權息行情，股價易有波動。當多頭時，進場挑選就容易獲利。

時機點③：選擇地板股搶反彈

因為下殺時出量，波動大，可以這時候進場搶反彈。權證買得早，不如買得巧，當股價波動大增，權證就值得好好研究。

這裡分享小哥進場操作權證的 5 口訣：**「標的要大波，權證小隱波，買賣價差小，委買量足夠，槓桿大最優。」**

記得，若是「認售權證」，要找差槓比＜ 0.5% 的權證買進。如果不知道行情何時會發動，就挑偏價內權證買進。而到了行情發動時，找槓桿大的買進，獲利機會較高。

1-4 找對題材＋追蹤主力 有機會選到飆漲權證

知道如何挑選權證後，我們就可以擬定自己的投資策略來操作。

股價飆升帶動權證漲幅──以長榮權證為例

2020 年到 2021 年，台股中的航運股上漲了一大波段，很多投資朋友口袋賺飽飽。讓我們以長榮（2603）這檔股票來觀察解析。在 2020 年 12 月 11 日～2021 年 7 月 6 日這段期間，長榮的股價從 27.15 元漲到 233 元，漲幅高達 758%，而這段期間的權證漲幅有多高呢？我們用以下這幾檔權證來看（詳見表 1）：

　◆長榮群益 07 購 05（080748）認購權證從 0.72 元漲到 176 元，漲幅高達 24,344%。

　◆長榮群益 08 購 06（081415）認購權證從 0.79 元漲到 160 元，漲幅高達 20,153%。

◆長榮國票 07 購 11（080739）認購權證從 1.68 元漲到 172 元，漲幅也高達 10,138%。

這樣的權證漲幅很恐怖且驚人吧！是股票漲幅的 8.6 倍～ 32 倍。

不少權證波段大戶在股票起漲時，在低檔時就開始布局買權證，以之前賣超最多的元大證券敦南分點為例。從 2020 年 12 月份開始進場布局長榮的相關權證，1 月～ 2 月時陸續在低檔大量買進權證；而在股價大漲一段後，在 6 月份時陸續分批出脫庫存（詳見圖 1），獲利下車，總共賺了 9 億 4,000 萬元。

隨著長榮這波上漲趨勢，元大證券敦南分點買的權證當中，光是長榮國票 07 購 11（080739）這檔權證，就幫元大敦南分點賺進 1 億 9,000 萬元；長榮群益 07 購 05（080748）這檔權證，就幫元大敦南分點賺進 5,679 萬元（詳見圖 2）。

讓元大敦南分點大賺的 2 檔權證如下：

1. 長榮國票 07 購 11
◆從 2020 年 12 月 31 日開始進場。
◆以不到 2 元的成本陸續買進。

表1 長榮權證漲幅曾高達200倍

權證代碼	權證名稱	發行券商	上市日期	到期日期
078645	長榮凱基08購04	凱　基	2020.12.11	2021.08.10
079899	長榮國票07購09	國　票	2020.12.23	2021.07.22
081256	長榮國泰09購02	國　泰	2021.01.06	2021.09.06
080748	長榮群益07購05	群益金鼎	2020.12.31	2021.07.30
080739	長榮國票07購11	國　票	2020.12.31	2021.07.30
081415	長榮群益08購06	群益金鼎	2021.01.07	2021.08.06

◆陸續出脫權證，賣出價格最高達到120元。

2. 長榮群益07購05

◆從2021年1月4日開始進場。

◆以不到2元的成本陸續買進。

◆陸續出脫權證，賣出價格最高達到103.65元。

掌握權證操作2大關鍵

　　看著上面的實例，是否很心動，也想參與其中，買進權證呢？這其中有幾個投資操作重要關鍵：

——2020年發行的部分長榮權證漲幅

最新發行量（張）	權證發行價（元）	權證最低價（元）	權證最高價（元）	漲幅（％）
500	2.65	2.85	190	6,567
500	1.85	1.90	180	9,374
1,200	5.72	2.08	179	8,506
1,028	3.10	0.72	176	24,344
2,357	2.43	1.68	172	10,138
4,241	4.18	0.79	160	20,153

關鍵1》挑選有題材，具上漲力道的標的

　　投資權證，記得挑選有題材、波動大的股票，才能快速達到獲利翻倍的效果。當多頭力道強勁且走勢明確時，就可以挑選認購權證買進。

關鍵2》追蹤波段主力並熟悉其操作模式

　　跟著波段主力買權證，也是買進權證賺大錢的好方法。研究法人籌碼會發現通常以波段為主的外資、投信，會先有一段布局期，當籌碼吸收到一定水準，就會預備發動，一舉拉抬股價。能在法人布局時就跟上的話，獲利就可觀啦！

　　而跟著主力高手，他們對於股市動態靈敏，較能掌握進場時機，通常在低檔就布局，容易獲得較高的報酬率。

圖1 元大敦南分點於2021年6月出脫長榮權證
——長榮權證分點券商損益

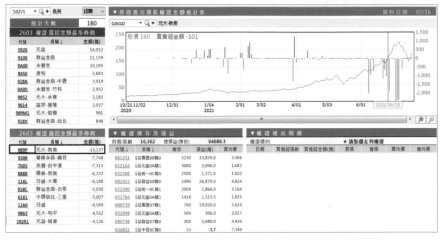

資料來源：理財寶權證小哥玩家大戶大搜密

　　而且波段主力進場型態單純穩定，跟著主力操作，可以掌握好的進場時機，獲利通常也不錯，不用一直進出市場，浪費交易成本。看對標的，交易型態相對單純穩定，只要掌握好的進場時機點。

　　通常波段主力會在1天或幾天之內大量買進某1檔權證，買完之後就買著不動，等股價上漲，漲到一定程度之後再賣出。所以，遇到波段主力一定要記得跟上。

圖2 元大敦南分點靠2檔長榮權證大賺2億多元

長榮國票07購11（080739）分點進出明細

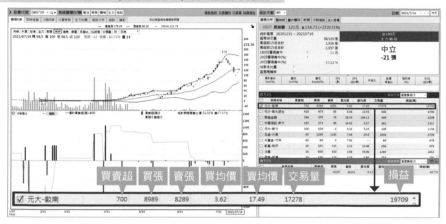

	買賣超	買張	賣張	買均價	賣均價	交易量	損益
☑ 元大-敦南	700	8989	8289	3.62	17.49	17278	19709

長榮群益07購05（080748）分點進出明細

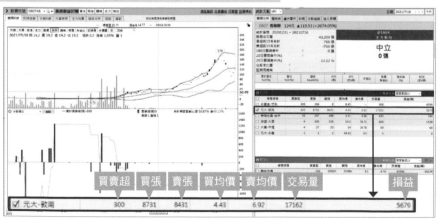

	買賣超	買張	賣張	買均價	賣均價	交易量	損益
☑ 元大-敦南	300	8731	8431	4.43	6.92	17162	5679

資料來源：理財寶籌碼K線

要如何跟著波段主力操作呢?掌握幾個步驟,每個人都可以自己找出相關個股資訊。追蹤波段主力 SOP:

步驟1》首先要先觀察主力動向,我們要先找出最近被大量買入「認購」或「認售」的個股。

步驟2》接著再找出波段買進的券商。

步驟3》觀察券商進出與股價關係,是否為高手主力。

步驟4》查看券商的操作紀錄,觀察買進紀錄和股價的相關性,就可以找到被主力大戶鎖定的權證。

步驟5》我們只要緊盯後續買賣狀況,就可以快速擬定操作策略,例如:跟著波段權證大戶買認購,趁著股價拉回時買進,大漲時出一些。若遇到拉回急殺,波段權證主力沒出時再買,獲利就不錯。

投資朋友們可以試著自己找找,有權證波段主力的個股來參與。小哥事後檢討,沒跟上航運股這波大多頭,真是可惜,以後對厲害的波段權證分點,得認真的追蹤。

1-5 股票期貨》多空操作靈活 短線勝率最高

　　投資市場上有各種商品，其中股票期貨（又稱個股期貨）具有高槓桿、可多空靈活操作的優點，沒有融券放空時會有停資券、強制回補的問題。

　　股票期貨是一種交易契約，約定投資人可在未來某一時點以約定價格買進或賣出標的股票，由投資人支付保證金，就可參與股價的漲跌利益。交易之前，須先到期貨商開立期貨戶頭，存入足夠的保證金到期貨保證金專戶，下載軟體就可以開始交易。

　　股票的交易單位是 1 張（零股則以 1 股為單位），股票期貨的交易單位則是 1 口。例如買 1 張（1,000 股）股價 500 元的台積電（2330）要花 50 萬元；若買 1 口台積電的股票期貨，它的契約價值就相當於 2 張（2,000 股）台積電股票約 100 萬元，但投資人只需要支付保證金 13 萬 5,000 元。

　　而當台積電的股價上漲 10 元，漲幅 2%，1 口台積電股票期貨的契約價值會

上漲 2 萬元（＝ 10 元 ×2,000 股），獲利幅度高達 14.8%（＝ 2 萬／ 13 萬 5,000 元 ×100%），能讓資金有限的投資人，使用較低的成本，去享有股價上漲的獲利。

　　以上的試算不包含手續費和交易稅，若要一起算進來，更會發現股票期貨的手續費、稅金都比直接買賣股票便宜許多，很適合短線跟波段投資，且多空皆宜。只要資金控管好，善用能獲利的方法，拼周轉率及高勝率，設好停利停損機制，股票期貨可說是短線勝率最高的交易工具。

認識股票期貨基礎概念

　　股票期貨以股票為期貨契約標的，是一種採取期貨保證金交易制度的衍生性金融商品，必要先轉帳入金（先把足夠交易的錢轉到約定好的保證金帳戶）才能交易。接下來，小哥將依序說明投資股票期貨的基本知識以及該留意的細節：

1.交易時間與現股略有不同

　　交易時間為上午 08：45 ～下午 01：45，到期月份契約最後交易日之交易時間為上午 08：45 ～下午 01：30。

2.股票期貨分3種類型

①**一般股票期貨**：1口＝2張（2,000股）。例如大立光（3008）的股票期貨代號為IJ。

②**小型股票期貨**：1口＝0.1張（100股）。例如大立光的小型股票期貨代號為OL，暱稱「小立光」；精測（6510）的小型股票期貨代號為OY，暱稱「小精測」。

③**ETF期貨**：1口＝10張（1萬股）。例如元大台灣50（0050）的期貨代號為NY。

目前在台灣期貨交易所（以下簡稱期交所）的期貨商品總共有 248 檔（截至 2023 年 2 月 10 日數據，上市：188 檔、上櫃：50 檔、ETF：10 檔），如果投資人想要了解有哪些股票期貨可供交易，可以到期交所網站查詢（詳見補充資訊）。

3.交易稅極低

股票期貨的交易稅金超便宜的，股票期貨的稅金單邊是 10 萬分之 2，買賣都要付稅金，來回就是 10 萬分之 4。而股票雖然只有賣出時要付交易稅，但稅率高達千分之 3，是股票期貨稅金的 75 倍！在短線頻繁交易的市場中，股票期貨的稅金算是所有交易產品裡最低的一項。

4.手續費比買賣股票便宜許多

手續費方面也相當便宜，通常 1 口股票期貨的手續費約 30 元，但還是得看每個人開戶的期貨商而定，像是大型期貨商因為成本較高，所以手續費也較高。

股票期貨的手續費是以口為單位，股票的手續費是以成交值為單位，所以買高價股的股票期貨，其手續費相對股票而言，就便宜許多啦！若短線頻繁交易的話，光這手續費的差異，影響績效甚鉅（詳見表 1）。

5.結算規則

①**契約到期交割月份**：自交易月起連續 2 月，還有 3 月、6 月、9 月、12 月，這 3 個接續的季月。

②**結算日**：每個月的第 3 個週三（約在 15 日～ 21 日之間），當期貨結算日遇到國定假日時，就會自動順延到下一個交易日結算。

表1 股票期貨手續費和交易稅比股票低
——股票vs.股票期貨交易資訊

項目	股票	股票期貨
開戶單位	證券商	期貨商
手續費	0.1425%	1口約30元
交易稅	0.3%	0.002%*2
盤中交易時間	09：00～13：30	08：45～13：45
盤後交易時間	13：30～14：30	沒有盤後交易
交割款	T+2 上午10點前	先入金
單位	1張（1,000股）	1口＝2張（2,000股）
需要金額	股價×1,000	股價×（270～450）
空單強制回補	1年約2次	每月結算前需要換倉
持有期限	無	每月第3個週三結算

註：T指成交日，T＋2指成交後2個交易日　　資料來源：證交所、期交所

③**股票期貨結算價的計算規則**：依據結算日當天12：30～13：30標的股價成交價的平均價格，也就是現貨收盤前一個小時揭示成交價的平均價格。最後結算價可以從期交所市場資訊查詢（網址：www.taifex.com.tw/cht/5/sSFFSP）。

④**轉倉時間**：每月第3個週四到隔月第3個週三。

6.下單條件

股票期貨的下單條件與股票相同，共有 3 種：

① ROD：掛單到收盤都有效，為當日委託有效單。

② IOC：允許部分成交，其餘取消。

③ FOK：立即全部成交，否則取消。

低成本能以小搏大，但看錯方向恐損失慘重

　　股票期貨要入金才能交易，槓桿效果比當沖小，然而投資股票期貨最怕的就是「追繳保證金」，當保證金低於維持保證金時會產生追繳（詳見補充資訊）。

　　盤後追繳需要於隔天中午 12 點前補回原始保證金，否則將會強制沖銷，也就是所謂的「斷頭」；盤中若低於風險指標 25% 的時候，也會直接強制沖銷所有部位。

股票期貨交易出金計算範例

　　把錢轉入期貨的保證金帳戶稱為「入金」，提領保證金帳戶裡的錢稱為「出金」。以下是帳上有獲利時的保證金出金計算範例：

以做多為例

補充資訊　**投資股票期貨須留意保證金不被追繳**

「原始保證金」：交易期貨期需入金的額度。
「維持保證金」：交易後帳戶裡須維持的最低額度。

要投資期貨前，必須要放一筆保證金才能開始交易，這筆錢稱為「原始保證金」，金額通常是期貨契約價值的13.5%（有些股票適用不同比率），算法是成交價×2,000股×原始保證金比率13.5%，若要快速計算，就是將「成交價×270」。例如小明買1口500元的台積電股票期貨，於是他就放進規定的原始保證金：500元×2,000股×13.5%＝13萬5,000元。

開始交易之後，股價可能會上漲或下跌，要是上漲了，小明的帳戶淨值（又稱為權益數）提高；反之，就會下降。帳戶淨值必須維持在一個最低額度以上，這個最低額度就是「維持保證金」，通常是期貨契約價值的10.35%。而同樣以買1口500元的台積電股票期貨為例，維持保證金則為500元×2,000股×10.35%＝10萬3,500元。

假設接下來台積電跌到480元，會出現「20元×2,000股＝4萬元」的損失，當天券商結算小明的帳戶淨值只剩下「原始保證金13萬5,000元－4萬元＝9萬5,000元」，低於維持保證金額度10萬3,500元，就會對小明發出追繳通知，要是小明沒有在隔日中午前把保證金補回到原始保證金以上，就會被券商強制沖銷。

另外，若是盤中股價變化劇烈，使得帳戶淨值低於原始保證金的25%以下（風險指標<25%），也會被強制沖銷，期貨新手特別要注意別讓這種情況發生。

1. 買100元股票期貨，約需準備保證金：100×270＝2萬7,000元。

2. 漲到110元，保證金變成2萬7,000元＋2萬元＝4萬7,000元（2萬元為獲利）。

3. 110元的股票期貨保證金約等於：110×270＝2萬9,700元。

4. 此時可以出金：4 萬 7,000 元－ 2 萬 9,700 元＝ 1 萬 7,300 元。

5. 若盤中多空部位方向錯誤，必須先出金，免得資金被卡住。

以做空為例

1. 空 100 元股票期貨，約需保證金：100×270 ＝ 2 萬 7,000 元。

2. 跌到 90 元，保證金變成 2 萬 7,000 元＋ 2 萬元＝ 4 萬 7,000 元（2 萬元為獲利）。

3. 90 元的股票期貨，保證金＝ 90×270 ＝ 2 萬 4,300 元。

4. 可以出金，4 萬 7,000 元－ 2 萬 4,300 元＝ 2 萬 2,700 元。

5. 做空獲利時，出金出得多，但被軋時，保證金燒得快。

6. 當低於維持保證金時會追繳，維持率小於 25% 會砍倉，當砍倉不及，可能會賠光保證金或者超額損失。

做好資金控管，避免被追繳保證金

股票期貨追繳保證金的機會相當高，為了避免這種情況發生，小哥建議投資人，一定要做好資金控管，務必注意以下重點：

1. 帳戶裡投資單檔的股票期貨金額，不得超過可動用資金的 10%。

2. 另外須多準備 1 倍的保證金當救援部隊，以免股市方向丕變而慘遭斷頭。

3. 帳戶裡最好是多空標的都有，以免遇到系統性的風險。

表2 用股票期貨類存股，也能領股利

——股票存股vs.股票期貨類存股

比較	股票存股	股票期貨類存股
優點	◆存了不用理它 ◆每年配息	◆資金效率化，準備50%資金存，50%資金備用 ◆獲利可以領出，不用賣股票期貨繼續存 ◆只要價差單為負時，每月有紅利 ◆股利當天配息馬上領，不用等1個月 ◆稅務優勢
缺點	◆投資報酬率低	◆開太大槓桿，導致股價下跌沒辦法繼續存 ◆保證金放不夠，導致被砍倉 ◆流動性較差，真心存股再來

4. 停損時別太計較價差。

5. 最好一個分點能開多個帳戶，波段跟當沖的帳戶分開來操作。

6. 每天入出金，嚴加管控帳戶金額與風險。

7. 獲利金額到了一定程度，記得將資金轉出放到別的資產上，可讓資金如活水般流動。

8. 保證金不足，要追繳時，盡量砍倉，提高維持率（追繳時，表示此時方向做錯了，別輕易入金提高維持率）。

股票期貨的優點與缺點

接著，再來看看投資股票期貨還有哪些優缺點（詳見表２）：

股票期貨的優點

1. 低交易成本，手續費及交易稅都比股票低廉。

2. 能夠以小搏大，大概 4 倍～ 7.4 倍槓桿（保證金多半為現股的 13.5% 的資金，槓桿約 7.4 倍）。

3. 可以參與除權息，擁有稅務優勢，因為是保證金交易，不用列入股利所得。

4. 多空無限制，也沒有停資券問題，可以避開「券源不足」，還有「融券強制回補」的困擾。

5. 可進行期現貨避險操作。

股票期貨的缺點

1. 有「無量漲跌」的缺點，資金沒控管好，或投資人對行情錯誤判斷，沒立即停損，遇到無量漲跌時，將會損失慘重。

2. 有些股票期貨流動性較差，有滑價（欲成交價格與實際成交價格產生差異）的風險，有造市不積極的風險、有正逆價差風險，也有部位太大的風險。

3. 有到期日，每個月需換倉。

欲投資高價股行情，可關注小型股票期貨

想參與高價股行情，又沒有足夠資金的小資族，可以買小型股票期貨來參與。買不起台積電，可以買小台積電；買不起大立光，可以買小大立光。

表3 期交所21檔小型股票期貨
——小型股票期貨列表

股票期貨 商品代碼	標的證券	證券代號	標的證券簡稱
OL	大立光電股份有限公司	3008	大立光
OM	精華光學股份有限公司	1565	精 華
OY	中華精測科技股份有限公司	6510	精 測
PB	環球晶圓股份有限公司	6488	環球晶
PN	祥碩科技股份有限公司	5269	祥 碩
PU	聯發科技股份有限公司	2454	聯發科
PW	緯穎科技服務股份有限公司	6669	緯 穎
PY	鈊象電子股份有限公司	3293	鈊 象
QA	信驊科技股份有限公司	5274	信 驊
QE	國巨股份有限公司	2327	國 巨
QF	台灣積體電路製造股份有限公司	2330	台積電
QG	瑞昱半導體股份有限公司	2379	瑞 昱
QH	聯詠科技股份有限公司	3034	聯 詠
QI	穩懋半導體股份有限公司	3105	穩 懋
QJ	玉晶光電股份有限公司	3406	玉晶光
QM	上銀科技股份有限公司	2049	上 銀
QN	群聯電子股份有限公司	8299	群 聯
QR	華碩電腦股份有限公司	2357	華 碩
QS	南亞電路板股份有限公司	8046	南 電
RF	嘉澤端子工業股份有限公司	3533	嘉 澤
RG	健策精密工業股份有限公司	3653	健 策

註：統計截至 2023.02.10　　資料來源：期交所

一般股票期貨 1 口是 2,000 股,小型股票期貨 1 口是 100 股,花較少的錢,仍舊可以參與高價股的漲跌。

根據 2023 年 2 月 10 日的期交所資料,共有 21 檔小型股票期貨可供交易(詳見表 3)。

小型股票期貨更具有以下優點:

1. 讓小資族有機會參與高價股的走勢行情。
2. 交易價格親民、保證金門檻低。
3. 吸引更多投資人參與。
4. 可以增加投資策略的靈活度。
5. 增加市場套利交易及價差交易之機會。

1-6 可轉債》具股票＋債券性質 穩定操作不易大賠

可轉換公司債（Convertible Bond，CB），簡稱可轉債，是可以轉換成股票的債券，是個適合穩定操作，較不容易大賠錢的商品。

可轉債有 2 種玩法：1. 可轉債本身、2. 股票。藉由可轉債，可以去猜測這檔股價何時會拉抬。

我們先來說明債券。債券是發行者為籌集資金而發行、在約定時間支付一定比率的利息，並在到期時償還本金的一種有價證券。投資人可在約定時間內獲得利息、到期後，發債人須歸還本金及利息給投資人，也就是歸還本金。

可轉債有保本性質，達特定條件可換成股票套利

可轉債也是公司債的一種，是發行公司所擔保、可以轉換成股票的債券；公司缺資金時，可以用較低的成本籌資，或者利用投資人將可轉債轉換成股票，

就不必還錢了。

不過目前在實務上，台灣公司發行的可轉債很多都是 0 票面利率，也就是沒有利息，但仍具備債券的保本性質。可轉債通常以 100 元票面金額發行，到期時間多在 3 年或 5 年，到期時公司會以 100 元向投資人買回。

對於投資人而言，可轉債同時附有可轉換成普通股的權利，若股價高於可轉債的轉換價，投資人可在約定時間內轉換成普通股，因此買進可轉債後會面臨 2 種狀況：

狀況1》股價高於轉換價

股價上漲到轉換價後，可依事先約定的轉換比率，換成發行公司的普通股股票，最好是股價漲到轉換後，可獲得滿意報酬時再做轉換。

狀況2》股價低於轉換價

股價低於轉換價就不值得轉換為普通股，投資人除了可在市場上賣出可轉債，另一個選擇是持有到可轉債到期，若公司沒倒的話，公司用 100 元買回。

投資人持有可轉債，等於是一種產品有 2 種用途：股價若一直跌，我就當債主；股價一直漲，我就當股東。買樺漢（6414）是股東，買樺漢三（64143）、

樺漢四（64144）是債權人。

可轉債價格多貼近100元，別碰80元以下標的

　　通常在市場上交易的可轉債價格會很貼近 100 元，如果略高於 100 元，可能代表投資人看好股票未來有上漲空間，可留意有沒有套利機會。

　　若是可轉債價格低於 100 元，就具有避險保本優勢，例如以 95 元買進持有到期，最後賣回給公司會有 5% 的價差，因此價格很可能又會逐漸回到貼近 100 元的位置。

　　但是一定要記得！千萬不要買價格很低，尤其是低於 80 元的可轉債，風險較高。為什麼呢？可轉債的價格如果跌得太低，這家公司可能就要還不出錢了。

　　可轉債最大的風險就是公司倒閉，例如樂陞（已下櫃）於 2016 年一連發行 3 檔可轉債，利用日商收購新聞放送利多讓股價大漲，董事長本人與共犯在高檔轉換套利，最後收購破局，股價暴跌，股票也黯然下櫃，不明就裡投資人只能落得被坑殺的下場。

　　然而只要選對可轉債，會有以下好處（詳見表 1）：

1. 投資債信良好的可轉債，享有債券到期還本的保障。

2. 遇發行公司除權息，權息價值也會反映在轉換價格。

3. 可轉債的標的大漲時，若股價超過轉換價，可轉債也會有相對應的漲幅。

4. 當可轉債的標的大跌時，由於可轉債具有可以賣回的優勢，價格會在100元附近有僵固性。只要公司沒倒閉，虧損有限。

5. 習慣存股的投資人在投資策略上，挑選體質不錯、有發行可轉債標的的股票，同時買進股票與可轉債，可增加投資利益。

若想查詢可轉債發行現況，詳見文末圖解教學。

投資可轉債前，搞懂「轉換價」計算方式

接下來，進一步說明進場操作可轉債一定要先知道的細節。可轉債最重要的就是「轉換價」，轉換成股票計算方法公式為：

轉換張數＝100／轉換價

例如：轉換價100元，轉換張數＝1張（100／轉換價100元）；轉換價50元，轉換張數＝2張（100／轉換價50元）；轉換價20元，轉換張數＝5張。

表1 股價上漲時，可轉債可望同步受惠
——可轉債的優點與缺點

優點	缺點
◆保本、風險低	◆有被公司方提前贖回的風險
◆交易成本低	◆發債不還時，公司有倒閉風險（案例：樂陞）
◆股價上漲時，可轉債享有和股票同樣的好處	◆有些交易量很小，易有流動性風險 ◆價差風險

　　轉換價會決定轉換張數，轉換價愈低，換的張數愈多。以中磊六（53886）為例，轉換價是 100 元，所以只能轉換為 1 張普通股。

　　不過，中磊六自發行以來，普通股的股價則一直沒有上漲超過轉換價 100 元（2023 年 3 月 13 日收盤價是 91 元），因此可轉債無法轉換為股票，而中磊六的價格則是在 99.6 元～ 111.5 元之間。

　　若是之後中磊普通股漲到超過 100 元轉換價，例如 120 元、130 元，屆時 1 張可轉債可換 1 張股票，可轉債投資人就可以考慮轉換為普通股獲利了。其實大部分可轉債的轉換價並不是 100 元，換算起來不像中磊六這麼簡單，因此在考慮要不要把可轉債換成股票時，就需要再換算可轉債市值（Parity），看看值不值得轉換了。

> **可轉債市值＝普通股股價 ×100 ／轉換價**
> **＝普通股股價 × 轉換張數**

假設某家公司發行可轉債，轉換價為 20 元，轉換張數為 100 ／ 20 元＝ 5 張，投資人小華的可轉債持有成本為 100 元：

狀況1》當公司的普通股股價為30元時

可轉債市值＝普通股股價 30 元 ×5 張＝ 150 元

◎結論：小華在此時轉換，就能獲得 150 元的股票，每張有 5 萬元的價差，當然就值得轉換。

狀況2》當公司的普通股股價為10元時

可轉債市值＝普通股股價 10 元 ×5 張＝ 50 元

◎結論：小華若在此時轉換，只能獲得 50 元的股票，當然不值得換！不如持有至到期賣回給公司。

要知道，公司發行可轉債，最終不外乎走向以下 3 種結果：

1. 還錢。
2. 拉抬股價，讓可轉債換成股票。

3. 信用差的公司，發行可轉債，大部分卻是為了「不還錢」，用拉抬股價將可轉債換成股票，然後在市場上賣掉，以獲取更高額的報酬。此時，特定人賺到錢，公司籌到錢。股價上漲後又跌回到原點，而股本膨脹，每股盈餘（EPS）縮水，這個環節最吃虧的就是散戶和小股東了。

很多公司發行可轉債會選擇股價低時，也就是壓低轉換價格，這樣大股東手上持有的可轉債可以換得更多的股票。因此可轉債發行時，我們都會觀察轉換價是否低，轉換價愈低代表公司很懂得發可轉債。

4重點觀察可轉債市值與籌碼變化

觀察可轉債的市值與籌碼變化時，可以掌握 4 項重點：

1. 可轉債的市值超過 100 元：走勢會跟個股連動。
2. 短線主力買超：可轉債市值若低於 120 元，有可能會拉抬。
3. 券現償暴增股：若可轉債的交易量大增，市值大於 130 元的話，代表可轉債主力出貨。
4. 融券暴增股：若市值 > 130 元，若主力呈現賣超，現貨準備獲利了結。

如果不想操作可轉債，也可以單純利用可轉債的特點，買到有潛力的股票，

只要留意觀察可轉債出現以下狀態：

1. 市值低於 110 元。
2. 近期主力買超。
3. 未轉換餘額 > 90%。

圖解教學 **查詢可轉債發行現況**

STEP 1 要查詢哪些公司有發行可轉債，可以上「公開資訊觀測站」網站（mops. twse.com.tw/mops/web/index），點選❶「債券」、❷「轉（交）換公司債與附認股權公司債」、❸「最近3個月現況查詢」，查最新發行資訊：

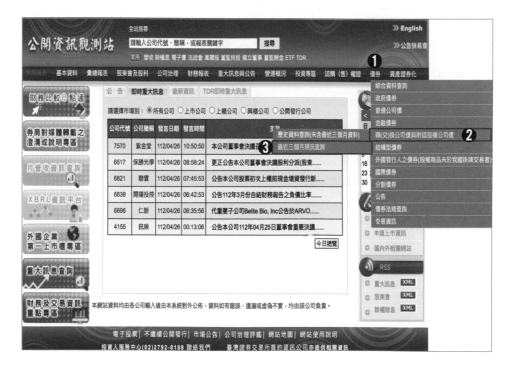

接續下頁

接著，依照所需條件填入相關資訊，此處以❶「依發行日期查詢」為例，輸入民國111年（2022年）1月1日～民國112年（2023年）3月13日，再點選❷「確定」。

公開資訊觀測站

全站搜尋
請輸入公司代號、簡稱，或報表關鍵字　　　　搜尋

》 English
》公告快查

常用 簽收 除權息 電子書 法說會 庫藏股 董監持股 獨立董事 董監酬金 ETF TDR

常用總表　基本資料　彙總報表　股東會及股利　公司治理　財務報表　重大訊息與公告　營運概況　投資專區　認購（售）權證　債券　資產證券化

債券
　綜合資料查詢
　政府債券
　普通公司債
　金融債券
　結構型債券
　轉(交)換公司債與附認股權公司債
　　❶歷史資料查詢（未含最近三個月資料）
　　❶最近三個月現況查詢
　外國發行人之債券（股權商品未於我國掛牌交易者）
　❶國際債券
　分割債券
　公告
　債券法規查詢
　❶交易資訊

🔵 最近三個月現況查詢

🖨列印網頁　📄開新視窗　📋問題回報

債券發行資訊查詢

查詢欄位使用說明與範例

市場別：全部 ⌄

1.依債券代號查詢：［　　　　］~［　　　　］

2.依發行公司代號查詢：［　　　　］~［　　　　］

3.依發行公司名稱查詢：［　　　　］ (輸入關鍵字即可帶出可供點選之公司名稱)

❶ 4.依發行日期查詢：民國［111］年［1］月［1］日~民國［112］年［3］月［13］日

5.依到期日期查詢：民國［　］年［　］月［　］日~民國［　］年［　］月［　］日

6.依承銷商(財務顧問)查詢：［　　　　］ (輸入關鍵字即可帶出可供點選之承銷商(財務顧問))

7.幣別：全部情形 ⌄ 　　　　　　　8.發行人：全部 ⌄

9.票面利率：○固定 ○浮動 ○結構型 利率範圍［　　］% ~［　　　　］%

10.債券特殊發行條件：［　　　　⌄］ 11.債券發行順位：全部情形 ⌄

12.評等種類：［　　　⌄］ 　　　　　13.評等機構：全部機構 ⌄

14.評等：［　　　］(以關鍵字搜尋) 　15.擔保情形：全部情形 ⌄

16.是否按時還本：◉是 ○否 　　　　17.掛牌情形：全部情形 ⌄

18.發行期限：［　］年~［　］年 　　19.募集方式：全部 ⌄

20.◉查詢未到期債券資料 ○查詢已到期債券資料

21.永續發展債券：［　　　　⌄］

(除預設項目外，請至少輸入一項查詢項目)

❷［確定］　［包裹下載］

STEP 3 接下來會出現❶各公司可轉債列表。

債券
- 綜合資料查詢
- 政府債券
- 普通公司債
- 金融債券
- 結構型債券
- 轉(交)換公司債與附認股權公司債
  - ▶ 歷史資料查詢（未含最近三個月資料）
  - ▶ 最近三個月現況查詢
- 外國發行人之債券（股權商品未於我國掛牌交易者）
- ▶ 國際債券
- 分割債券
- 公告
- 債券法規查詢
- ▶ 交易資訊

🔵 最近三個月現況查詢

🖨 列印網頁　🔄 更新視窗　❓ 問題回報

債券發行資訊查詢

查詢日期：112 年 04 月 14 日
查詢月份：112 年 03 月份

| 上個月 | 下個月 |

公司代號	債券種類	公司名稱	債券代碼	債券簡稱	發行日期	票面利率	到期日期	債券期別	券別	幣別	發行總額	月底餘額
1342	轉(交)換公司債	八貫	13421	八貫一	111/06/02	0.000000	114/06/02	1		新台幣	200,000,000	72,900,000
1474	轉(交)換公司債	弘裕	14742	弘裕二	111/01/26	0.000000	114/01/26	2		新台幣	300,000,000	300,000,000
1532	轉(交)換公司債	勤美	15324	勤美四	111/01/24	0.000000	114/01/24	4		新台幣	1,500,000,000	1,499,900,000
1533	轉(交)換公司債	車王電	15332	車王電二	111/01/26	0.000000	114/01/26	2		新台幣	1,000,000,000	1,000,000,000
1589	轉(交)換公司債	永冠-KY	15894	永冠四KY	112/02/20	0.000000	117/02/20	4		新台幣	1,500,000,000	1,500,000,000
1599	轉(交)換公司債	宏佳騰	15991	宏佳騰一	111/11/18	0.000000	114/11/18	1		新台幣	300,000,000	300,000,000
1617	轉(交)換公司債	榮星	16173	榮星三	111/03/02	0.000000	116/03/02	3		新台幣	200,000,000	200,000,000
1727	轉(交)換公司債	中華化	17271	中華化一	111/10/03	0.000000	114/10/03	1		新台幣	600,000,000	600,000,000
1786	轉(交)換公司債	科妍	17862	科妍二	111/10/03	0.000000	114/10/03	2		新台幣	400,000,000	361,900,000
2012	轉(交)換公司債	春雨	20123	春雨三	111/03/25	0.000000	114/03/25	3		新台幣	400,000,000	400,000,000
2012	轉(交)換公司債	春雨	20122	春雨二	111/03/25	0.000000	114/03/25	2		新台幣	500,000,000	500,000,000
2012	轉(交)換公司債	春雨	20121	春雨一	111/03/25	0.000000	114/03/25	1		新台幣	700,000,000	700,000,000
2061	轉(交)換公司債	風青	20612	風青二	111/01/12	0.000000	114/01/12	2		新台幣	100,000,000	94,100,000
2065	轉(交)換公司債	世豐	20652	世豐二	111/03/22	0.000000	114/03/22	2		新台幣	600,000,000	598,500,000
2230	轉(交)換公司債	泰茂	22304	泰茂四	112/01/06	0.000000	115/01/06	4		新台幣	300,000,000	300,000,000
2231	轉(交)換公司債	為升	22313	為升三	111/08/29	0.000000	114/08/29	3		新台幣	1,300,000,000	1,299,900,000
2358	轉(交)換公司債	廷鑫	23581	廷鑫一	111/09/28	0.000000	114/09/28	1		新台幣	300,000,000	299,900,000
2383	轉(交)換公司債	台光電	23835	台光電五	111/04/25	0.000000	116/04/25	5		新台幣	3,465,300,000	3,465,300,000
2497	轉(交)換公司債	怡利電	24972	怡利電二	111/07/07	0.000000	114/07/07	2		新台幣	300,000,000	300,000,000
2641	轉(交)換公司債	正德	26415	正德五	111/07/28	0.000000	114/07/28	5		新台幣	600,000,000	577,800,000
2887	轉(交)換公司債	台新金	288701	台新金E1	111/04/01	0.000000	114/04/01	1		新台幣	5,000,000,000	5,000,000,000
3016	轉(交)換公司債	嘉晶	30164	嘉晶四	111/03/29	0.000000	114/03/29	4		新台幣	500,000,000	500,000,000
3023	轉(交)換公司債	信邦	30238	信邦八	111/12/12	0.000000	114/12/12	8		新台幣	1,000,000,000	999,900,000
3033	轉(交)換公司債	威健	30336	威健六	111/06/01	0.000000	116/06/01	6		新台幣	2,000,000,000	1,998,300,000
3138	轉(交)換公司債	耀登	31381	耀登一	111/01/18	0.000000	114/01/18	1		新台幣	400,000,000	400,000,000
3209	轉(交)換公司債	全科	32094	全科四	111/07/21	0.000000	114/07/21	4		新台幣	600,000,000	186,300,000
3268	轉(交)換公司債	海德威	32681	海德威一	111/01/10	0.000000	114/01/10	1		新台幣	200,000,000	200,000,000
3290	轉(交)換公司債	東浦	32903	東浦三	111/11/22	0.000000	114/11/22	3		新台幣	300,000,000	290,900,000
3322	轉(交)換公司債	建舜電	33224	建舜電四	111/09/06	0.000000	114/09/06	4		新台幣	400,000,000	399,100,000
3346	轉(交)換公司債	麗清	33465	麗清五	111/12/28	0.000000	114/12/28	5		新台幣	300,000,000	297,400,000
3346	轉(交)換公司債	麗清	33464	麗清四	111/02/17	0.000000	114/02/17	4		新台幣	200,000,000	199,900,000

接續下頁

STEP 4 往下滑選擇有興趣的公司，此處以中磊（5388）為例，點選公司代號❶「5388」。

4555	轉(交)換公司債	氣立	45553	氣立三	111/09/05	0.000000	114/09/05	3		新台幣	600,000,000	600,000,000
4566	轉(交)換公司債	時碩工業	45662	時碩工業二	111/01/03	0.000000	114/01/03	2		新台幣	630,000,000	269,400,000
4580	轉(交)換公司債	捷流閥業	45801	捷流閥業一	111/04/26	0.000000	114/04/26	1		新台幣	300,000,000	299,900,000
4744	轉(交)換公司債	皇將	47442	皇將二	111/12/07	0.000000	114/12/07	2		新台幣	150,000,000	149,400,000
4763	轉(交)換公司債	材料-KY	47633	材料三KY	111/05/11	0.000000	116/05/11	3		新台幣	500,000,000	4,800,000
4916	轉(交)換公司債	事欣科	49163	事欣科三	111/03/10	0.000000	116/03/10	3		新台幣	500,000,000	356,400,000
4968	轉(交)換公司債	立積	49681	立積一	111/07/29	0.000000	114/07/29	1		新台幣	300,000,000	300,000,000
5245	轉(交)換公司債	智晶	52451	智晶一	111/08/25	0.000000	114/08/25	1		新台幣	300,000,000	300,000,000
5288	轉(交)換公司債	豐祥-KY	52881	豐祥一KY	111/06/08	0.000000	114/06/08	1		新台幣	500,000,000	480,000,000
❶	轉(交)換公司債	鈺創	53513	鈺創三	111/05/24	0.000000	116/05/24	3		新台幣	800,000,000	794,400,000
5388	轉(交)換公司債	中磊	53886	中磊六	111/05/17	0.000000	116/05/17	6		新台幣	3,000,000,000	3,000,000,000
54714567	轉(交)換公司債	臺醫光電			111/04/11	8.000000	112/04/11	3-2		新台幣	16,500,000	1,650,000
54714567	轉(交)換公司債	臺醫光電			111/06/15	8.000000	112/06/15	4-1		新台幣	11,600,000	11,600,000
54714567	轉(交)換公司債	臺醫光電			111/10/03	8.000000	112/10/03	4-3		新台幣	12,300,000	12,300,000

STEP 5 再點選❶「債券基本資料」，進入下個頁面。

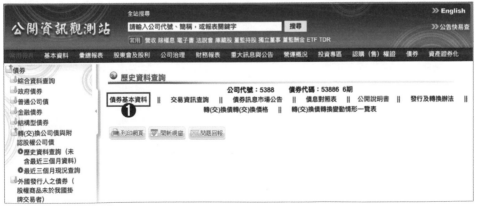

最後就能看到中磊發行的這檔可轉債基本資訊。中磊六（53886）❶「發行日期：2022.05.17」，❷「到期日期：2027.05.17」（5年後）。票面利率為0，❸「最新轉（交）換價格：100元」，❹「轉（交）換期間：2022.08.18～2027.05.17」（發行後3個月）。也就是說，自2022年8月18日起，只要中磊的普通股股價漲超過100元，投資人就可以把手中的這檔可轉債轉換成中磊的普通股。

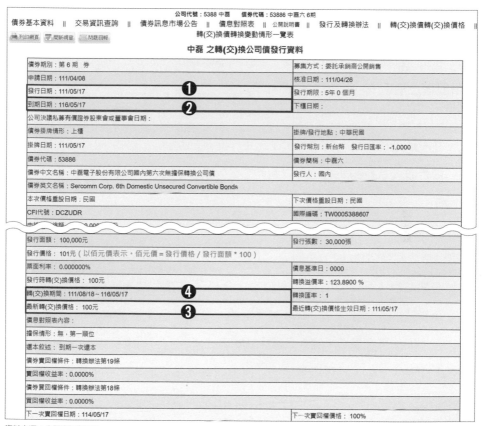

資料來源：公開資訊觀測站

1-7 熟記5口訣 看穿公司拉抬可轉債SOP

公司發行可轉債，若用股票還，那股價應該會拉一波。小哥就發現有一種可轉債股價拉抬手法，炒作的 SOP 如下：

1. 在股價低檔時發可轉債。

2. 灌營收、找新的題材，可以看到當公司的營收增加，公司轉投資的利多新聞增加。

3. 找人配合拉抬股價，例如在電視上的投顧老師用力推薦，異常拉抬股票，公司也常放利多消息。

4. 股票高檔（可轉債市值大於 120 元）時，融券大增。

5. 可轉債的成交量大增，代表成交活絡，有人準備換手了。

6. 過幾天後現券償還、融券大減。由於可轉債在上漲的過程中，可轉債要賣，但不能賣到好價格，就先融券放空，再把可轉債換成股票，手上有股票、有融券，再進行現券償還。因此，若在高檔時出現大量現券償還，那行情可能先告一段落了。

小哥用拉抬 5 口訣**「拉、灌、吹、爆、換」**，讓大家方便記住以上這個過程：

1.**「拉」漲停**：股價會拉漲停。
2.**「灌」營收**：營收增加。
3.**「吹」捧它**：開始會出現在新聞上，也有投顧老師吹捧。
4.**「爆」大量**：成交量爆大量。
5.**「換」股票**：把可轉債換股票，股票換鈔票。

我們要觀察，當現股價格離轉換價很遠，例如目前股價 20 元，但轉換價在 60 元，轉換價在 3 倍遠，就可能不會拉抬，公司直接還錢比較快。當股價離轉換價很近，就有可能拉抬。

我們來看幾個案例：

可轉債拉抬案例1》常珵

常珵曾在 2021 年 6 月 21 日發行可轉債（詳見圖 1，但已於 2023 年 2 月下櫃），投資朋友們請記得，可轉債發行之後，有 3 個月是不能轉換的。

2021 年 11 月 4 日，常珵出現第 1 根漲停（詳見圖 2），有可轉債的漲停

圖1 常程曾於2021年6月發行可轉債
—— 常程（8097）可轉債資料

公司代號	債券種類	公司名稱	債券代碼	債券簡稱	發行日期	票面利率	到期日期	債券期別	券別	幣別	發行總額	月底餘額
8097	轉(交)換公司債	常程	80972	常程二	110/06/21	0.000000	113/06/21	2		新台幣	200,000,000	104,300,000
合計									共1券			

資料來源：公開資訊觀測站

圖2 2021年11月常程第1根漲停後，股價持續拉抬
—— 常程（8097）日線圖

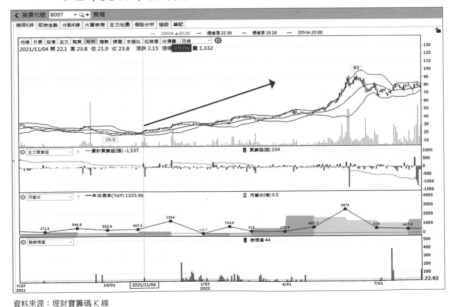

資料來源：理財寶籌碼K線

第 1 根通常都是昭告天下:「這檔股票要動了。」接下來搭配營收成長利多,在利多消息新聞上報後,股價上漲,交易就爆大量,就會有人開始轉換。

　　換股票會從「融券現償」看得出來,當股價往上漲的時候,有人會先融券放空鎖單,然後再把可轉債轉換成股票,再融券現償。

可轉債拉抬案例2》大眾控

　　大眾控(3701)在 2021 年 9 月 10 日發行可轉債(詳見圖 3),發債前半個月要定價,有發債+有漲停,有可能就是大波段的開始。股價漲上來(詳見圖 4),利多消息不斷,營收也是上漲的,股價在高檔時,大量融券現償。

可轉債拉抬案例3》詮欣

　　詮欣(6205)在 2020 年 11 月發行可轉債(詳見圖 5),但股價維持低檔,一直到 2021 年 10 月 21 日～ 22 日連 2 天漲停(詳見圖 6),營收上漲,也有利多。高檔時出量,可轉債也大幅轉換。

　　低檔拉漲停的時候就可以準備進場買股票,當大量轉換又主力賣的時候,通常股價是在高點,就是這檔股票下車的好時機。

圖3 大眾控曾於2021年9月發行可轉債
——大眾控（3701）可轉債資料

公司代號	債券種類	公司名稱	債券代碼	債券簡稱	發行日期	票面利率	到期日期	債券期別	券別	幣別	發行總額	月底餘額
3701	轉(交)換公司債	大眾控	37011	大眾控一	110/09/10	0.000000	113/09/10	1		新台幣	700,000,000	218,100,000
合計									共1券			

資料來源：公開資訊觀測站

圖4 大眾控2021年發行可轉債後股價起漲
——大眾控（3701）日線圖

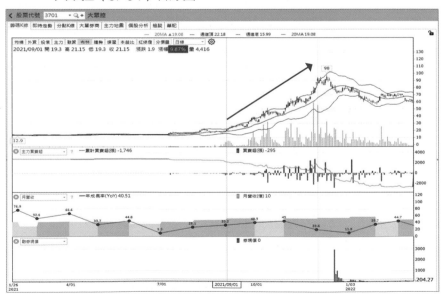

資料來源：理財寶籌碼K線

圖5 詮欣曾於2020年11月發行可轉債
—— 詮欣（6205）可轉債資料

公司代號	債券種類	公司名稱	債券代碼	債券簡稱	發行日期	票面利率	到期日期	債券期別	券別	幣別	發行總額	月底餘額
6205	轉(交)換公司債	詮欣	62053	詮欣三	109/11/04	0.000000	112/11/04	3		新台幣	350,000,000	84,600,000
合計									共1券			

資料來源：公開資訊觀測站

圖6 詮欣股價於2021年10月21日開始起漲
—— 詮欣（6205）日線圖

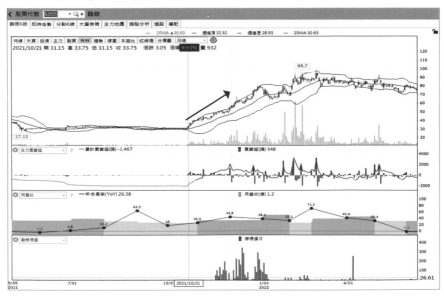

資料來源：理財寶籌碼K線

可轉債拉抬案例4》中探針

中探針（6217）的股價在 2021 年持續位於低檔，2021 年 8 月 27 日發行可轉債（詳見圖7），2021 年 9 月 3 日股價漲停（詳見圖 8），營收也不錯，利多新聞見報，股價在高檔時可轉債也有呈現大幅的轉換。

當股價在低檔漲停，而又有發行可轉債的時候，記得準備進場。等到以後高檔利多新聞見報、融券大量現償時，就可以準備出場。

透過CBAS可用小錢參與可轉債漲跌

而可轉債還有一種交易是「可轉換公司債資產交換」（Convertible Bond Asset Swap，CBAS），其優點是投資人可以投資一點點的錢，就能參與可轉債的漲跌，是個非常好的商品。

CBAS 就是由拆解機構（實務上是券商）買入 CB，並拆解成「可轉債選擇權」、「普通公司債」2 種，來販售給選擇權端投資人、固定收益端投資人。

簡單來説，當某檔可轉債的成交價是 101 元時，由券商把 101 元拆成 100 元跟 1 元，其中 100 元部分去做債券端交易，1 元部分就做選擇權交易。

圖7 **中探針曾於2021年8月發行可轉債**
　　——中探針（6217）可轉債資料

公司代號	債券種類	公司名稱	債券代碼	債券簡稱	發行日期	票面利率	到期日期	債券期別	券別	幣別	發行總額	月底餘額
6217	轉(交)換公司債	中探針	62174	中探針四	110/08/27	0.000000	115/08/27	4		新台幣	500,000,000	0
合計									共1券			

資料來源：公開資訊觀測站

圖8 **中探針發行可轉債後股價漲停，開啟漲勢**
　　——中探針（6217）日線圖

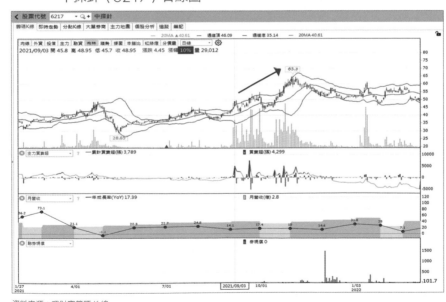

資料來源：理財寶籌碼K線

　　券商支付約定的利息給債券端投資人，但這投資人雖然拿了利息，可是得冒風險的——萬一所投資的公司倒閉，持有選擇權端的一般投資人頂多支付的權利金歸零，但債券端投資人就會面臨嚴重虧損。

　　而負責拆解 CB 的券商，另外還保有「契約到期日前得向債券投資人買回該轉換公司債」的權利，也就是說，這個契約可能隨時因為選擇權端的投資人賣回，而宣告中止。

　　而選擇權端投資人，就是付 1 元左右買進 CBAS 的那位，可是享受了很多好處，卻沒有負擔萬一公司倒債的風險，看來挺不錯的；因為看來不錯，所以他得付出權利金，也就是作為給債券端投資人利息，而且一次預先支付。所以若買到 1 檔 4 年才到期的 CBAS，就得一次付 4 年的利息；雖然一次付這麼多利息，但若只持有半年的話，還可以歸還 3 年半的利息！

　　對債券端的投資人而言，可以取得多樣化公司信用等級的債券，而經由賣出資產交換選擇權，債券端投資人可以享有較佳之收益率，這種收益率就能規畫現金流，相當吸引一些保險基金或大咖投資人，因為他們最喜愛的就是現金流。

　　而對選擇權端的投資人而言，透過可轉換公司債資產交換交易，則可以取得成本低廉的選擇權。為何說成本低廉？因為相對於權證而言，CBAS 的時間價

值，實在比權證少太多，而且相關的 CBAS 很多槓桿都比權證高太多，未來若股票大幅上漲，CBAS 的高獲利潛能遠勝於其他商品。

CBAS最大損失為權利金，且不會有追繳風險

整理一下關於投資 CBAS 的優點：

1.CBAS 僅需支付權利金，低資金成本就能參與可轉換公司債等幅價格漲跌。

2. 最大損失為支付的權利金，不會有追繳的風險。

3.CB 發行期間通常約 2 年～ 5 年不等，持有效期長。

4. 今天買入，明天就能賣出，資金可以靈活運用。

當然所有商品都會有缺點，CBAS 的缺點就是流動性較差，因為市場交易不熱絡，有時買賣盤價格會差異過大（詳見表 1）。

了解CBAS報價計算方式

買 CBAS 需要支付權利金，要付的費用就是：

$$CBAS 權利金＝（CB 價格－ 100 元）＋百元報價$$

其中的「百元報價」是這樣計算出來的：

百元報價＝100×CB 折現率 × 賣回年數
－（賣回價－ 100）＋手續費

其中，比較需要了解的關鍵是 CB 折現率，因為每家公司的信用風險不一，所以債券投資人可得冒著不同的風險。比較高風險的公司，得拿比較高的利率，信用比較好的公司，利率就比較低，而這個利率就叫做 CB 折現率。這折現率約從 1% 到 4.75% 不等，若風險太高，無銀行擔保的公司，大概就沒有 CBAS 可拆，畢竟債券端投資人要的是利息，可不想要承擔太大的風險。

我們來看個範例：假設某檔 CBAS，CB 折現率是 2%，還有 4 年到期；如果到時賣回價是 101 元，手續費是 0.1 元的話：

此檔 CBAS 百元報價
＝ 100元 ×2%×4 －（101元－ 100元）＋ 0.1元
＝ 7.1元

若 CB 價格是 100 元，投資人就得付 7.1 元；若 CB 價格是 101 元，投資人就得付 8.1 元。這種計算方法比選擇權跟權證的 BS 定價模型好算太多，也

表1 投資CBAS成本低廉，但流動性較差
——CB債券投資人vs.選擇權投資人

項目	債券投資人	選擇權投資人
類型	債券端交易 （多限專業機構投資人）	選擇權交易 （CBAS）
假設CB成交價101元時商品結構	100元	1元
成本	◆購入可轉債成本	◆權利金（為付給債券端投資人的利息，而且一次預先支付） ①權利金計算方式＝（CB價格－100元）＋百元報價 ②百元報價＝100×CB折現率×賣回年數－（賣回價－100）＋手續費 ③CB折現率1%到4.75%不等，信用比較好的公司，利率就比較低
報酬	◆一次預先收取固定收益（選擇權權利金） ◆收取債券約定之利息	◆參與等幅的價格漲跌
風險	◆公司倒閉時面臨嚴重虧損，本金拿不回來 ◆隨時因為選擇權端的投資人賣回，而宣告中止	◆流動性較差，買賣盤價格會差異過大 ◆到期日後，權利金歸零
優點	◆取得多樣化公司信用等級的債券 ◆收益率能規畫現金流	◆僅需支付權利金，可以取得成本低廉的選擇權 ◆參與可轉換公司債等幅的價格漲跌 ◆今日買入，隔天就可以賣回，資金可以靈活運用

圖9 可轉債及可轉債的CBAS報價
——可轉債及可轉債的CBAS標的列表

回首頁 可轉債主力分析及套利系統™ | 主力動向 | 以小博大 | 領債息/套利 | 個股資訊 | 所有可轉債

所有可轉債 | 套利大機會 | 年化利差>3% | 集中度異常 | 有擔保可轉債 | 快到期 | 大量沒換 | 大量轉換 | 高檔

代號	名稱	標的	CB成交	CB委買	CB委賣	CB總量	標的成交	標的委買	標的委賣	折現率(%)	百元報價	CBAS委買報價	CBAS委賣報價	委賣槓桿	剩餘天數	轉換後市值
34653	進泰電子三	3465	100.4	100.4	100.45	26	88	87.7	88.4	1.9	-0.23	0.17	0.22	185.64	384	40.84
62743	台燿三	6274	100.05	99.6	100.15	1	70.8	70.8	70.9	3	0.62	0.22	0.77	66.48	780	51.19
41712	瑞基二	4171		101.55	103		56.7	56.5	56.7	1.95	-1.30	0.25	1.70	29	466	49.3
45552	氣立二	4555	100.1	100.1	100.35	2	48.6	48.5	48.6	1.9	0.30	0.40	0.65	153.85	25	100
41672	松瑞藥二	4167	100.85	100.85	101	2	18.6	18.6	18.65	1.9	-0.31	0.54	0.69	108.78	52	75.06
32024	撼晟四	3202		100.8	103.2		15	14.95	15	2	0.12	0.92	3.32	19.47	173	64.63
80441	網家一	8044	100.2	100.15	100.9	1	63.2	63.2	63.3	2	1.20	1.35	2.10	27.94	187	58.68
15982	岱宇二	1598		100.6	102.75		46.8	46.75	46.85	2	0.96	1.56	3.71	16.13	143	59.85
61791	亞通一	6179	103.6	102.55	103.6	16	28.1	28.05	28.1	2	-0.74	1.81	2.86	28.98	109	82.89
24921	華新科一	2492	99.3	98.9	99.3	6	94.1	94.1	94.2	2.9	3.33	2.23	2.63	16.6	392	43.65
41234	晟德四	4123	102	102	102.5	18	44.9	44.85	44.9	2	0.29	2.29	2.79	23.73	888	66.22
31493	正達三	3149		100.2	103		18.15	18.1	18.15	2.25	2.39	2.59	5.39	9.47	358	51.03
15862	和勤二	1586	101.8	101.8	101.9	3	33.55	33.45	33.55	2	1.00	2.80	2.90	27.97	150	81.12
64323	今展科三	6432		103.2	112.25		34.3	34.3	34.45	1.95	-0.34	2.86	11.91	7.7	456	91.74
47601	勤凱一	4760		102.05	105.55		63.3	63	63.3	2	0.97	3.02	6.52	14.21	144	92.68
28886	新光金五	2888	101.5	101.4	101.5	37	7.99	7.99	8	2.2	1.74	3.14	3.24	26.6	258	86.19
45561	旭然一	4556		101.7	103.15		31.35	30.9	31.4	2	1.62	3.32	4.77	17	263	81.09
53063	桂盟三	5306	101.75	102	102.5	2	144.5	144.5	145	2	1.33	3.33	3.83	20.44	210	78.28
36313	晟楠三	3631		101.75	102.85		37.85	37.75	37.85	1.9	1.96	3.71	4.81	13.85	344	66.64
34842	崴騰二	3484		101.05	102.95		42.8	42.75	42.8	2.95	2.70	3.75	5.65	11.27	308	63.69
84671	波力一KY	8467		104.1	107.45		57.8	57.6	57.9	2	-0.18	3.92	7.27	12.66	126	92.04
34891	森寶一	3489		102.55	106		10.5	10.5	10.55	2	1.57	4.12	7.57	10.84	255	82.03

資料來源：理財寶權證小哥可轉債主力分析及套利系統

相當清楚明白，也沒有權證被發行商降隱含波動率這種風險。

CBAS 比較大的風險在可轉債標的本身，我們可以觀察幾個重點：

1. 當某檔 CB 在外流通量少、很難買到，當然也就沒有 CBAS 這東西。因為

CBAS 是 CB 拆出來的，這種買不到的，很多比較會拉抬現貨，也就是普通股股價，讓可轉債換成股票；股票換成鈔票，大股東或特定人口袋滿滿。

2. 很容易買到 CB，要慎選投資標的，有可能股票本身不會拉抬，CB 最終只能賣回，無法換成股票，而 CBAS 最終也就成了吃了歸零膏的命運。

3. 挑選標的，可以從股東數、發債前股價、主力狀況、CB 委買價，找出「會拉抬」的標的。例如在股市的大空頭之後，可以好好找 CBAS，等反彈大賺一筆！而退休族可以找負債比低、速動比高的標的，領取債息。

圖 9 為可轉債及可轉債的 CBAS 報價，手續費預設 0.1 元，CBAS 報價為每張報價。

第2篇

看懂技術訊號
精進操作技巧

無論是權證、股票期貨或可轉債,都是連結股票的
商品,因此進場前都得對股市有一定程度的了解。
股市分析一般分為基本面、技術面、籌碼面這3大
面向,短線操作最重要的是找到波動高的標的,本
篇將分享小哥用技術面觀察股價趨勢的重點。

2-1 | 認識3種關鍵K棒 抓住股價轉折訊號

　　學會解讀 K 線圖是觀察價格走勢很重要的工具。所謂 K 線圖是指記錄市場一段期間的價格變化，用 K 棒視覺化股價的變化，可以從中了解：開盤價、收盤價、最高價和最低價。根據不同的統計區間，又可分為日 K 圖、週 K 圖和月 K 圖。

　　K 棒，1 根就暗藏 4 個關鍵密碼。K 棒又稱為 K 線，有分陽線（紅 K）和陰線（黑 K），說明如下（詳見圖 1）：

陽線（紅 K）：是收盤價＞開盤價。

陰線（黑 K）：是收盤價＜開盤價。

　上影線：表示賣壓，是最高價跟實體 K 棒的中間的這個線，很長的上影線代表今天的賣壓很大，有人倒貨。

　下影線：表示支撐，是最低價跟實體 K 棒的中間的這個線。

　　K 線圖是每日交易實況，用看盤軟體中的技術分析功能都可以查看。出現紅

圖1 收盤價高於開盤價將呈現紅K
——K棒示意圖

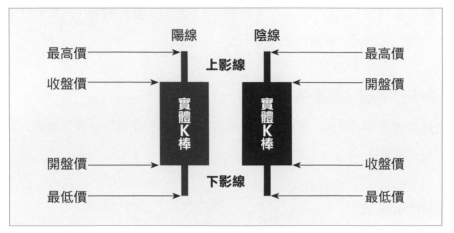

K 不代表當天股價一定上漲，出現黑 K 也有可能股價上漲（比昨天收盤高）；紅黑 K 棒不代表漲跌，買賣方力道才是重點。

像是紅 K 取決於誰積極，出現紅 K，大部分是主力進場，但也有例外，像是散戶受到誘導，轉而積極進場買股的情形。

坊間有 48 種 K 線，有興趣的朋友可以研究看看。小哥只教投資朋友們記住 3 根最實用的 K 線（詳見表 1），可以透過訊號清晰操作，投資勝率高。

1.光頭大紅棒（再加上漲幅逾5%）

光頭表示沒上影線，加上漲幅逾 5% 的大紅棒表示是發車訊號。盤整很久的第一根紅 K 棒表示突破，可以跟著進場，千萬別看到紅 K 就賣，持續觀察。大紅 K 伴隨大成交量，後續可能大漲一波。

2.漲停一字線（超級強勢）

有很多鎖漲停的情況，但是我個人特別喜歡看到有收購利多時才搶進，漲停沒有鎖死就賣出。

3.高檔吊首線

實體小、下影線很長，抓轉折最好用，若出現在高檔且發現主力大賣，股價通常是一路向下。

光頭大紅棒》出現在橫盤爆量時，後續漲勢可期

股價在盤整時是最無聊的，總是讓被套牢的投資人苦不堪言。散戶朋友買賣股票時，對於盤整很久的股票標的，常喜歡掛漲停板賣出，掛跌停板買進。這有可能讓你賣在起漲點、買在起跌點。

其實這種股票一帶量發動，後面漲勢可期。具體的訊號是：橫盤爆量大紅 K，

表1 光頭大紅棒＋漲幅逾5%為發車訊號
——3種實用K線意義

K線型態	名稱	趨勢
	光頭大紅棒＋漲幅逾5%	發車訊號
	漲停一字線	超級強勢
	高檔吊首線	轉折最好用

突破月線、季線時，此時就是絕佳的解套機會。我們來看以下案例：

案例1》系統電（5309）

系統電股價經過幾個月的橫盤整理後，2019年11月28日出現1根光頭大紅K（詳見圖2），伴隨著大成交量，之後股價從7.04元漲到19.4元（詳見圖3），漲幅驚人，高達175.6%。

案例2》愛普＊（6531）

愛普＊股價同樣經歷好幾個月的橫盤整理，2019年11月29日出現1根光頭大紅K（詳見圖4），伴隨著大成交量，接著股價在1個月內從53.1元漲到93元，漲幅75%（詳見圖5）。

圖2 系統電在2019年11月出現光頭大紅棒
——系統電（5309）日線圖

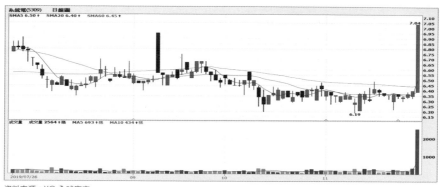

資料來源：XQ 全球贏家

圖3 系統電出現光頭大紅棒後股價飆漲175.6%
——系統電（5309）日線圖

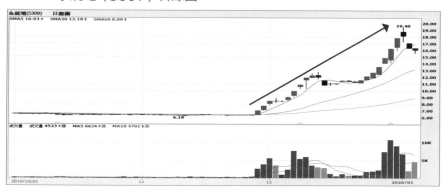

資料來源：XQ 全球贏家

圖4 愛普*在2019年11月出現光頭大紅棒
── 愛普*（6531）日線圖

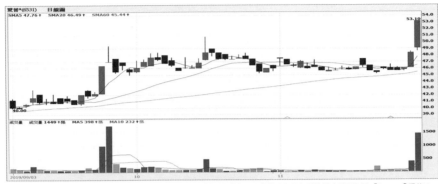

註：台股的股票面額原為每股 10 元，2014 年起採取彈性面額制度，面額非 10 元者則於股名後面加註「＊」，「愛普＊」
即為一例，其面額為每股 5 元　　資料來源：XQ 全球贏家

圖5 愛普*出現光頭大紅棒後股價上漲75%
── 愛普*（6531）日線圖

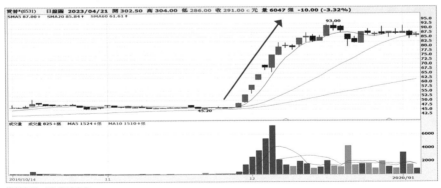

資料來源：XQ 全球贏家

案例3》台南-KY（5906）

再看別的例子，台南-KY在2019年12月17日出現光頭大紅K（詳見圖6），伴隨著大成交量，股價從14.4元漲到26.7元，漲幅85%（詳見圖7）。

漲停一字線》溢價收購時容易出現

溢價收購最常出現漲停一字線。想參與收購，要每天注意收購新聞。例如2019年12月12日，網通股明泰（3380）透過公開收購增加仲琦（2419）的持股，每股收購價為32元。以仲琦當天收盤價20.6元計算，隔天開漲停也才22元多，有明顯價差利益。

果然，不僅隔天12月13日出現漲停一字線收在22.65元，接連3個交易日都是漲停鎖死狀態（詳見圖8）。若幸運在22.65元買到，抱到漲停打開並賣在27.9元，就有23%的獲利入袋。

明泰公開收購的最高數量為10萬張，連同明泰另外私募仲琦10萬張股票，合計共取得仲琦60.8%股權。像這種正常的收購利多，才能搶進，如是敵意收購要小心。

一般參與收購操作要留意：

圖6 台南-KY於2019年12月出現光頭大紅棒
—— 台南-KY（5906）日線圖

資料來源：XQ 全球贏家

圖7 台南-KY出現光頭大紅棒後股價上漲85%
—— 台南-KY（5906）日線圖

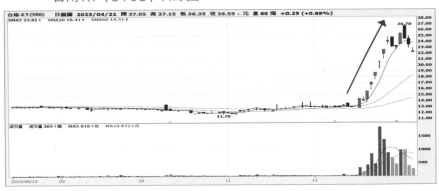

資料來源：XQ 全球贏家

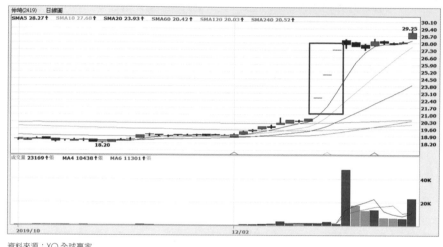

圖8 仲琦出現被收購利多後，股價連3天漲停
——仲琦（2419）日線圖

資料來源：XQ全球贏家

1. 買不到，太多人想搶，參與利益，所以盤前就得掛單，開盤後就買不到了。

2. 全買到，盤中掛單買到要隨時注意，有可能這種收購是假的。

3. 結論：漲停鎖得住就抱，爆量漲停打開就賣。

高檔吊首線》加上主力大賣恐將變盤

出現吊首線，不論是在高檔或低檔，常是變盤的徵兆，這是實體很小，下影

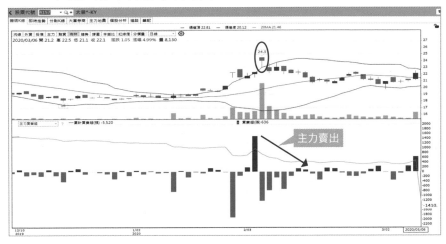

圖9 太景*-KY於2020年股價高檔時出現吊首線
—— 太景*-KY（4157）日線圖

資料來源：理財寶籌碼K線

線很長的線型，可以是紅K也可以是黑K。

若低檔時出現吊首線，很容易變成一根釘子，會讓整個局勢扭轉；若是在高檔頭部，出現資減券減，不利軋空。此時若發現長期主力大賣，表示高點已近，從高檔吊首線抓到轉折，股價可能一路向下。

案例1》太景*-KY（4157）

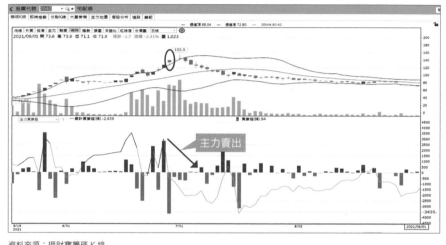

圖⑩ 宅配通2021年股價高檔時出現明顯吊首線
——宅配通（2642）日線圖

資料來源：理財寶籌碼K線

　　太景 *-KY 從 2019 年 18 元左右上漲一波後，2020 年 2 月 5 日出現明顯的吊首線（詳見圖 9），當天最高價 24.5 元。接下來可發現主力開始賣出，此時就是明顯的轉折訊號，短線必須出場，而後股價反轉向下。

案例2》宅配通（2642）

　　宅配通從 2021 年 5 月，受惠於新冠肺炎疫情的三級警戒，股價從低檔的 33 元左右上漲，短短 1 個多月就漲到超過 100 元；接著在 2021 年 6 月 29

日出現明顯的吊首線（詳見圖 10），當天最高價 139 元。在吊首線出現後，就發現主力開始轉為賣出，此時就是明顯的轉折訊號，做多者必須趕緊出場，過了 2 天創下新高價 152.5 元後，股價就一路向下。

2-2

以扣抵值＋籌碼變化
判斷未來股價走向

投資股票時，均線是很重要的指標。當均線上彎時讓做多的人微笑；但如果均線下彎時，就代表股價走勢不利。如何預測未來的均線發展，是上揚還是下彎？有個很準確的方法，就是運用扣抵值掌握方向，預言趨勢未來，再搭配主力籌碼乘風破浪。

扣抵值》平均值計算公式中第1個要被扣掉的數字

什麼是扣抵值？我們先來介紹比較容易了解的「均價」與「均線」。

均價是指一段交易日的平均價格，例如 5 日均價就是最近 5 個交易日的平均收盤價。舉個例子，某檔股票在 2 月 5 日的收盤價是 103 元，包含當天在內的近 5 日收盤價分別為：

2 月 1 日收盤價為 107 元。

2 月 2 日收盤價為 102 元。

2 月 3 日收盤價為 103 元。

2 月 4 日收盤價為 105 元。

2 月 5 日收盤價為 103 元。

那麼 2 月 5 日當天計算 5 日均價則為 104 元，計算方式：（107 元＋ 102 元＋ 103 元＋ 105 元＋ 103 元）／5 ＝ 104 元

而到了下一個交易日 2 月 8 日要計算 5 日均價時，2 月 1 日收盤價 107 元就會被扣掉，5 日均價會變成計算 2 月 2 日～ 2 月 8 日這 5 天的收盤價，依此類推。因此，每天的 5 日均價都不一樣，而在 K 線圖中，由 5 日均價連成的線就稱為「均線」。而計算新一交易日的均價，要被扣掉的 2 月 1 日收盤價 107 元就稱為「扣抵值」，所謂**扣抵值就是目前平均值計算公式中，第 1 個要被扣掉的數字。**

當最新一日的股價逐漸上漲，均線就會漸漸往上彎，因此用上述的例子來說，2 月 5 日後的下一個交易日要是多少，5 日均線才會上揚？選項如下：103 元、104 元、105 元、108 元。答案是 108 元。

K 線圖中，常用的均線有 5 日均線（週線）、20 日均線（月線）、60 日均

線（季線）等，了解扣抵值的變化，對我們在判斷均線方向時，會有很實際的幫助。

扣抵的概念可以用班級經營來形容，就很容易記住。成績好的學生轉進來，班級平均成績就上升，成績差的學生轉進來，平均成績就下降。套用在股價上，扣抵值跟今天新增加的股價相比：

扣抵值＜新增股價，均線向上。
扣抵值＞新增股價，均線向下。

扣抵是很實用的技巧，扣抵值用來確認均線未來走向，判斷均線反轉點很好用，可以提高勝率，讓投資朋友不會亂砍在低點，也不會亂搶進。

接下來，我們用扣抵值來觀察月線變化，學習如何更精準掌握飆股的起漲點：

1. 當扣抵值愈來愈低，代表轉走的同學都是成績比較差的，那月線就容易往上漲。
2. 當月線上升時，有助股價持續上漲的力道。

例如榮成（1909）在 2019 年 11 月中旬後扣抵值有愈來愈低的趨勢；而

圖1　榮成2019年11月中旬後扣抵值愈來愈低
―― 榮成（1909）日線圖

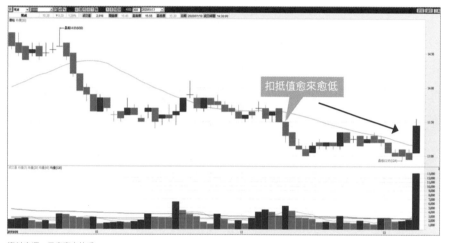

資料來源：元富贏家快手

到了12月初量價齊揚，月線上彎，股價在站上月線後就開始上揚（詳見圖1、圖2）。

再補充一點，當股價站上月線後，若是股價回檔，就是個好買點，這是葛蘭碧8大法則其中一種買進訊號（詳見2-3）。統整一下扣抵值的概念：

◆扣抵值在高點，股價在低點，均線下彎；扣抵值在低點，股價在高點，均

線上升。

　◆股價在高點後 20 日沒創高，月線容易下彎；股價在低點後 20 日沒破底，月線容易上升。

　以上簡單說明扣抵值。那麼，學會扣抵值，找月線上升的股票，就能穩穩賺錢嗎？當然不是，股票操作並不是這麼簡單。學會扣抵值，只能提高勝算，我們還要把相關籌碼加進來，勝率就能再提高一些。

籌碼變化》提高預估股價變化的勝算

　接下來，以小哥會使用的理財寶籌碼 K 線軟體為例，來說明相關股票籌碼。

　這裡面有個功能，可完整在圖表中呈現「分點」券商進出表、主力籌碼、三大法人布局，分析贏家大戶，主力進出等。主要掌握以下 2 重點：

1.觀察主力買賣超

　圖 3 是籌碼 K 線軟體的介面，主圖是大家比較熟悉的技術分析 K 線圖，下方「主力買賣超」定義是「全台前 15 大分點買超張數減全台前 15 大分點賣超張數」，同時可以在右側欄位觀察個股每日交易前 15 大分點，幫助我們追蹤主力心態，這個功能最重要。

圖2 榮成2019年12月初月線上彎，股價接連上漲
——榮成（1909）日線圖

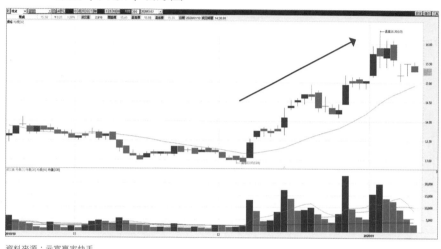

2.查看扣抵值

扣抵值也可以從K線圖中顯現，以圖4的台達電（2308）為例，點選「K線」頁籤，即可進入台達電的K線圖，圖中共有3條均線：5日線、20日線、60日線，分別以紅色、淺藍色、深藍色呈現。

由於查詢日為2023.04.21，往前第5個交易日（2023.04.14）底下就會顯示一個暗紅色三角形符號，當天股價就是5日均線的扣抵值。以此類推，

圖3 觀察「主力買賣超」掌握籌碼變化
——理財寶籌碼K線軟體介面

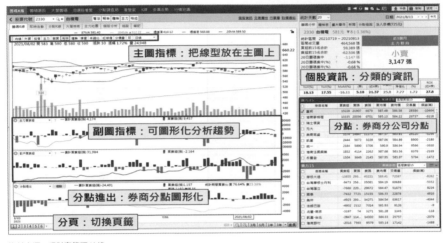

資料來源：理財寶籌碼K線

往前 20 個交易日（2023.03.21）就會出現淺藍色三角形，代表 20 日均線的扣抵值；往前 60 個交易日（2023.01.10）出現深藍色三角形，代表 60 日均線的扣抵值。

接下來，觀察各種交易情形的案例。

案例1》信紘科：股價在高點後20日沒創高，月線容易下彎

圖4 K線圖下方三角形為扣抵值
——理財寶籌碼K線軟體扣抵值示意圖

資料來源：理財寶籌碼K線

股價在高檔，主力放利多，但主力一直賣，第20天後股價沒過前高，月線就下彎，這也是前述扣抵值的其中一個概念。圖5的信紘科（6667）就是標準的案例。2019年12月10日股價漲到最高點91.3元後，股價在往後1個月一直沒有突破前高，月線也開始下彎，股價跟著走下坡。

案例2》榮剛：董監改選題材

具有董監改選題材的股票，容易受到關注。董事任期只有3年，每當要改選

圖5 信紘科在高點後20日股價未過前高，月線下彎
——信紘科（6667）日線圖

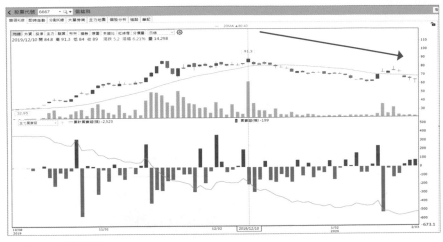

資料來源：理財寶籌碼K線

時，若遇到有公司派欲爭奪董事席次，就很有機會創造出上漲行情。公司派及市場派這兩大派系，都會希望能透過獲得更多持股，進而獲取更高比重的投票權，以爭取董監事的席次，甚至進而參與公司營運，這股力道就容易推升股價上漲；再加上若有主力進駐，主力連買的威力不容小覷。

以榮剛（5009）為例，市場派在 2016 年默默買進榮剛股票，2017 年年初開始更大力買進，可以看到主力買超張數大幅增加（詳見圖6），使得榮剛

圖6 榮剛股價2017年年初隨主力大買而高漲
──榮剛（5009）日線圖及主力動向

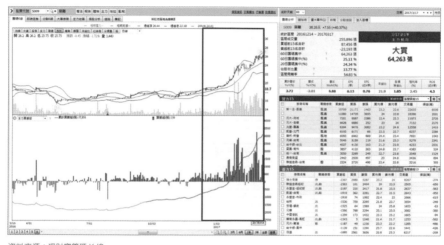

資料來源：理財寶籌碼K線

的股價從 18 元左右上漲到 26 元以上，漲幅超過 4 成。

案例3》太景*-KY：新聞利多，主力連賣

很多散戶朋友都喜歡看新聞買股票，這樣是很有風險的；除了看新聞，最好要搭配觀察籌碼、了解籌碼，才不會當了冤大頭。因為新聞看得到的利多，並不一定都是利多；尤其新聞放送大利多，但收黑K的股票，都要很小心。要避開這類股票，就一定要觀察籌碼，籌碼通常走在股價前面。以下來看看太景

*-KY（4157）這個例子。

2019 年新聞開始出現太景 *-KY 的利多，2019 年 11 月 29 日的利多新聞摘要如下（資料來源為《財訊》）：

「台灣新藥研發公司太景 *-KY 旗下抗生素新藥太捷信（奈諾沙星）口服膠囊成功納入中國醫保的給付名單當中，雖然產品供給價格下降 46%，但遠低於納保平均的 60%，換取中國醫保全國涵蓋 13 億人口 95% 的市場，因此，明年元月正式納保後，營收可望有明顯性成長，市場規模上看人民幣 10 億元。」

光看新聞好像很樂觀，但是觀察籌碼就能發現，其實主力已經連賣了好幾天，股價也沒有因為利多有什麼起色，月線接著下彎，股價也直直落（詳見圖 7）。

案例4》晶彩科：利多見報，但內部人申報轉讓

另一種狀況則也是新聞出現利多，但是出現內部人「申報轉讓」的狀況。內部人主要指公司的經營層、大股東等人，除了從公開資訊觀測站可以看到內部人事前申報轉讓的狀況（詳見 3-7），還可以搭配主力買賣超的情形來觀察。

以晶彩科（3535）為例，2019 年 5 月 15 日出現了該公司的利多新聞，標題是「AOI 設備廠晶彩科前 4 月 EPS 2.19 元　超越去年全年獲利」，新聞

圖7　太景*-KY 2019年11月底有新聞利多，但主力連賣
——太景*-KY（4157）日線圖及主力動向

資料來源：理財寶籌碼K線

內容如下（資料來源為鉅亨網）：

「晶彩科展現營運爆發力，4月營收3億2,400萬元創新高，今日應主管機關要求，公布自結單月自結，稅後純益4,537萬元，每股純益0.57元，加計第1季財報，晶彩科前4月稅後純益1億7,300萬元，每股純益2.19元。」

然而，在這個新聞見報前2日，晶彩科共出現了3筆內部人申報轉讓的情形

圖8 晶彩科在2019年5月有3筆內部人申報轉讓
──晶彩科（3535）申報轉讓明細

持股轉讓日報表

歷史資料 ∨ 公司代號或簡稱 3535 年度 108 開始月份 2 ∨ 結束月份 5 ∨ 查詢

列印網頁 開新視窗 問題回報

異動情形	申報日期	公司代號	公司名稱	申報人身分	姓名	預定轉讓方式及股數		每日於盤中交易	受讓人	目前持有股數	
						轉讓方式	轉讓股數	最大得轉讓股數		自有持股	保留運用決定權信託股數
	108/03/28	3535	晶彩科	董事本人	周育民	一般交易	890,000	445,380		890,000	0
	108/04/11	3535	晶彩科	大股東本人	由田新技股份有限公司	一般交易	5,300,000	304,075		21,116,272	0
	108/05/13	3535	晶彩科	大股東本人	由田新技股份有限公司	一般交易	5,000,000	525,450		15,816,272	0
	108/05/13	3535	晶彩科	經理人本人	王子越	一般交易	2,000,000	525,450		2,101,826	0
	108/05/14	3535	晶彩科	董事本人	尤惠櫻	一般交易	670,000	510,725		700,075	0

(1) 以上資料係由各公司自行建檔提供參考。
(2) 「預定轉讓總股數」係指內部人本筆申報在有效轉讓期間內可轉讓之股數，另「預定轉讓後股數」欄位所揭示之股數，將會因內部人實際轉讓狀況而有所差異。
總計：5筆

資料來源：公開資訊觀測站

（詳見圖8），分別是大股東、經理人、董事，分別申報轉讓5,000張、2,000張、670張。查詢更早的時間點，原來在當年3月、4月就已有董事和大股東分別申報轉讓890張、5,300張。這5筆的申報轉讓方式皆為一般交易（在公開市場賣出）。

再來看晶彩科的股價變化（詳見圖9），也並沒有因為新聞利多有明顯起色。這類利多見報，但內部人申報轉讓的股票，記得要避開。

圖9 晶彩科2019年4、5月主力賣超、股價低迷
——晶彩科（3535）日線圖及主力動向

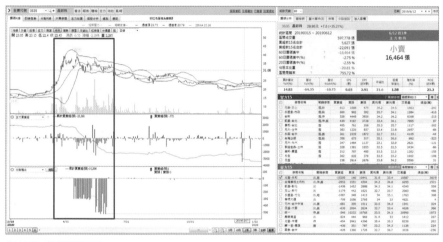

資料來源：理財寶籌碼 K 線

案例5》巨大：主力連買，月線也上揚

這種有主力連買，月線也上揚的股票，是投資人很愛的類型；但進場前一定要多方觀察，不一定要急著進場。如果確定要進場，必須要設好停損點，一旦觀察到主力開始由買轉賣時，就要留意出場的時機。

以巨大（9921）為例，2019 年 3 月起主力連買，累計買賣超張數一路往上增加，月線也上揚（詳見圖 10）；但到了同年 8 月中旬後，主力轉成賣超，

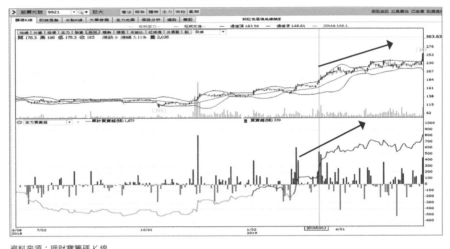

圖⑩　巨大2019年3月主力連買，月線上揚
——巨大（9921）日線圖及主力動向

資料來源：理財寶籌碼K線

股價也就跟著逐漸下跌了（詳見圖11）。

案例6》台達電：主力大買，股票盤整

　　看到有主力大買，但是股票呈現盤整狀態，等到主力吃飽後，股價就會發動上漲。這種是小哥認為最適合進場的類型。

　　來看台達電（2308），2018年12月可以看到有主力大買，不過股價卻

圖11 巨大2019年8月中旬後主力轉賣，股價下跌
——巨大（9921）日線圖及主力動向

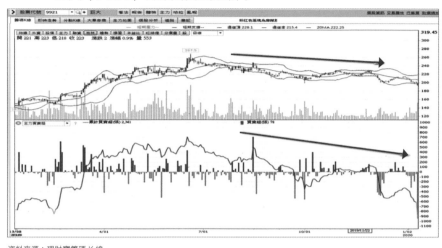

資料來源：理財寶籌碼 K 線

持續盤整，2019 年年初股價才正式發動，短時間就從 130 元左右上漲 20% 左右（詳見圖 12）。

案例7》凱衛：主力大賣，股價卻大漲

明明看到主力大賣，而股價竟然反向大漲？其實，這類型股票追究起來，通常是有「故事」的；要很小心有「對作」，也就是主力大賣，但有大批散戶進場接手，之後就容易看到月線下彎，股價跟著崩盤，如果持股沒賣很容易受傷。

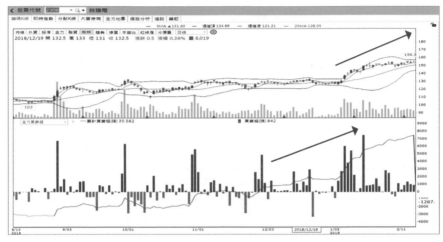

圖12　2018年年底主力大買台達電，股價先盤整後上漲
——台達電（2308）日線圖及主力動向

資料來源：理財寶籌碼K線

　　來看過去比較有代表性的例子。2016 年 10 月，凱衛（5201）這檔股票出現了主力持續大賣的情況，股價卻反而大漲；觀察同期間的集保戶數竟明顯大增（詳見圖 13），散戶持股比率更從不到 50% 增加到 75% 左右，這種主力與散戶對作的情況，散戶通常是弱勢的一方。

案例8》晶彩科：股價在高檔時，主力大賣

　　股價在高檔時，主力大賣；而後股價進入盤整，當主力倒完貨後，股價就狂

圖⑬ 凱衛主力大賣散戶大增，股價先漲後跌
—— 凱衛（5201）日線圖及主力、散戶動向

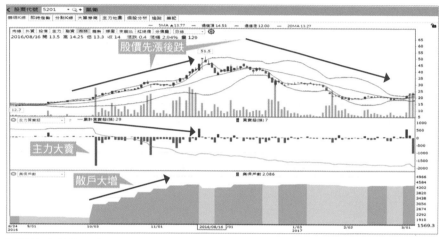

資料來源：理財寶籌碼K線

跌了。提醒投資朋友，當主力落跑時，就不要進場做多。

像是晶彩科在2019年4月時股價進入高檔，此時可以看到主力開始大賣（詳見圖14），就要有所警覺。隨著主力持續賣出，也沒有其他強而有力的籌碼接手，股價也就應聲下跌了。

案例9》聚陽：股價在低檔時，主力大賣但股價不跌

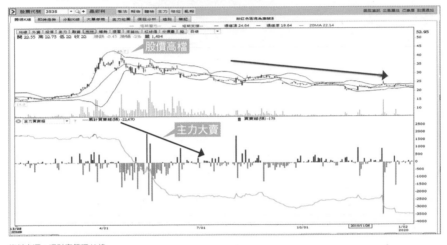

圖14　晶彩科2019年4月股價高檔時，主力開始大賣
——晶彩科（3535）日線圖及主力動向

資料來源：理財寶籌碼K線

　　若股價在低檔持續盤整，那麼月線扣抵值就會容易來到了低檔，若此時還是主力大賣，股價賣不下去，之後主力轉買拉了1根大紅K，那麼月線就容易上揚了，這是因為扣抵值扣低，很容易扭轉月線走勢的例子。

　　像是聚陽（1477）在2015年8月創下股價歷史高點後，開始一路下跌；1年多之後，於2016年年底～2017年年初時，股價約莫處在110元左右的低檔，此段期間主力持續賣出，但股價並未跟著破底（詳見圖15）。而後

圖15 聚陽2016年年底股價在低檔，主力大賣但未破底
—— 聚陽（1477）日線圖及主力動向

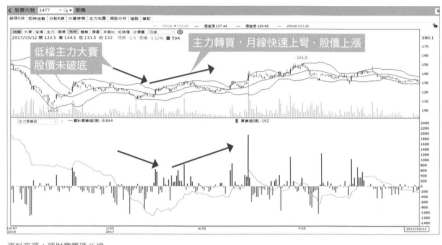

資料來源：理財寶籌碼K線

主力於 2017 年 2 月起轉買，月線很快上彎，股價也跟著漲。

分析股價與籌碼關係的7項訣竅

除了從K線圖的技術分析看股價與籌碼之間的關係，我們也可以搭配分點進出情況，進一步研究相關籌碼的特性。分享幾個小哥在研究股價與籌碼時使用的訣竅：

圖16 友訊2019年11月出現特定券商分點連續買超
—— 友訊（2332）日線圖及籌碼變化

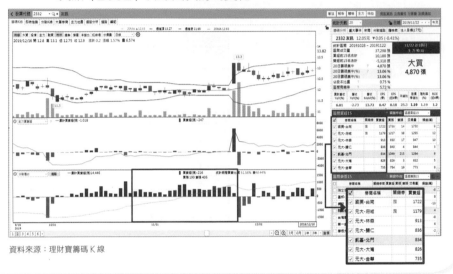

資料來源：理財寶籌碼K線

訣竅1》當連續買超時，可追蹤分點連續性

如果看到有一檔股票出現了券商分點的連續買超，可觀察是否有特定的券商分點連續買進。

例如在2019年11月時，可以看到在20天的區間中，友訊（2332）買超的主要分點都來自台南，全選這15分點時，可以看到它們是屬於波段買進的分點券商（詳見圖16）。

圖17 凱基台北經常是隔日沖分點
——以擎邦（6122）日線圖及籌碼變化為例

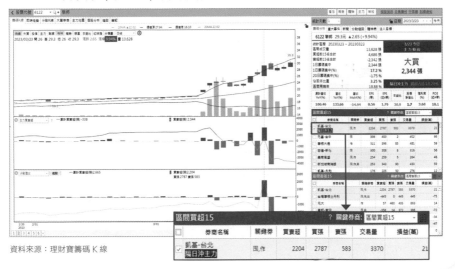

資料來源：理財寶籌碼 K 線

訣竅2》研究分點隔日沖手法

隔日沖指的是今天買進、明天就賣出，屬於比較短線的分點，經常觀察就能知道哪些分點常做隔日沖。

舉例來說，凱基台北就常是個隔日沖分點（詳見圖 17），只要個股漲停板，凱基台北買超第 1 名，買均價接近漲停價的時候，就很有可能隔天開高時會出貨，是個極短線操作的分點。

圖18　寶一2022年11月股價先漲，八貫落後補漲
——寶一（8222）vs.八貫（1342）日線圖

資料來源：理財寶籌碼K線

訣竅3》比較個股的股價高低基期

在 2022 年年底時，經由雷虎（8033）的大漲帶動下，軍工概念股大多大漲了一波，其中，表現不錯的寶一（8222）跟八貫（1342），就可以常用來比較個股的高低基期。

例如 2022 年 11 月 22 日，寶一大漲，但八貫還跌，之後八貫就有落後補漲的行情（詳見圖18）。

圖19 倉和2019年8月出現主力買超、融資增加
——倉和（6538）日線圖及主力、融資動向

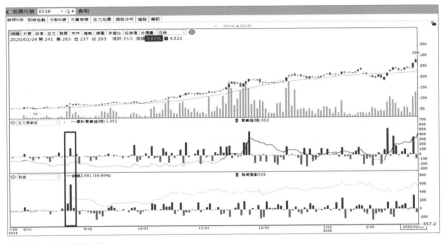

資料來源：理財寶籌碼K線

訣竅4》主力用融資大買並配合買超，容易大漲

　　雖然融資被視為散戶指標，但是主力也可以使用融資操作，若個股主力大買，融資大增時，可以推斷主力用融資買進，此時因為有融資時間成本的壓力，個股比較容易在短線上有不錯的表現。

　　倉和（6538）2019年8月下旬出現了主力買超、融資增加的情形，後面股價大漲一波（詳見圖19）！

圖20 美德醫療-DR股價跌破融資成本線後大跌
—— 美德醫療-DR（9103）日線圖及主力、融資動向

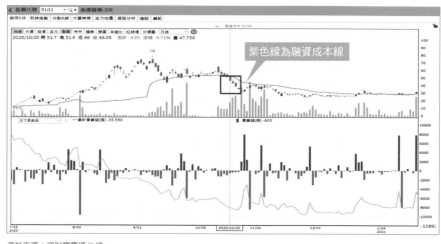

資料來源：理財寶籌碼K線

訣竅5》當主力賣，股價也跌破融資成本線時，後面容易崩盤

在一段時間內，融資買進個股的平均股價，就是所謂的融資成本線。如果有使用籌碼K線這個軟體，在個股的K線圖點選「融資成本」時，可以看到融資成本的那條線。

2020年10月，當美德醫療-DR（9103）股價跌破融資成本線後，有一段急殺（詳見圖20）；急殺反彈至成本線後，壓力頗大，容易回檔。

圖21 遠傳2022年2月主力買、散戶賣與集保戶數減少
—— 遠傳（4904）日線圖及主力、散戶動向

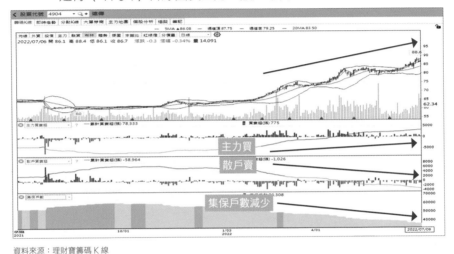

資料來源：理財寶籌碼K線

訣竅6》當主力買、散戶賣、集保戶數減時，籌碼偏正向

　　主力與散戶出現對作的狀況，股價通常是站在主力這一邊，如果不想被主力割韭菜，那麼看K線圖時，務必要同時觀察主力買賣超、散戶買賣超、集保戶數這3個指標。

　　如果發現主力買，但是散戶賣、集保戶數減少時，屬於偏正向的籌碼狀態，股票從散戶流向主力手中，也可預估後續股價呈偏多趨勢。

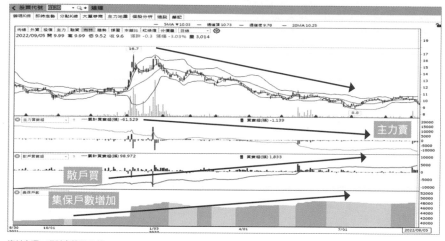

圖22 達運2021年主力賣、散戶買、集保戶數增加
——達運（6120）日線圖及主力、散戶動向

資料來源：理財寶籌碼K線

以遠傳（4904）為例，2022年2月起，就出現了主力買、散戶賣且集保戶數減少的狀況（詳見圖21），股價也從65元左右一路上漲到同年7月的高點88.6元，漲幅達36%。

訣竅7》當主力賣、散戶買、集保戶數增時，籌碼偏負向

相反的，如果發現主力持續賣，但是散戶買、集保戶數增加時，就是偏負向的籌碼狀態，可解讀為股票從主力流到散戶手中，股價後市也不容樂觀。

　　以達運（6120）為例，2021 年 12 月創下股價波段高點 16.7 元後，開始呈現主力賣、散戶買且集保戶數增加的情形（詳見圖 22），股價也開始一路向南，波段最低跌到 2022 年 7 月的 8.8 元，幾乎腰斬。

　　籌碼走在股價前面，所以研究籌碼非常重要。小哥觀察股市多年，在深入研究籌碼後，發現關鍵分點影響股價甚鉅，是很值得研究的；此外也藉此研究出好用的多空招式策略。

　　有興趣的投資朋友，也可以每天做功課，研究籌碼，了解主力大戶們的操作思維，會幫助你提高股市操作的勝率，我們可以一起來切磋琢磨。

2-3 用葛蘭碧8大法則 評估買賣點

在股票市場上，我們常常會聽到「跌深搶反彈」，也會聽到「股價回升」，兩者有何差別呢？我們先談什麼是反彈？

我們常會看到的定義是：在股票下跌的行情中，股價因為下跌速度太快，受到買方支撐面，股價暫時回升的現象。

反彈的幅度通常較下跌幅度小，反彈後恢復下跌趨勢。也就是說，反彈是空頭時的上漲，這類股票千萬別輕易接手，只適合極短線操作。回升是多頭時的上漲，如果有拉回，仍然有機會上漲，可能賺到大波段。

搞懂反彈與回升，決定股價上漲時是否加碼

多頭和空頭的趨勢，在短線走勢上，我們主要是用「月線」這條均線來輔助判斷。以下用國巨（2327）的2張K線圖來說明反彈和回升（詳見表1）。

表1　股價在空頭反彈宜減碼，多頭回升宜加碼

——股價反彈vs.回升

項目	等待時間	價量關係	月線方向	股價上漲
反彈	較短	價漲量縮	向下	減碼
回升	等待發動的時間久	價漲量增	向上	加碼

圖1　股價在向下月線之下，價漲量縮

——以國巨（2327）日線圖為例

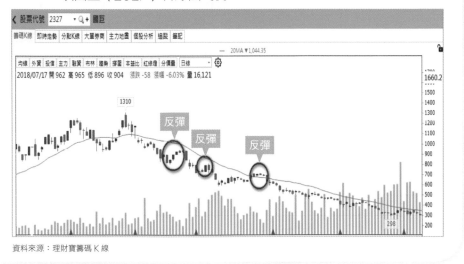

資料來源：理財寶籌碼K線

1.反彈（詳見圖1）

◆當「股價在月線下」、「月線向下」，呈現「價漲量縮」，就是反彈。

◆可以搶反彈，但操作上宜短不宜長。

圖2 股價在向上月線之上,價漲量增
──以國巨(2327)日線圖為例

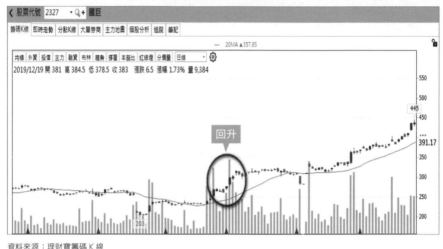

資料來源:理財寶籌碼 K 線

2.回升(詳見圖2)

◆當「月線向上」、「股價在月線上」,「價漲量增」時,就是回升。

◆這類股票跌破時,也不用怕,主力續買時,買進獲利機會高。

◆記得!上升均線不宜放空,下降均線不宜做多。

知名的「葛蘭碧 8 大法則」中,也有教我們如何透過反彈或回升,看懂買賣股票的時機。

圖3 葛蘭碧8大法則應用實例
—— 以國巨（2327）日線圖為例

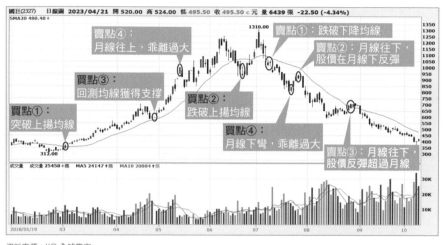

資料來源：XQ 全球贏家

葛蘭碧 8 大法則是利用價格與移動平均線的關係，並利用股價突破均線、兩者乖離的大小等情況，歸納出 8 種不同的情形，作為進場與出場的依據（詳見圖 3）。葛蘭碧 8 大法則的買入及賣出時機：

多單布局買入時機

1. **月線上升，股價突破上揚均線**：可以找買點。

2. **月線往上，股價跌破月線**：這也是個好買點，在多頭的時候，很適合搶反

彈，操作反彈勝率高。

3. **股價回測均線獲得支撐**：也是個買點，適合買進。

4. **月線下彎＋乖離過大**：可以買入搶反彈，但是這個反彈就要小心，停損停利要快。

多單賣出時機

1. **股價跌破下降均線**：觀察扣抵值 20 天後沒創高，月線就準備下彎，尤其當股價跌破月線，這時就要多單減碼。

2. **月線往下，股價在月線下反彈**：月線下反彈快碰到月線時，調節手中持股。

3. **月線往下，股價反彈超過月線**：還是得找機會賣出。

4. **月線往上，乖離過大時**：股價容易拉回，得找機會賣出。

用乖離率判別股價是否過度上漲或下跌

這裡提到的「乖離」，是很多投資人容易搞不清楚，什麼是乖離？這個意思是「股價與均線的距離」，距離愈遠、乖離愈大，主要用「乖離率」（Bias）來判斷。

「乖離率」是一項技術指標，表示股價與移動平均線之間的偏離程度，讓投資人用來判別目前股價是否過度上漲或下跌，算法如下：

乖離率＝（目前價格－移動平均價）／移動平均價

用乖離率可以幫助我們判斷股價的漲跌機率，在運用時有幾個重點：

1. 股價在移動平均線上方時，為正乖離率；股價在移動平均線下方時，為負乖離率。

2. 正乖離率過大，未來股價下跌機率相對高；負乖離率過大，未來股價上漲機率相對高。

3. 月線下彎時，乖離愈大愈容易反彈。但每檔股票因股性不同，會反彈的乖離率也不同。

乖離率可以從券商軟體中查詢，通常是在技術分析頁面裡新增副圖，就會看到乖離率這個選項；也可以從理財寶「權證小哥地板天花板反轉價位監控表」查到。

解析葛蘭碧做多4法與做空4法

買賣股票，布局多空，除了參照以上說明的葛蘭碧 8 大法則，小哥還要提醒投資朋友，操盤策略得再加上觀察主力買賣超的籌碼，用「葛蘭碧 8 大法則＋量＋主力籌碼」，勝算就會更高了。為了讓投資朋友們更清楚葛蘭碧 8 大法則

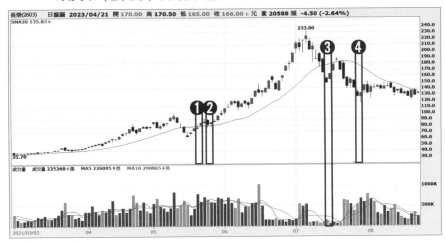

圖4 葛蘭碧做多4法應用實例
——以長榮（2603）日線圖為例

資料來源：XQ 全球贏家

＋量＋主力籌碼的運作，我們來看實際的例子：

◎葛蘭碧做多4法：以長榮（2603）為例

1. 月線往上，股價穿過月線，是個不錯的買點（詳見圖 4-❶）。

2. 月線往上，股價回測月線（詳見圖 4-❷）。

3. 月線往上，股價在月線下跌破月線，量縮時是好買點（詳見圖 4-❸）。

4. 月線往下，股價乖離月線過大，就可以採取地板股策略（詳見 3-11），

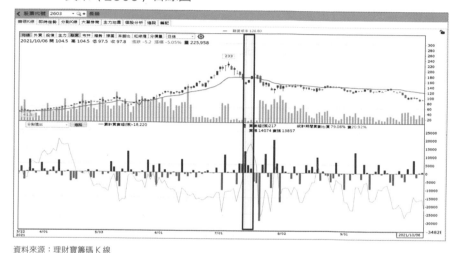

圖5 凱基台北分點於2021年7月長榮跌破月線時大買
——長榮（2603）日線圖

資料來源：理財寶籌碼 K 線

搶反彈（詳見圖 4-❹）。

　　長榮的股價在 2021 年 7 月 14 日這天跌破月線，小哥觀察到凱基台北分點就在這個位置，大買了長榮多達 1 萬 2,869 張，連續買 3 天，大賺一筆（詳見圖 5）。

　　另外，在 2021 年 7 月 22 日，長榮符合地板股的條件時（成交量＞20 日

圖6 長榮股價在2021年7月22日跌破地板價
—— 長榮（2603）日線圖

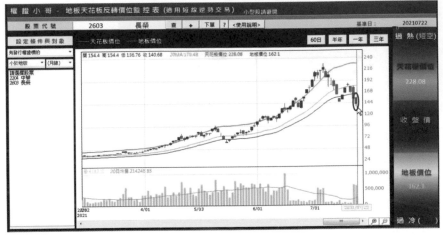

資料來源：理財寶權證小哥地板天花枝反轉價位監控表

均量的 2 倍以上，股價跌至月線下 5%），這就是適合搶反彈的好時機（詳見圖6）。

　　不過，搶地板股還是要看第 2 天開盤時的股價，如果開高最好放棄，開低盤或平盤搭配爆量再介入，且建議只用 10% 資金就好；第 3 天若開高上漲無力，就趕緊獲利了結。因為這是極短線操作，切記不要長抱，不管有沒有賺都要把握時間趕快跑。

圖7 葛蘭碧做空4法應用實例
──以恆大（1325）日線圖為例

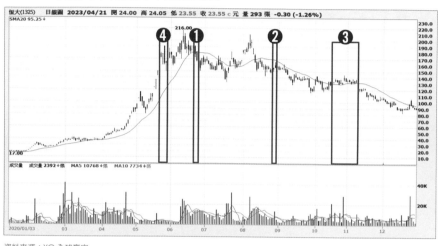

恆大(1325)　日線圖 2023/04/21 開 24.00 高 24.05 低 23.55 收 23.55 c 元 量 293 張 -0.30 (-1.26%)

資料來源：XQ 全球贏家

◎葛蘭碧做空4法：以恆大（1325）為例

1. 月線往下，股價從上往下穿過月線（詳見圖7-❶）。

2. 月線往下，股價反彈靠近月線（詳見圖7-❷）。

3. 月線往下，股價在月線上（詳見圖7-❸）。

4. 月線往上，股價乖離月線過大（詳見圖7-❹）。

接下來的篇章，小哥就要來教大家如何用布林通道選股。

2-4 運用布林通道 擬定選股策略

　　大家都知道小哥的休閒嗜好是夾娃娃，到日本旅遊總是滿載娃娃歸國。其實抓娃娃與操作股票有著很類似的地方，聽小哥娓娓道來。

　　抓娃娃有 2 個條件：爪子有力、低擋板，而這可以對應到選股 2 個條件：

1. **籌碼有主力布局，而股價經過整理**：爪子有力。
2. **布林帶寬窄，股價就容易表態**：低擋板。

　　當出現這樣的條件時，買賣股票就像夾娃娃，標的物（錢）容易入袋。那麼，投資朋友會問，什麼是帶寬窄呢？我們一步一步來解析。首先，要先知道什麼是布林通道。

　　「布林通道」（Bollinger Band）又稱布林軌道、保力加通道，是結合均線和標準差的概念所組成的技術指標。通道中軌「20MA」（移動平均線）為中

心，上下通道以各 2 個標準差為範圍的軌道組成模式。

通道中軌＝ N 天的簡單移動平均線（通常用 20 天，也就是月線）。

通道上軌（上通道）＝中軌＋ 2 個標準差是股價的壓力線。

通道下軌（下通道）＝中軌 −2 個標準差是股價的支撐線。

帶寬：上下通道形成的兩線距離，帶寬的算法：（上通道／下通道）－ 1。

　　按常態分布，有 95% 機會，股價會位在上軌跟下軌間，不容易超過上下通道區間的帶寬範圍，可判斷進出場時機，用來判別波段起漲點的好用技術指標。

布林通道壓縮後打開，可辨別上漲或下跌訊號

　　股價與布林通道的關係有以下幾點明顯特徵：

　　1. 在布林通道壓縮後打開，可以判別上漲或下跌的訊號，是最佳做多或做空點位置。

　　2. 當股價黏著上通道時，這是超強勢線，股價呈上漲趨勢；黏著下通道時，股價超弱勢。

　　3. 均線往上時，而股價在均線跟上通道之間，這是呈現多頭走勢。

　　4. 均線往下時，而股價在均線跟下通道之間，這是呈現空頭走勢。

圖1 布林通道壓縮後打開，彰銀股價一路向上

——彰銀（2801）日線圖

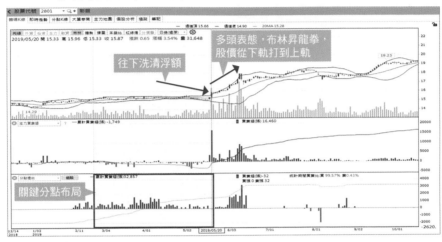

資料來源：理財寶籌碼 K 線

我們來看以下 2 個案例：

案例1》彰銀（2801）

　　圖 1 中的彰銀股價，先是在 2019 年 3 月到 5 月上旬往下盤整一段時間，5 月 20 日之後在布林軌道壓縮後打開，股價快速站上 5 日線、月線、季線等所有均線，呈現多頭表態；同時間主力買進，加上關鍵分點也持續布局買進，股價從下軌一路漲到上軌。

圖2 大立光主力先跑，布林通道向下打開後股價大跌
──大立光（3008）日線圖

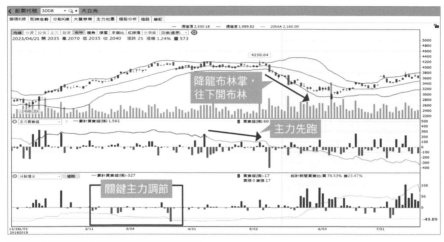

資料來源：理財寶權證小哥地板天花枝枝反轉價位監控表

案例2》大立光（3008）

圖2是大立光的日線圖，在關鍵分點調節後，主力先跑，布林通道向下，開口變大後，股價就一路向下。

用布林通道8種樣貌掌握股價趨勢

要研究布林通道的多種樣貌，有幾點要特別留意：

1. 布林通道呈現上下平行時，要研究布林帶寬寬不寬，帶寬 10% 是正常值：

①帶寬窄：帶寬在 5% 以下，股價容易突破。

②帶寬寬：帶寬 20% 以上，股價會區間震盪。

2. 如果在下通道買股票，帶寬最好超過 20%。

3. 當平行很窄，在壓縮之後很容易打開，就會呈開喇叭狀。

4. 開喇叭狀，布林打開就是波段行情的開始，是最強的布林。

5. 喇叭狀的上軌不見得有賣壓，因為不曉得會漲到何時。

6. 當布林收縮，會進入盤整，靜待股價表態。

7. 當高檔爆量，加上關鍵分點賣超時，在平行的上通道，易出現反轉時機點。

8. 開布林，主力賣的股票就暫時不要碰。

我們來看以下幾個案例：

案例1》茂林-KY（4935）

　　圖 3 是茂林 -KY 的日線圖，可以看到圖中呈現「帶寬窄、開布林」，沿上軌往上翹就是好買點，沿上軌都不賣；一離開上軌，就可以部分停利。加上主力有買超，是更好的買點。

案例2》大學光（3218）

　　圖 4 的大學光，帶寬窄、開布林沿上軌，加上主力買超是好買點，短線操作

圖3 帶寬窄、開布林，沿上軌往上翹就是好買點
——以茂林-KY（4935）日線圖為例

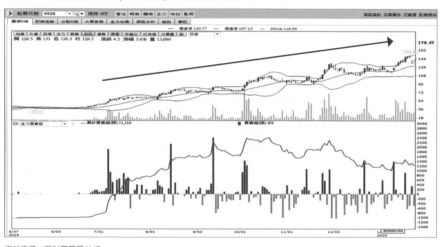

資料來源：理財寶籌碼 K 線

可以上軌翹買進，一離開上軌就賣掉。

案例3》亞光（3019）

圖 5 的亞光，在關鍵分點先買後，加上主力買超，往上開布林，是做多的最佳位置。

小哥在 2019 年 12 月時有操作亞光，當時的狀況為：

圖4 帶寬窄、開布林沿上軌，加上主力買超是好買點
——以大學光（3218）日線圖為例

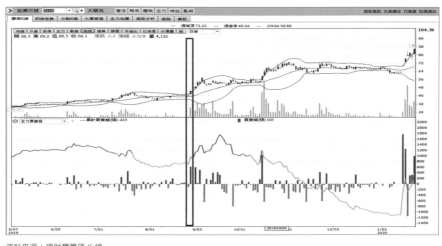

資料來源：理財寶籌碼K線

①布林帶寬很窄，僅有 5.4% 在 2019 年 12 月 13 日當天布林通道頂 80.1
元，通道底 76 元，帶寬＝ 80.1 元／ 76 元－ 1 ＝ 5.4%）。

②第 2 天（2019 年 12 月 16 日）往上開布林，關鍵分點先進場，主力買超。

③我也觀察上通道斜率，上通道斜率就是上通道價格的變化差異比。

用上通道價格的每天變化，計算出上通道斜率，以亞光（2019 年 12 月 17
日）的上通道價格 83.1 元計算的斜率（詳見表 1）：

圖5 關鍵分點先買加上主力買超，往上開布林宜做多
——以亞光（3019）日線圖為例

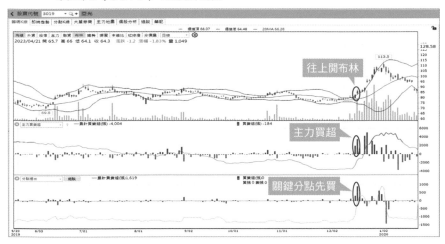

資料來源：理財寶籌碼 K 線

表1 以亞光上通道價格83.1元計算斜率
——以亞光（3019）上通道斜率

上通道價格（元）	83.1	84.7	85.6	87.2	90.8	93.7	97.5	101.9
斜率（%）	0.0	1.9	1.0	1.9	4.1	3.2	4.1	4.5

❶上通道斜率通常 3% 以上就很強，10% 以上就會是妖股了。

❷我在亞光股價約 84 元買進，持有到 105 元賣出，讓我賺進 25% 利潤。

提醒投資朋友要記住，離開上軌就是賣點。

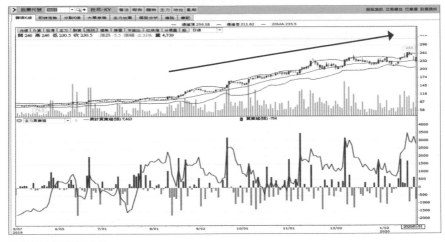

圖6 股價在上通道與月線間震盪，呈現多頭走勢
——以世芯-KY（3661）日線圖為例

資料來源：理財寶籌碼K線

案例4》世芯-KY（3661）

圖6世芯-KY股價，2019年下半年一直在上通道跟月線間震盪，是多頭走勢，月線斜率（0.4%以上）陡峭向上走，同樣是多頭走勢，沿上通道持續上漲。

案例5》欣興（3037）

大帶寬、主力買，股價在下軌，就是個好買點。從圖7欣興日線圖可以看到，當時的股價上下震盪區間很大，在2019年8月6日這天，布林通道頂42.1

圖7 大帶寬、主力買，股價在下軌即為好買點
—— 以欣興（3037）日線圖為例

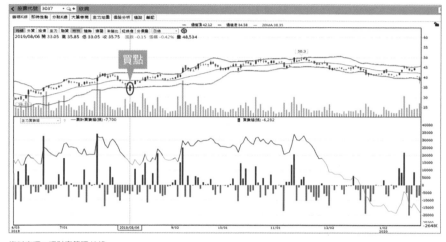

資料來源：理財寶籌碼K線

元，通道底34.6元，帶寬＝42.1元／34.6元－1＝22%。20%以上就算寬，大帶寬、主力買時，股價在下軌，主力逢低吃貨中，就是一個好買點。

案例6》晶彩科（3535）

大帶寬、主力賣，股價在上軌，就是個好賣點。圖8的晶彩科，在2019年5月15日這天，通道頂38.6元，通道底29.6元，帶寬＝38.6元／29.6元－1＝30%，此時屬大帶寬，往下的上軌，加上主力狂賣、關鍵分點拚命賣，逢

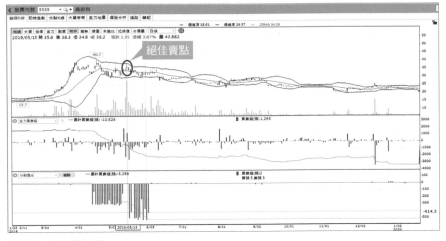

圖8 大帶寬、主力賣，股價在上軌即為好賣點
——以晶彩科（3535）日線圖為例

資料來源：理財寶籌碼K線

高倒貨，這就是個絕佳賣（空）點。大帶寬很適用區間來回操作，上下軌是絕佳進出點位。

案例7》倉和（6538）

從圖9可以觀察到，倉和2018年下半年股價盤了一段時間，經過整理，集保戶數下降10%，主力吃貨後發動，通常會用漲停板吸引投資朋友進場。2019年1月11日這天，通道頂30.9元，通道底29.9元，帶寬3%，而後

圖9 開布林、股價沿上軌上漲，即為好買點
——以倉和（6538）日線圖為例

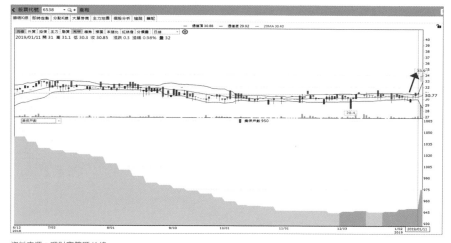

資料來源：理財寶籌碼 K 線

開布林，股價沿上軌上漲。這種股票很強勢，通常不建議空開布林的股票。

如果有前一天隔日沖鎖漲停的分點，在當天盤中出掉股票後，投資人可觀察股票不再下殺時，這就是進場的好時機。

記得：**開布林、股價沿上軌上漲就是好買點。**當股價離開上軌，就可以部分停利。

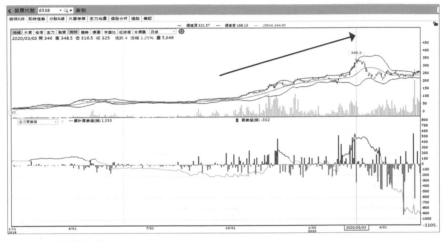

資料來源：理財寶籌碼 K 線

圖⑩　**倉和股價自2019年1月至2020年3月漲10倍**
──倉和（6538）日線圖

倉和從 2019 年 1 月起漲到 2020 年 3 月最高點，這波漲幅高達 10 倍（詳見圖 10）。

案例8》聚積（3527）

以聚積為例，2021 年 7 月初時股價走初升段，盤整後開布林，波段主力持續買超，是強勢股線型（詳見圖 11）。這種強勢的股票，當股價急殺時，都是讓投資人做多的時機點。強勢股開盤的假摔，都是進場做多的時機點。在進

圖⑪ 初升段盤整開布林，波段主力續買超屬強勢股
—— 以聚積（3527）日線圖為例

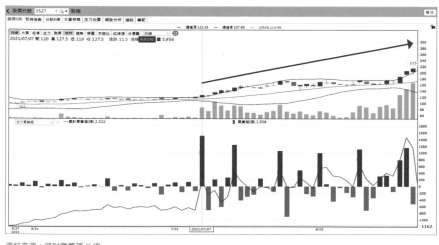

資料來源：理財寶籌碼 K 線

場做多之後，要等到股價離開布林的上通道時才是賣點。

同時可以看到，2021 年 7 月時呈現月線往上，且股價在上通道跟月線間震盪，屬於標準的多頭走勢。

第3篇

11招關鍵心法
解讀籌碼動向

有重要籌碼流入的股票,股價易漲難跌;籌碼分析是很重要的股市分析方法,尤其做短線交易或波段投資時特別需要。籌碼分析除了觀察「三大法人」,其實還有很多可學習的重點,本篇將分享小哥運用籌碼追蹤股價變化11招關鍵心法。

<table>
<tr><td>3-1</td><td># 招式1》跟單投信順風車
留意3要點</td></tr>
</table>

　　三大法人的買賣超（註1），一直是投資朋友們常用來作為股市進出場的參考依據。三大法人指的是：外資、投信、自營商。但是，你知道外資裡也有隔日沖嗎？投信買的股票是否一定具有前瞻性呢？接下來，我們來解讀一下三大法人的籌碼特色。

外資》台灣以外的國外投資機構

　　策略： 選股重視基本面、偏好長期投資策略，以中大型股為標的。

　　特色： 三大法人當中，資金最雄厚、成交量最高，資金與成交量占比最大。

　　觀察重點

　　1. 外資連續買超，股價走勢就強勁，連續賣超，股價容易愈跌愈深。有連續

註1：「買超」指買進大於賣出的數量，「賣超」指賣出大於買進的數量。
　　　三大法人買賣超資訊可於台灣證券交易所網站（www.twse.com.tw）
　　　之「三大法人」頁面查詢。

買才有參考價值。

2. 外資當中混有隔日沖，學會解讀籌碼內容，就顯得更重要了，這樣才不會跟錯單。

投信》投資信託公司募集投資人的資金，交由基金經理人代為進行操盤投資

策略：布局以短中期策略為主，偏好波段操作、短線進出，主要以中小型股為標的。

特色：投信買賣的股票，容易受到交易量的影響，且容易有季底作帳行情。

觀察重點

1. 要留意投信持股比率。證券投資信託基金管理辦法中第 10 條第 9 點規定：每一基金投資於任一上市或上櫃公司股票之股份總額，不得超過該公司已發行股份總數之百分之 10；所經理之全部基金投資於任一上市或上櫃公司股票之股份總額，不得超過該公司已發行股份總數之百分之 10。

2. 投信買的股票有很多是因為 ETF 調整，不見得具有前瞻參考性。

自營商》國內證券公司用自有資金進行投資買賣

策略：偏好短期策略，以能快速獲利為目標。

特色：自營商介入的股票，股價漲跌較大。

觀察重點

1. 自營商的交易有 2 種目的：自行買賣及避險目的的交易行為。自營商大買時，不能解讀是自營商看好，因為會有因避險目的而買的行為。

2. 因權證避險部位而買進的股票，當隔日沖大戶賣權證，自營商就必須賣出股票，容易成為賣壓的來源。

投資朋友可以自行觀察看看三大法人買進的股票，研究它們買入動機為何及後續損益情形，作為自己未來選股的參考。

進場前務必確認投信過往戰績

新聞上常會看到有所謂「投信認養」的股票，有投信認養的股票，股價會如何發展呢？首先，我們要研究投信過往的戰績，看看績效如何，如果大買的時候是低點，那是很厲害的投信；如果大買的時候是高點，那就要小心，記得千萬不要跟單。

我們回顧過往案例，用投信單日買超數據來觀察。根據 2020 年 5 月 4 日的投信買超排行標的，友達（2409）是投信買超的第 1 名，但是往前觀察前

圖1 投信2020年2月大買友達時是高點
── 友達（2409）日線圖及籌碼進出情形

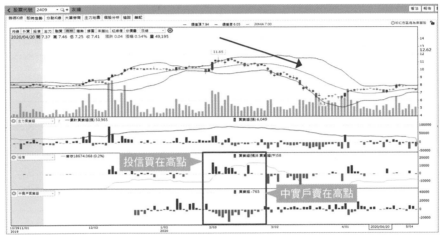

資料來源：理財寶籌碼K線

一段時間的籌碼進出狀況以及股價的關係後，可以發現投信通常買在高點（詳見圖1），而中實戶則是賣在高點，且中實戶在低檔又買回來。像這個例子就不適合跟投信的單，要跟中實戶（詳見3-3）。

散戶關注投信買賣超須留意3件事

關注投信買賣超時，務必留意以下3件事：

1. 當投信連續買後,讓股價往上漲,而當投信開始轉賣時,也沒有其他主力進駐,這類股票股價未來發展就有可能往下,要留意小心操作。

2. 雖然投信連續買,但買入的張數很少,沒吸引力,這種也不要跟單。

3. 投信有無特別關照這檔股票,要看「投量比」,也就是投信買賣超占成交量比重,數值 > 10%(連續 2 天更好),就值得觀察。當投信買超占成交量高,且股價在低檔,這樣的股價就很有爆發力。

投量比(投信買賣超占成交量比重)
=投信買賣超張數/成交量張數 ×100%

我們用實例來看,相信投資朋友會更清楚。

案例1》雄獅(2731)

雄獅 2022 年 11 月 1 日成交量 2,116 張,投信買 566 張,投量比 = 566 / 2,116 ×100% = 27%(詳見圖 2),5 個月的時間股價從 84.5 元漲到 151 元,漲幅達 78%。

案例2》富邦媒(8454)

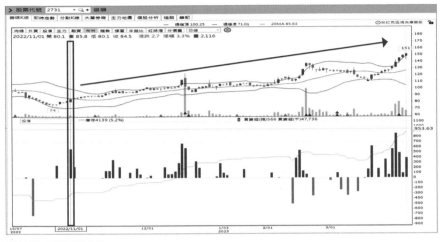

圖2　雄獅2022年11月1日投量比達27%
──雄獅（2731）日線圖及投信籌碼變化

資料來源：理財寶籌碼K線

　　富邦媒 2020 年 3 月 30 日成交量 205 張，投信買 40 張，投量比＝ 40 ／ 205×100% ＝ 20%（詳見圖 3），不到 1 個月，股價從 364 元漲到 485 元，漲幅 33%。

案例3》優群（3217）

　　優群 2020 年 3 月 2 日成交量 1 萬 2,769 張，投信買 1,737 張，投量比 ＝ 1,737 ／ 12,769×100% ＝ 14%（詳見圖 4），約 2 個月的時間股價從

圖3 富邦媒2020年3月30日投量比達20%
——富邦媒（8454）日線圖及投信籌碼變化

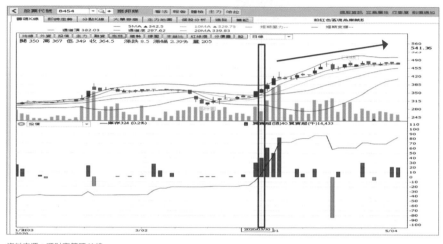

資料來源：理財寶籌碼 K 線

72 元漲到 102 元，漲幅達 41.7%。

若確定跟單投信，須把握進出場時機

如果確認要跟投信的單，我們該何時進場買股票？何時下車？

進場時機：當我們觀察到投信連買 2 天，投量比> 10% 的時候，且股價在

圖4 優群2020年3月2日投量比達14%
—— 優群（3217）日線圖及投信籌碼變化

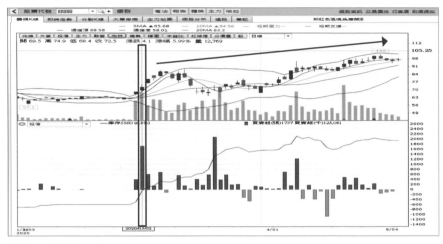

資料來源：理財寶籌碼K線

低檔，可以考慮進場。

出場時機：當投信持股比超過 15%，就要小心，準備出場。當股價在高檔，投信在下車，主力轉賣超，我們就要跟著下車。

以嘉澤（3533）為例，2018 年 10 月 22 日，當投信開始買的時候，股價在低檔（詳見圖5），持續買 2 天，可以跟著進場買。在投信持股比達 17%，

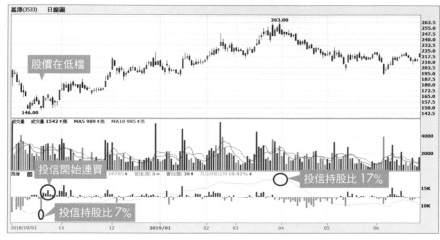

圖5 投信2018年10月22日開始連買嘉澤
──嘉澤（3533）日線圖及投信籌碼變化

資料來源：XQ 全球贏家

投信開始轉賣的時候，就可以跟著下車。

　　記得小哥常說的，**下單買賣要有多個理由，勝算才會高**。跟著投信進場時，如果股價在低檔、投信買、主力也買，那賺錢勝率就高了；最怕的是跟著投信買，但主力卻拚命在倒貨，那就很慘。我們可以藉由籌碼軟體掌握相關資訊，小哥常用的軟體：權證小哥盤中當沖神器（詳見圖6），設定好條件，一眼就可以找出投信買超 n% 高＋主力買超的股票。我們選擇多方選股→主力短多→

圖6 用籌碼軟體設定條件，尋找投信、主力雙雙買進股
—— 權證小哥盤中當沖神器示意圖

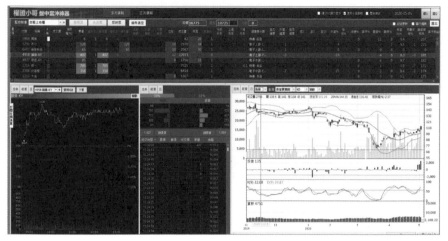

資料來源：理財寶權證小哥盤中當沖神器

再依投信選股排序。

　　用上述方式選出的股票，我們來看以下案例。

案例1》臻鼎-KY（4958）

　　臻鼎-KY 2020 年 5 月 5 日成交量 1 萬 7,088 張，投信買 2,489 張，投量比＝ 2,489 ／ 17,088×100% ＝ 15%（詳見圖 7），這天是投信連買的

圖7 臻鼎-KY 2020年5月5日投量比達15%
——臻鼎-KY（4958）日線圖及主力、投信籌碼變化

資料來源：理財寶籌碼K線

第3天，主力也站在買方；這天的收盤價是113元，3個多月後漲到151.5元，波段漲幅達34%。

案例2》巨大（9921）

巨大2020年4月28日成交量4,689張，投信買764張，投量比＝764／4,689×100%＝16%（詳見圖8），這天是投信連買的第6天；當天收盤價165.5元，不到3個月翻倍漲到334元。。

圖8 巨大2020年4月28日投量比為16%
——巨大（9921）日線圖及主力、投信籌碼變化

資料來源：理財寶籌碼 K 線

股市裡的資訊量大，用軟體來輔助選股，有方向、有準則，會提高勝算。最後，總結跟著投信選股的 3 要點：

1. 要挑投量比高的，股價在低檔布局的股票值得留意。

2. 股價漲多後，投信開始轉賣，記得要先獲利了結。

3. 投信持有股票占比接近 15%，得留心投信停止買進，股價可能反轉。

3-2 招式2》從大戶、散戶持股比率判別個股多空方向

投資朋友們如果想買未來發展好的股票，要如何尋找最快速呢？小哥一再提醒投資朋友們，投資時研究籌碼面是很重要的課題。現今有許多人也運用大戶和散戶的籌碼動向，來看個股的多空方向。大戶和散戶的持股比率變化，對股價會有什麼樣的影響呢？接下來小哥就來為大家解讀。

大戶：是指持股400張以上的投資人，通常資金雄厚，對股價有一定控制力。當籌碼在大戶手上，買賣進出股票時容易有波動行情，而當市場偏空時，股價也不容易跌。

散戶：指持股100張以下的投資人，是資金較薄弱的一群。以散戶力量為支撐，股價走勢較弱。當籌碼主要被掌握在散戶手上時，即使公司基本面有利多，股價也可能漲不太動。

在股票市場上，就有兩段話：「主力開快車，獲利秒到位。」「散戶擠滿車，

獲利少又慢。」

　　我們知道市場上的飆股，通常都有主力大戶照顧，當籌碼集中時，股價就容易拉抬；當主力強力買進時，易漲難跌，如能跟上主力快車，就容易快速獲利。而散戶人數眾多，資金少，通常是對股價較沒影響力的；最怕的是跟上散戶列車，與散戶擠滿車，投資獲利就會變得少又慢。所以人多的地方不要去，散戶集結的股票不要買。

　　當大戶落跑，散戶大舉進場，籌碼就會變得相當凌亂，拉抬力量有限，走勢就難免持續震盪。通常在股價高檔時，假如看到大戶在撤退，大概就是高點快到了，要留意轉空。

　　個股在轉空時，有 3 個現象，分別為「**大戶下降、散戶上升、高檔主力賣超**」。學會觀察大戶與散戶持股比率變化，當作判斷個股多空指標之一，可以提升投資勝率。

　　當股價在高檔，又有申報轉讓時，如果又有大戶減少、散戶增加的情形，就要格外小心。而在股市跌勢止穩的時候，我們就會想要尋找好的股票來投資，這時首先過濾的選股條件就是要避開：沒有主力進駐，散戶人手 1 張的股票（查詢大戶持股變化，詳見文末圖解教學）。

圖1 晶彩科2019年4月起，大戶減、散戶增

—— 晶彩科（3535）日線圖及大戶散戶持股比率

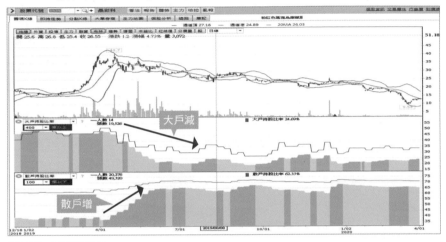

資料來源：理財寶籌碼K線

大戶減、散戶增》股價恐往下走

說明了大戶和散戶對股價的影響後，接著我們先來看大戶減、散戶增的案例。

案例1》晶彩科（3535）

當高檔申報轉讓、大戶減少、散戶增的時候（詳見圖1），就要格外小心。

用持股比率指標可以觀察到，晶彩科在2019年4月起，大戶持股比率明顯下

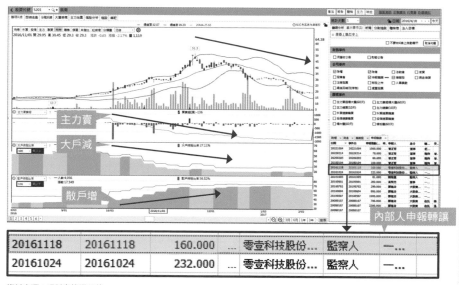

圖2 凱衛2016年10～11月出現內部人申報轉讓
——凱衛（5201）日線圖及大戶散戶持股比率

| 20161118 | 20161118 | 160.000 | ... | 零壹科技股份... | 監察人 | — ... |
| 20161024 | 20161024 | 232.000 | ... | 零壹科技股份... | 監察人 | — ... |

資料來源：理財寶籌碼K線

降、散戶持股比率大增，股價也漸漸往下走。要注意，持股比率增減 3% 時必須特別警戒，例如當大戶持股比率掉 3%，加上散戶拚命買，大戶又在高檔申報轉讓，放利多消息，大戶減、散戶增，這時候就是最適合放空的好時機。

案例2》凱衛（5201）

凱衛在 2016 年 10 月起的上漲過程中，主力賣，內部人申報轉讓（詳見圖

圖3　磐亞2020年2、3月內部人申報轉讓逾1000張
——磐亞（4707）日線圖及大戶散戶持股比率

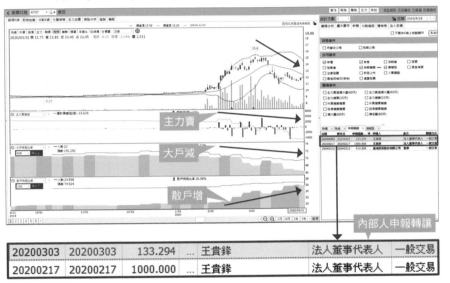

資料來源：理財寶籌碼K線

2），大戶持股比率下降，散戶持股比率則是大幅增加，從原本的20%增加到70%，股價則被散戶追高後殺低。

案例3》磐亞（4707）

　　磐亞在2020年2月～3月高檔時，內部人申報轉讓1,000多張（詳見圖3），還可以觀察到大戶減少、散戶增加，而後股價就直直落。

圖4 國光生2020年3月大戶持股比率大幅下降
——國光生（4142）日線圖及大戶散戶持股比率

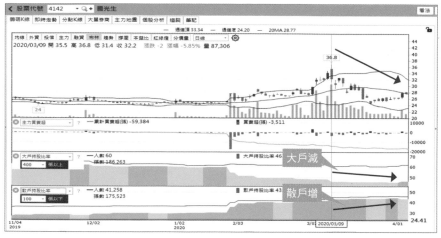

資料來源：理財寶籌碼K線

案例4》國光生（4142）

　　主力站在賣方，散戶卻特別喜歡。國光生在2020年3月高檔，成交量大時，主力賣，大戶持股比率從60%跌到50%以下（詳見圖4），散戶持股比率卻一直上升，但股價就直直落了。散戶追逐的防疫股，線型很多都是這樣。

案例5》大眾控 （3701）

　　大眾控搭上車用元宇宙商機，加上可轉債轉換，2021年11月、12月大戶

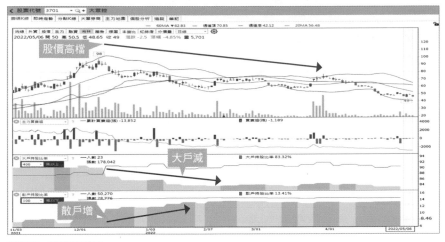

圖5 大眾控高檔時大戶減、散戶增，後市不妙
——大眾控（3701）日線圖及大戶散戶持股比率

資料來源：理財寶籌碼K線

持股比率曾高到91.45%，而券資比也高於100%。

　　當時股價在高檔，大戶卻出脫持股，持股比率減少至83.32%（詳見圖5），反觀散戶入場人數變多了，這樣的股價表現就直直落了。

案例6》霹靂（8450）

　　2021年在元宇宙+NFT（Non-Fungible Token，非同質化代幣）加持下，

圖6 霹靂高檔時大戶不斷調節，股價一路向下
——霹靂（8450）日線圖及大戶散戶持股比率

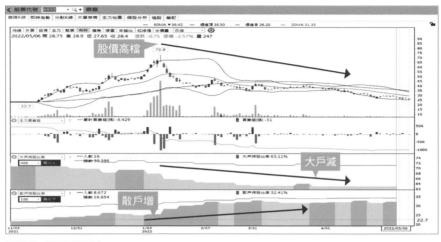

資料來源：理財寶籌碼K線

霹靂股價從 22.7 元飆漲到 2022 年年初的 72.9 元。

可看到股價在高檔時，大戶就開始一路調節，出脫存股；而散戶反而一路加碼、一直增，持股比率從 22% 增至 32%，結果股價就是一路向下（詳見圖6）。

案例7》樂士（1529）

之前有經營權之爭的樂士，初期主力買，股價很明顯在大戶進場時創高，而

圖7 樂士股價在大戶離場後下跌
——樂士（1529）日線圖及大戶散戶持股比率

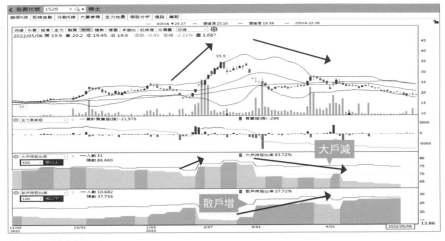

資料來源：理財寶籌碼K線

在大戶離場後，股價就向下跌了（詳見圖7）。

以上幾個案例，就是大戶減、散戶增，股價大跌的例子；如果手上持股有這類型的股票，記得做好敗戰處理，該停損就要停損。

特別是當注意到「價仍在高檔附近，而大戶開始減碼，散戶持股比率增加時」，投資朋友就要留意，避開投資風險。

圖8 金像電股價隨大戶持股增加而強漲
—— 金像電（2368）日線圖及大戶散戶持股比率

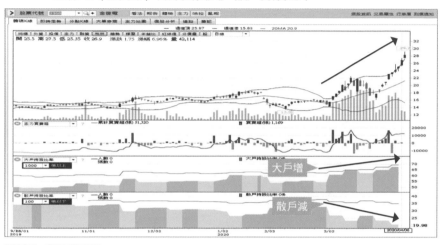

資料來源：理財寶籌碼K線

大戶增、散戶減》股價有望大漲

當籌碼是大戶增、散戶減時，股價變化會是如何呢？我們來看以下案例。

案例1》金像電（2368）

2020年3月，大戶持股比率增加，散戶持股比率下降的金像電，就是股價因大戶持股增加，股價大漲（詳見圖8），線型很強的案例。

圖9 遠傳大戶持股比率增加，帶動股價創高
—— 遠傳（4904）日線圖及大戶散戶持股比率

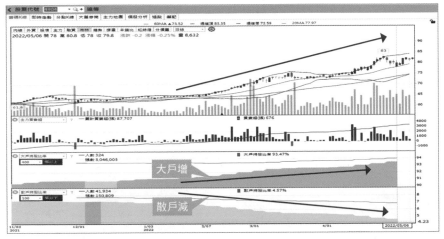

資料來源：理財寶籌碼 K 線

案例2》遠傳（4904）

　　有主力照顧的股票，籌碼面會看起來很不錯。2022年上半年可以明顯看到，遠傳大戶持股比率增加，散戶持股比率下降，線型則持續向上，股價往上創高（詳見圖9）。

案例3》台星科（3265）

　　台星科在 2022 年 4 月～ 5 月時，散戶減少、大戶持股比率增加，股價就

圖⑩ 台星科大戶增加、散戶減少，股價大漲
—— 台星科（3265）日線圖及大戶散戶持股比率

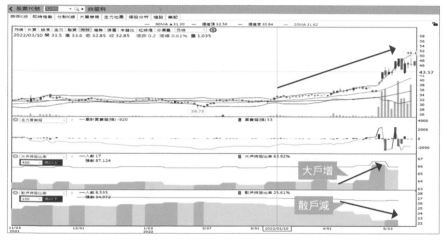

資料來源：理財寶籌碼 K 線

大漲了一段（詳見圖 10），也是股價明顯受到主力籌碼影響的標準例子。

　　當大戶增加、散戶減少，股價表現就比較容易向上。但要記得，籌碼每天都會有變化，所以持續研究籌碼動向，才能跟上主力布局或即時下車，是投資勝利的關鍵之一。

圖解教學 **查詢大戶持股變化**

如果想要掌握大戶的持股，了解個股的集保戶股權分散，以及持股比的趨勢變化，可利用「臺灣集中保管結算所」（www.tdcc.com.tw/portal/zh）與「神祕金字塔」（norway.twsthr.info/StockHolders.aspx）網站查詢。

A.臺灣集中保管結算所（每週更新一次）

STEP 1
進入網頁後，點選❶「資料查詢／統計」，接著再點選❷「集保戶股權分散表」。

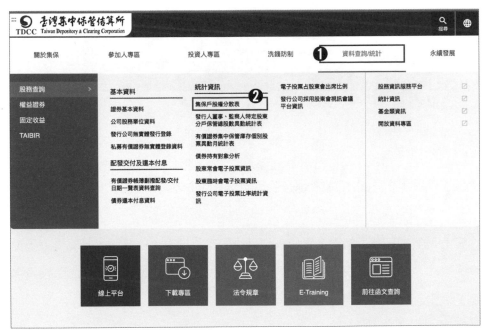

進入下一個頁面後，選擇❶「資料日期」（此處以「2022.04.29」為例）；❷填入「證券代號」（此處以「歐買尬（3687）」為例，也可以選擇直接填入證券名稱）；❸點選「查詢」；最後就會跳出該檔股票❹集保戶股權分散表。

資料來源：臺灣集中保管結算所

接續下頁

B.神祕金字塔

STEP 1

進入網頁後，填入❶「股票代號／名稱」（此處以「3687」為例，也可以填入名稱「歐買尬」），接著點選❷「查詢」。

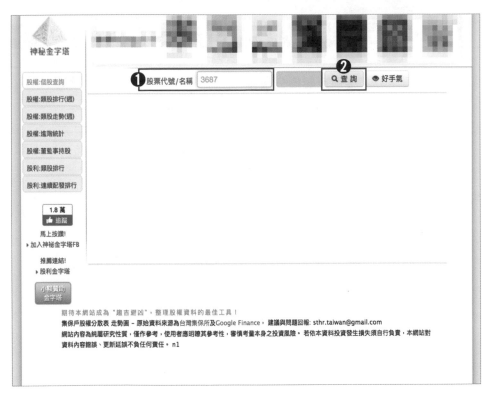

進入下一個頁面後，即可看到該檔股票❶大戶持股變化。

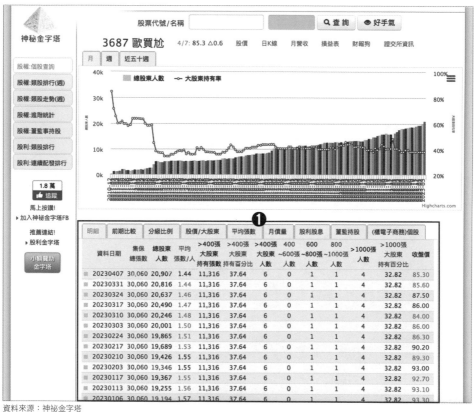

資料來源：神祕金字塔

3-3 招式3》觀察中實戶買賣超 確認是否有主力進駐

解讀大戶和散戶後,接下來要談位於散戶與大戶之間的中實戶。

中實戶為中上階級的投資人,掌握消息面更多

中實戶的定義是中間有實力的客戶,為中上階級的投資人,掌握消息面更多。中實戶也就是三大法人以外的主力,中實戶的買超可以用「主力買賣超-外資-投信-自營商」的數據來參考。

當主力買賣超與中實戶買賣超大致相同時,就表示這檔股票是法人以外的主力進駐。所以觀察籌碼時,也要記得了解一下中實戶的進出場情形,以了解股價變化的原因。

很多投資朋友喜歡跟單操作,外資是銀彈最多的法人,投資人普遍誤以為跟著外資操作,勝算一定高。當土洋對作,外資對上中實戶時,誰的績效會比較

圖1 外資追高殺低友達，中實戶高賣低買
——友達（2409）日線圖及外資、中實戶籌碼變化

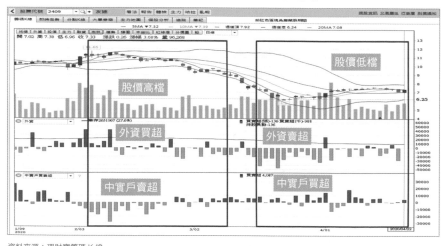

資料來源：理財寶籌碼 K 線

好呢？我們來看看以下幾個案例。

案例1》友達（2409）

　　2020 年 2 月，外資在高檔買進友達，後於 3 月低檔賣出；中實戶則在 2 月高檔出貨，並於股價下跌過程，小量進場（詳見圖 1）。

案例2》環球晶（6488）

圖2 外資高檔布局環球晶，中實戶等低檔買進
—— 環球晶（6488）日線圖及外資、中實戶籌碼變化

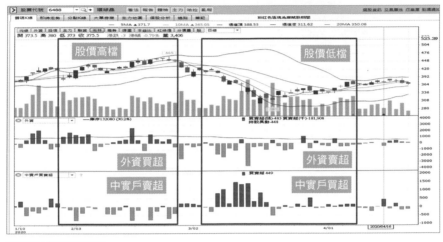

資料來源：理財寶籌碼 K 線

2020 年 2 月，外資在高檔布局環球晶，3 月低檔賣出；中實戶在高檔出貨，低檔買進（詳見圖 2）。

案例3》仁寶（2324）

2020 年 1 月，外資在高檔布局仁寶，隨著外資持續賣超，股價逐漸下跌，可以看到在同年 3 月的下跌過程中，中實戶進場；而在 3 月下旬開始外資轉買，股價上漲時，中實戶就出場（詳見圖 3）。

圖3 **中實戶低檔買進仁寶，後隨著外資轉買時出場**
—— 仁寶（2324）日線圖及外資、中實戶籌碼變化

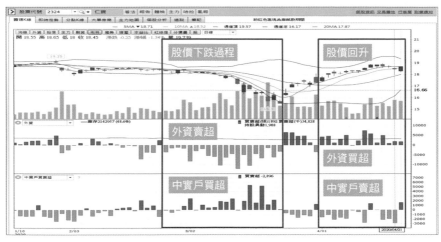

資料來源：理財寶籌碼 K 線

　　這幾個案例，可以發現中實戶大勝外資。但這只是說明中實戶是有實力的投資者，並不是說外資單不能跟，因為外資資金更雄厚，而我們通常比的是相對績效。投資時會有各種策略因素，有時股價只是其中的一個小因子。

　　而我們不像外資有大量資金，操作股票，一定要通盤考量，多觀察產業及市場相關資訊，並掌握籌碼面的變化。

3-4

招式4》緊盯關鍵分點動向 增加獲利機會

　　解讀籌碼的動向，我們已經看了三大法人、大戶及散戶、中實戶，接下來我們要談「關鍵分點」。

　　每家證券公司在全台各地都設有分公司，也就是我們說的分點。當我們要買股票前，都會去離自家或工作場所近的證券公司的分公司開戶，例如：元大台北、富邦仁愛。即使是主力大戶，也都一樣要先開戶，才能買賣。

　　每日的股市交易資料，都會被記錄下來，我們想看個股是哪個券商分點買賣，可從證交所買賣日報表查詢系統，也可以透過一些券商的軟體，或是股市分析商業軟體查詢。

　　每天股市的交易量龐大，投資朋友們要分析這些資料一定要「工欲善其事，必先利其器」，有軟體協助統整分析，會讓投資效率提高，像是理財寶籌碼K線就幫小哥節省了不少時間。

4步驟尋找關鍵分點

知道了券商分點，那什麼是關鍵分點呢？

「關鍵」二字的定義是：它的買賣位置非比尋常，有著過人之處，可以說是非常厲害；它可以不用買很多，但常常買在相對低點，賣在相對高點。我們不會曉得這些人是誰或掌握了什麼訊息，但可以觀察它們的買賣點。

當發現有特定的分點進出都是非常精準的，勝率很高，就把這個關鍵分點記錄下來，如果可以抓到精準的點位，跟著進出場，那獲利機會肯定會比較高。下次當關鍵分點大賣時，我們就可以知道這檔股票的高點可能不遠了！花時間研究關鍵分點的動向，比起自己用有限的觀點分析，輕鬆許多，也可以更容易就掌握勝率。

了解了關鍵分點最大的特色就是：低買高賣。這麼厲害的投資高手，我們要如何利用軟體來找到關鍵分點，跟隨高勝率操作呢？小哥教大家尋找關鍵分點的 SOP 如下：

步驟 1》先鎖定個股，看籌碼狀況。
步驟 2》找尋高檔大賣分點。

步驟 3》找尋低檔大買分點。

步驟 4》找尋獲利分點。

關鍵分點通常是地緣分點

用長時間的數據資料，花時間觀察研究以上分點進出是否總是低買高賣，就可以找出關鍵分點了。

根據觀察，關鍵分點通常是地緣分點，同集團通常是相同分點。那什麼是地緣分點呢？與公司相關，離公司很近的分點就是地緣分點。

來問問投資朋友，操作股票最厲害的投資人要怎麼排名？根據小哥多年的股海經驗，發現操作股票最厲害的投資人排名：與老闆交情好的有緣人＞主力＞投信＞外資＞散戶韭菜。

與老闆交情好的有緣人，容易獲得好消息而進場買賣，這些人都是哪些族群呢？投資朋友們想想，當公司有利多或股價偏低時，誰會最先知道，提前進場布局？答案是：公司高層、內部員工、公司附近的投資者。

1. 公司高層：老闆、大股東，主管幹部等人，一定非常清楚公司本身營運狀

況；在財報對外公布前，就知道營收超乎預期，股價還在相對低點，就提早進場。或者股價因國際政經情勢、大環境因素而被錯殺，公司高層趁機逢低承接。

2. 內部員工：被要求瘋狂加班，抑或是聽到公司接到大單，知道前景看好，就進場買股。

3. 公司附近的投資者：住在公司附近，看到公司密集的進出貨，生意轉好；員工也開始大量的加班，跟平常不一樣，就想著進場買股投資分紅。

所以我們可以觀察地緣分點大買的股票。當地緣分點大買時，籌碼會出現以下狀況：

1. 地緣分點的買超張數在前 5 名，前 15 名出現 3 個以上地緣更好。
2. 因為「在地人」的屬性，以桃園以南更準，原因是台北跟新北地區太多外資投信分點，容易跟地緣分點搞混！

以下我們來看「低檔大買，高檔大賣的地緣分點」案例。

案例1》為升（2231）

為升的公司地點在彰化縣福興鄉。2018 年 10 月，當為升股價在低檔時，

圖1　為升股價在低檔時有分點大買

—— 為升（2231）日線圖及籌碼動向

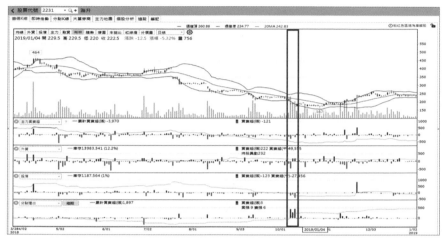

資料來源：理財寶籌碼 K 線

有分點大買（詳見圖 1）；大買的分點都分布在公司所在地彰化縣福興鄉附近，可以解讀為地緣分點大買（詳見圖 2）。

案例2》精元（2387）

精元公司位於台中市大雅區。2020 年 3 月下旬，精元出現月虧損利空新聞，外資與投信大賣、關鍵分點大買；2020 年 8 月中旬，在高檔出現 EPS 創高的利多新聞時，外資與投信大買、關鍵分點大賣（詳見圖 3）。

圖2　2018年10月地緣分點大買為升

——為升（2231）分點進出

註：資料日期為 2018.10.30　　資料來源：理財寶籌碼 K 線

統計這段股價位於高檔的期間（2020 年 8 月 18 日～ 11 月 12 日），賣超第 1 名的分點是元大北屯，這是個離公司很近的地緣分點，也是關鍵分點大勝外資、投信的標準案例（詳見圖 4）。

研究關鍵分點須留意4重點

長期持續研究籌碼，了解關鍵分點的操作，勝率就會提高。進出場投資策略

圖3　2020年券商分點於低點買入精元、高檔賣出
——精元（2387）日線圖及籌碼動向

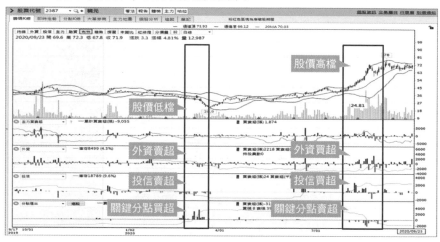

資料來源：理財寶籌碼K線

的擬定可以留意以下重點：

重點1》找出個股的關鍵分點

鎖定具未來題材的個股，找出獲利最大的關鍵分點。

重點2》跟進多單進場點

當關鍵分點買時，就列入觀察名單，當主力也買時，就跟著進場。

圖4 精元股價高檔期間，賣超第1名為地緣券商
──精元（2387）日線圖及籌碼動向

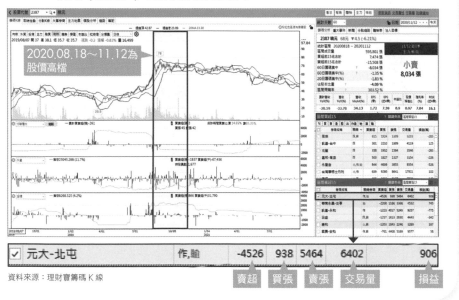

✓ 元大-北屯　　　作,輪　　-4526　938　5464　6402　906

賣超　買張　賣張　交易量　損益

資料來源：理財寶籌碼K線

重點3》跟進空單進場點

當關鍵分點賣時，就列入觀察名單，當主力也賣時，就進場放空。

重點4》避開隔日沖分點

也要懂得分辨買進該個股的分點，是否為「隔日沖分點」？如果是，就不要跟單。

圖5 利用軟體觀察短線個股隔日沖分點
——短線個股隔日沖分點示意圖

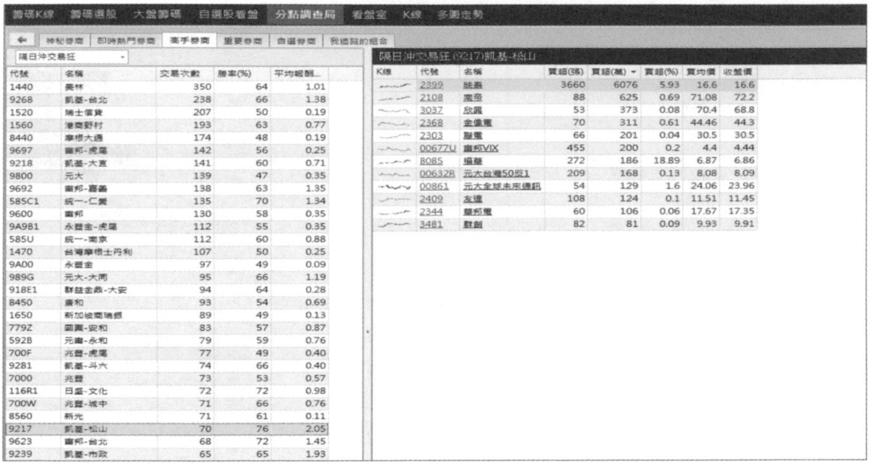

代號	名稱	交易次數	勝率(%)	平均報酬...
1440	美林	350	64	1.01
9268	凱基-台北	238	66	1.38
1520	瑞士信貸	207	50	0.19
1560	港商野村	193	63	0.77
8440	摩根大通	174	48	0.19
9697	富邦-虎尾	142	56	0.25
9218	凱基-大直	141	60	0.71
9800	元大	139	47	0.35
9692	富邦-嘉義	138	63	1.35
585C1	統一-仁愛	135	70	1.34
9600	富邦	130	58	0.35
9A9B1	永豐金-虎尾	112	55	0.35
585U	統一-南京	112	60	0.88
1470	台灣摩根士丹利	107	50	0.25
9A00	永豐金	97	49	0.09
989G	元大-大同	95	66	1.19
918E1	群益金鼎-大安	94	64	0.28
8450	康和	93	54	0.69
1650	新加坡商瑞銀	89	49	0.13
779Z	國票-安和	83	57	0.87
592B	元富-永和	79	59	0.76
700F	兆豐-虎尾	77	49	0.40
9281	凱基-斗六	74	66	0.40
7000	兆豐	73	53	0.57
116R1	日盛-文化	72	72	0.98
700W	兆豐-城中	71	66	0.76
8560	新光	71	61	0.11
9217	凱基-松山	70	76	2.05
9623	富邦-台北	68	72	1.45
9239	凱基-市政	65	65	1.93

K線	代號	名稱	買超(張)	買超(萬)	買超(%)	買均價	收盤價
	2399	映泰	3660	6076	5.93	16.6	16.6
	2108	南帝	88	625	0.69	71.08	72.2
	3037	欣興	53	373	0.08	70.4	68.8
	2368	金像電	70	311	0.61	44.46	44.3
	2303	聯電	66	201	0.04	30.5	30.5
	00677U	富邦VIX	455	200	0.2	4.4	4.44
	8085	福華	272	186	18.89	6.87	6.86
	00632R	元大台灣50反1	209	168	0.13	8.08	8.09
	00861	元大全球未來通訊	54	129	1.6	24.06	23.96
	2409	友達	108	124	0.1	11.51	11.45
	2344	華邦電	60	106	0.06	17.67	17.35
	3481	群創	82	81	0.09	9.93	9.91

資料來源：理財寶籌碼 K 線

再複習一次，隔日沖就是「今日買，明日賣」，靠著大量資金一口氣大量買進，拉高當天股價，甚至將股價買至漲停（很多投資人就會排隊等進場）；然後隔天股價開盤開高（昨天沒買到的投資人進場），在高檔震盪脫手。因為隔日沖主力單筆進場金額很高，就算漲幅不大，仍舊可以賺很大；不過空頭時期（例如 2022 年），隔日沖分點長期來看也賠不少。

而當隔日沖大量出脫股票時，如果並未有其他主力進駐，股票就可能向下，

圖6　2023年4月20日、4月21日農林漲停皆鎖不住
——農林（2913）日線圖及籌碼動向

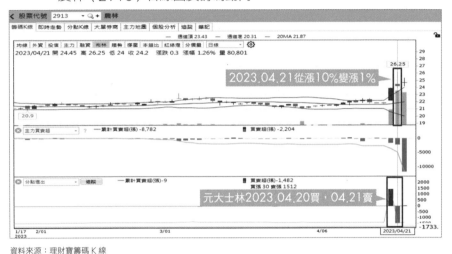

2023.04.21從漲10%變漲1%

元大士林2023.04.20買，04.21賣

資料來源：理財寶籌碼K線

跟著追高的投資人就可能被套而受傷（每日觀察短線個股隔日沖分點，可從籌碼K線軟體中的分點調查局觀察，詳見圖5）。

案例①：農林》主力精彩廝殺，隔日沖主力兩樣情

2023年4月19日蔡英文總統宣布將成立台灣的碳權交易所，擁有龐大林地資產的華紙（1905）隔天起連續漲停3天，農林（2913）在接下來2天4月20日、4月21日都一度漲停，但是都沒有鎖住（詳見圖6）。

　　觀察農林的籌碼面，可以看到這2天主力大賣，當中還上演了波段主力和隔日沖主力的籌碼廝殺戰。

　　當天早上農林的漲停，是來自隔日沖主力「元大士林」在盤中鎖了1,447張，鎖漲停時有出量；再看賣超前3名的券商，依序是國票台南賣了1,014張，群益金鼎賣了1,000張，元大向上賣了986張，這3個券商賣超張數就超過了元大士林，可以解讀成波段主力倒給隔日沖主力。

　　一般來說，隔日沖主力遇到這種情形，會想辦法繼續鎖到收盤，或鎖到對手放棄為止。可以看到這天尾盤的委買明細很有趣，23.85元掛買1萬張，23.8元9,959張，23.75元9,951張，23.7元9,949張，23.65元9,927張；委買5檔都掛了9,900張以上，簡直是隔日沖主力在嗆聲，企圖繼續拉升股價。不過最後終究沒有鎖住漲停，漲停價是23.95元，收盤差1檔，收在23.9元。

　　其實從短線的角度來看，隔日沖主力只要當天吃了很多貨，隔天的走勢通常都會滿差的，因為若是隔天開高，波段主力和隔日沖主力都會賣超。不過，隔天4月21日，元大士林竟然全身而退。分析原因，是這天同為碳權交易概念股的指標股華紙拉第2根漲停，農林開盤後不久也跟著攻漲停，讓隔日沖主力元大士林成功出貨（詳見圖7）。

圖7 元大士林成功獲利出場，凱基台北高檔進場

農林（2913）2023.04.20 買賣超分點

區間買超15						關鍵券商：區間買超15
	券商名稱	關鍵券	買賣超	買張	賣張	交易量	損益(萬)
☑	元大-士林	国	1447	3787	2340	6127	-1
☐	康和	国	1399	1445	46	1491	14
☐	凱基-台北 短沖主力	国,作, 輸	776	2272	1496	3768	7

區間賣超15						關鍵券商：區間賣超15
	券商名稱	關鍵券商	買賣超	買張	賣張	交易量	損益(萬)
☐	國票-台南	出	-1014	24	1038	1062	3
☐	群益金鼎	出	-1000	57	1057	1114	7
☐	元大-向上	出,輸	-986	4	990	994	-6

農林（2913）2023.04.21買賣超分點

區間買超15						關鍵券商：區間買超15
	券商名稱	關鍵券	買賣超 ▼	買張	賣張	交易量	損益(萬)
☐	凱基-台北 短沖主力	国,輸	7062	21096	14034	35130	-2577
☐	台新	輸	718	1248	530	1778	-78
☐	元大-竹科		691	805	114	818	54

區間賣超15						關鍵券商：區間賣超15
	券商名稱	關鍵券商	買賣超	買張	賣張	交易量	損益(萬)
☐	國票-台中	出,高	-3500	46	3546	3592	717
☐	元大-士林	作,高	-1482	30	1512	1542	184
☐	永豐金-桃盛	出,高	-1248	578	1826	2404	212

資料來源：理財寶籌碼 K 線

反觀另一個常做當沖及隔日沖的主力「凱基台北」，4 月 21 日才進來買農林，盤中買了 2 萬 1,000 多張，其中在漲停板的位置買了約 1 萬 6,000 多張。

觀察這天國票台中賣超 3,500 張，元大士林賣超 1,482 張，永豐金桃盛賣了 1,248 張，統一南京賣超 1,016 張……，前 10 大主力為什麼要卯起來賣？

很簡單，這些主力在低檔時已經吃了很多貨，而農林的日成交量大多在 500 張～ 600 張，平常其實很難倒貨；好不容易等到題材發酵，一天的成交量高達 7 萬張，此時不倒更待何時！

凱基台北遇到這麼大的賣壓，漲停就鎖不住了，所以當天自己也開始倒貨，漲停板時出了 3,490 張，剩下 1 萬 3,000 多張也只能一路倒下來。4 月 21 日這天農林原本是漲停 10%，收盤時只漲了 1% 多，留下一根很長的上影線。

隔日沖主力操作不順有 2 種狀況：第 1 種是鎖得住漲停，但隔天出得很難看；第 2 種是鎖不住，當天就倒貨了，這第 2 種狀況，代表接下來盤勢要轉差，這也是小哥長期的重要觀察：

盤中鎖漲停，量很少，隔天有很大的機會開高；
盤中鎖漲停，爆大量，只要漲停一打開，後面就容易連環殺。

圖⑧ 華電網2023年4月20日漲停，隔日盤中跌停
—— 華電網（6163）日線圖及籌碼動向

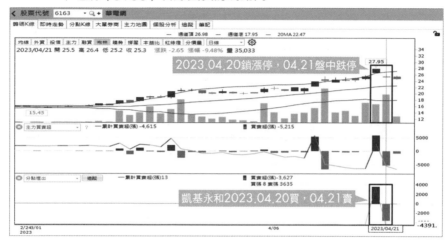

資料來源：理財寶籌碼K線

案例②：華電網》主力盤後倒貨，投資人追高慘吞跌停

第 2 個例子是華電網（6163），也是在 4 月 20 日鎖漲停 27.95 元，當天成交量是 1 萬 4,000 多張，最終尾盤揭示的時候，有 5 萬 8,000 張等著買。一般投資人看到這樣的狀況，難免會推測隔天很有希望開高。

再從成交量和尾盤委買量來看，若參與盤後交易，買到的機率不到 20%，也就不難想像會吸引很多人去掛盤後的買單。

圖9 元富盤後倒貨華電網給凱基永和

華電網（6163）2023.04.20 買賣超分點

區間買超15 ？ 關鍵券商：區間買超15

	券商名稱	關鍵券	買賣超 ▼	買張	賣張	交易量	損益(萬)
☐	凱基-永和	国	3623	3633	10	3643	0
☐	元大-南屯	国	1043	1065	22	1087	0
☐	元大-樹林	国	1001	1002	1	1003	0

區間賣超15 ？ 關鍵券商：區間賣超15

	券商名稱	關鍵券商	買賣超	買張	賣張	交易量	損益(萬)
☐	元大	出,作,輸	-728	279	1007	1286	-1
☐	元大-信義	贏	-322	0	322	322	-7
☑	元富	出,作	-266	8140	8406	16546	3

華電網（6163）2023.04.21買賣超分點

區間買超15 ？ 關鍵券商：區間買超15

	券商名稱	關鍵券	買賣超 ▼	買張	賣張	交易量	損益(萬)
☐	元大 短沖主力	出,作	647	1480	833	2313	-18
☐	元大-士林	国	533	1749	1216	2965	40
☐	元富-大裕	国	373	397	24	421	-20

區間賣超15 ？ 關鍵券商：區間賣超15

	券商名稱	關鍵券商	買賣超	買張	賣張	交易量	損益(萬)
☑	凱基-永和	作,輸	-3627	8	3635	3643	162
☐	元大-南屯	輸	-1043	53	1096	1149	13
☐	元大-樹林	輸	-953	65	1018	1083	18

資料來源：理財寶籌碼 K 線

　　有點經驗的投資人應該都有這種認知：1 檔鎖漲停的股票，要在盤後成功買到股票，若掛 100 張能成交 1 張就額手稱慶了。結果這天漲停的華電網，盤後委買 9,117 張，最終成交了 8,366 張，成交的比率之高，太不尋常。

　　誰倒的貨呢？答案是隔日沖的大咖「元富」分點。這主力盤中漲停價鎖了 8,000 多張，沒想到 1 點半到 2 點半這段盤後的時間，就把 8,000 多張全部倒掉。

　　掛盤後交易最怕 2 種狀況，一是沒買到，二是全買到。那天去掛盤後的人大部分都有買到，接手的人不僅有散戶，還有專門買盤後的主力「凱基永和」，買到了 3,600 張。

　　到了第 2 天，華電網盤前試撮還出現漲停價，結果一開盤跌了 7% ～ 8%，盤中殺到跌停（詳見圖 8），觀察凱基永和更是把前一天買的張數全部賣掉（詳見圖 9）；前一天追漲停的投資人可說是被擺了一道。

招式5》公司實施庫藏股
先看3關鍵再上車

　　當我們看股市新聞時，常會看到這類標題：「○○公司積極護盤　300張庫藏股提前執行完畢」「○○公司庫藏股執行率超越9成　今年已砸13.44億元護盤」。

　　什麼是「庫藏股」？當公司實施庫藏股護盤時，是否能跟單呢？當股價持續下跌一段時間，有些公司就會公告實施庫藏股救股價，簡單說就是公司派護盤。

　　投資朋友們會思考，公司實施庫藏股是真金白銀買，那是不是可以跟著做一波呢？接下來，我們來深入研究看看。

庫藏股是公司在公開市場，以市價買回自家股票

　　所謂庫藏股就是公司動用資金，將已發行的股票從市場買回，存放於公司，減少市場上已發行股票的總數，有助於籌碼安定（詳見補充資訊）。

實施庫藏股的3項目的

根據《證券交易法》第28條之2係規定上市、上櫃公司得經由董事會決議買回本公司之股份，而排除《公司法》第167條第1項規定之限制。其適用目的可分為下列3類：

1. 轉讓給員工或作為員工認股權證行使認股權時所需之股票來源，以激勵員工士氣並留任優秀人才。

2. 作為股權轉換之用：附認股權公司債、附認股權特別股、可轉換公司債或可轉換特別股轉換時所需之股票來源，使公司籌集資金管道多樣化及便利化。

3. 為維護公司信用及股東權益所必要而買回，並辦理銷除股份。

　　庫藏股的性質與未發行股票類似，特點是無法分配股利，也沒有投票權，未來可根據不同目的選擇存放或註銷庫藏股。而當庫藏股未來賣出或註銷時，都要以買進價格計算損益，因此當公司以高價買回公司股票，卻低價賣出或註銷時，就會傷害股東權益。通常實施庫藏股，會是在發生影響股價的突發大事件，在股價偏低時實施庫藏股回購。

　　公司實施庫藏股，有以下的功用：

1. 可以協助護盤。

2. 提升每股盈餘，可拉抬股價。

3. 資本結構的調整。

4. 可以防止惡意購併。

當公司實施庫藏股時，會公告以下內容：

1. 董事會決議日期。
2. 買回股份目的。
3. 買回股份種類。
4. 買回股份總金額上限（元）。
5. 預定買回之期間。
6. 預定買回之數量（股）。
7. 買回區間價格（元）。公司股價低於區間價格下限，是否買回。
8. 買回方式。
9. 預定買回股份占公司已發行股份總數之比率（％）。
10. 申報時已持有本公司股份之累積股數（股）。
11. 申報前 3 年內買回公司股份之情形。

掌握觀察庫藏股的3個關鍵

在股價偏低的時候，公司說要實施庫藏股，護盤買股票時，投資朋友千萬不要馬上就想進場。有些實施庫藏股的公司，並不一定會買好買滿，抑或是股價

還在半山腰，就進場買股票，但股價持續下跌。記得小哥說的，一定要多觀察，多找幾個利基再進場。小哥建議觀察庫藏股的 3 個關鍵：

關鍵1》股價

看股價的點位位階，觀察年線乖離；位階主要看的是股價現在位於高檔還是低檔，乖離率是股價指數與均線的差距點。

點位位階高的話，離年線很遠，說要實施庫藏股，就有可能不是真心的，只是為拉抬股價，維護「大股東」權益。例如：之前國巨（2327）股價 1,300 元跌到 900 元時，就說要買庫藏股。

關鍵2》公司的關鍵分點

可以藉由證交所公布或籌碼 K 線軟體，觀察公司的關鍵分點，確認公司是否真的進場買股票。

關鍵3》成交量

觀察庫藏股實施的量和成交均量比較。例如：均量只有 500 張，庫藏股說要實施 1 萬張，那股價就有可能變得強勢了，可以多觀察。

我們來觀察過往實施庫藏股的案例，以及要注意的關鍵點。

狀況1》低檔實施時主力買超，成功挽救股價

先講結論，長期來看，庫藏股實施時，股價若是相對低點，公司買了股票之後，股價容易變強。

案例：志超（8213）

志超在 2020 年 3 月實施庫藏股期間，股價就慢慢往上了（詳見圖 1，粉紅色區塊為實施庫藏股期間）。

我們也可以參考該公司過去的紀錄，從先前每次的庫藏股實際買回比率，來解讀公司過往實施庫藏股的確實度、信譽好不好。

狀況2》高檔實施庫藏股，主力賣、股價跌

在高檔（年線附近或在年線之上）實施庫藏股，主力持續賣超，股價持續跌，要留意可能是主力在高檔藉由庫藏股題材出貨。

案例：國巨（2327）

國巨在 2018 年 7 月，於年線之上實施庫藏股（詳見圖 2），買回目的是轉讓股份給員工，而買回區間價格在 632.8 元～ 1,616.8 元之間。很多散戶朋友可能會這麼想：「看起來公司力挺自家股票，價格訂這麼高。」加上在這期間國巨的關鍵分點群益某分點也有買，就跟著進場買；但在這段期間，主力卻

圖1　志超2020年3月實施庫藏股期間，股價上漲

志超（8213）日線圖及籌碼動向

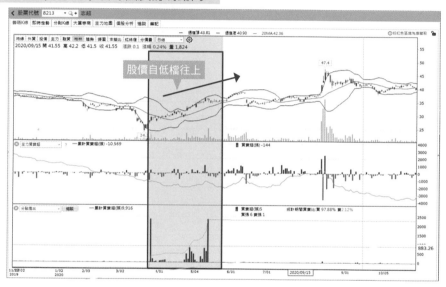

志超（8213）實施庫藏股紀錄

財報公告 ✕	除權 ✕	除息 ✕	法說會 ✕	申報轉讓 ✕	庫藏股 ✕	注意股票 ✕	處置股票 ✕	月營收公告 ✕		
事件日	買回目的	買回...	買回期間起	買回期間迄	本次已買回...	本次買回佔...	預定買回張數	買回區間最...	買回區間最低價...
20111125	轉讓股份予員工	33	20111128	20120124	37.71	1.6	10000	28	16
20160809	轉讓股份予員工	70	20160809	20161008	100	3.69	10000	45	22
20160912	轉讓股份予員工	70	20160912	20161111	100	5.53	15000	46	22
20180507	轉讓股份予員工	73	20180508	20180707	100	0.77	2100	43.55	20.1
20190321	股權轉換	82	20190322	20190520	100	0.85	2304	48.5	22.6
20200323	轉讓股份予員工	84	20200324	20200523	100	3.69	10000	47.45	18.45

資料來源：理財寶籌碼K線

一直賣，買進的分點也很快就出貨了。

　　類似這種在高檔（年線附近或在年線之上）實施庫藏股，主力持續賣超，股價持續跌的狀況，實際上是有人趁著實施庫藏股出貨，這種實施庫藏股的股票就讓人不愛。

狀況3》股價常隨著庫藏股實施期間上漲，結束後就下跌

　　實施庫藏股時，股價有撐；結束庫藏股時，股價疲軟，這種股票也不要輕易跟單。

案例：國產（2504）

　　觀察國產過去每每實施庫藏股時，股價就會上漲，但實施結束後，股價就容易跌（詳見圖3，粉紅色區塊為實施庫藏股期間），這是欲振乏力的類型。這種類型的股票，就要留意實施庫藏股期間到何時，可以做短期價差，但在庫藏股期間結束前記得要離場。

公司實施庫藏股時若想跟進，須留意3要點

　　從前面的例子來看，隨著公司實施庫藏股進出似乎不太可靠，如果真的很想嘗試，務必留意以下3要點：

圖2 國巨在2018年7月股價高檔期間實施庫藏股

國巨（2327）日線圖及分點進出狀況

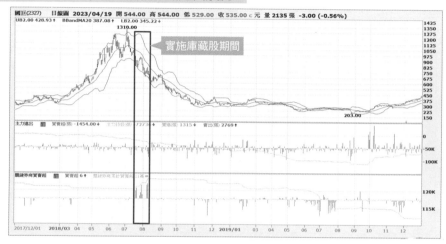

國巨（2327）實施庫藏股紀錄

國巨(2327) 庫藏股										
	預計情形					實行結果				
董事會決議日期	買回股數（千股）	申請金額佔流動資產比（%）	買回期間	買價區間（元）	買回股數（千股）	買回期間	買回總價數（千元）	平均價格（元）	目前持有股數（千股）	買回執行率（%）	買後持股佔資本比（%）
2022/07/11	11,000	28.63	2022/07/12 ~ 2022/09/11	304.00 ~ 531.00	9,288	2022/07/13 ~ 2022/09/07	2,999,458	322.94	18,788	84.44	3.45
2022/04/26	5,500	16.93	2022/04/27 ~ 2022/06/26	280.00 ~ 628.00	5,500	2022/04/27 ~ 2022/06/16	2,172,957	395.08	9,500	100.00	1.75
2021/05/13	4,000	3.43	2021/05/17 ~ 2021/07/13	409.50 ~ 655.00	4,000	2021/05/17 ~ 2021/06/10	1,879,155	469.79	6,965	100.00	1.40
2018/07/17	4,500	18.28	2018/07/19 ~ 2018/09/17	632.80 ~ 1,616.80	2,965	2018/07/19 ~ 2018/08/09	2,421,552	816.71	2,965	65.89	0.85

資料來源：XQ 全球贏家

圖3 國產股價容易隨庫藏股實施期間上漲
—— 國產（2504）日線圖及籌碼動向

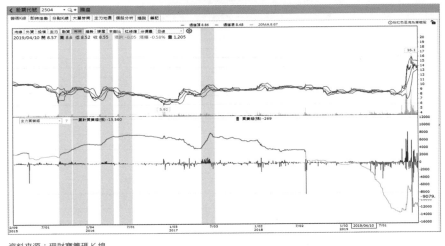

資料來源：理財寶籌碼K線

1. 股價的根本源於獲利，體質的強弱影響股價。要觀察公司月營收有沒有比上個月增長？有沒有比去年同期增長？記得要挑選本身有持續獲利的公司，最好是成長型的公司。

2. 留意公司必須是說到做到的，執行進度不佳的公司就會淪為口水護盤。公司實施庫藏股的相關進度，都公告在證交所的公開資訊觀測站網站（「投資專區」中的「庫藏股資訊專區」），想要了解庫藏股更多資訊，可前往查詢。

3. 想要用籌碼查詢庫藏股題材的關注名單，要找符合這 3 個條件的股票：「布林通道上軌翹」、「主力買進」、「庫藏股分點也在買」的股票。在實施庫藏股期間，短線操作一定要留意「實施期間」、「預定買回張數」。

招式6》留意資券變化 找出潛在飆股

　　股票買賣，除了拿出 100% 本金買進外，資金不夠時，可以跟券商借一部分的錢買進股票；也可以跟券商先借股票來賣，之後再買股票還給券商，這些動作分別稱為「融資」、「融券」、「融券回補」，分別說明如下：

　　融資：投資人看好股價未來發展，跟券商借錢買進股票。一般狀況是借錢買上市股票，要自備 40%，向券商借 60%；買上櫃股票則是自備 50%，向券商借 50%。

　　融券：投資人看壞股價未來發展，如果手上沒有股票，也可以向券商「借股票來賣」，但要另外準備 90% 的保證金。

　　融券回補：向券商「借股票來賣」的融券投資人，等股價下跌後，再買股票回來還給券商，這個動作就叫做「回補」。但是在以下 3 個特定期間內，都必須要強制回補：

1. 股東會召開前 2 個月。

2. 除權息前的融券最後回補日（停止過戶日前 6 個營業日）。

3. 現金增資時。

如果不希望被強制回補打壞投資計畫，融券使用者就必須高度留意個股的停券日期（查詢停券預告表詳見文末圖解教學）。

融券回補集中在3～4月，易有軋空行情

每年股東會旺季都落在 5 月、6 月，融券回補集中在 3 月至 4 月，容易有軋空行情。大戶會故意拉抬股價，使得融券戶必須掛高價才有機會補回，甚至得掛到漲停價，而再次助漲股價飆高。

當融資增加、融券減少時，代表散戶看多；融資減少、融券增加時，代表散戶看空。融資融券的變化與股價漲跌關係如表 1。

「券資比高＋主力大買」為飆股特色

「融資餘額」代表到當天收盤為止，1 檔股票所累積的融資張數；「融券餘額」則是代表 1 檔股票到當天收盤為止，所累積的融券張數。

由於外資不能使用融資券，因此市場上多會以融資和融券的餘額，來掌握散戶動向。不過，其實主力大戶也會利用融資融券來進行交易，我們不能只單純以融資券變化來評估未來股價的走向，一定還要搭配籌碼分析。

這裡我們還要認識一個指標──「券資比」：

券資比＝融券餘額張數／融資餘額張數 ×100%

券資比愈大，代表該股票被大量放空，意味著市場很多人以融券賣出此檔股票，未來需要買回；放空的空單愈多，未來的買盤就愈強。而當券資比＞30%，就稱為高券資比。

股票市場上的飆股有個特色──「券資比高＋主力大買」，之前 2020 年新冠肺炎疫情期間，備受市場追捧的新藥、疫苗、醫材、口罩股，都出現「券資比高＋主力大買」，股價也曾經飆漲一段。

例如：2020 年農曆新年期間疫情爆發之後，市場出現「口罩荒」，4 月時，口罩股恆大（1325）的券資比大幅升高，另外從籌碼觀察，也有主力大買的狀況，後續股價就扶搖直上，從 20 元左右，大漲了好幾倍到 200 元之上（詳見圖 1）。

表1 融資、融券增加＋股價上漲，為多頭行情特徵

——融資、融券變化與股價漲跌的關係

融資	融券	股價	行情及未來股價發展趨勢
增加	增加	漲	◆主力使用融資交易，股價相對容易上漲 ◆價量齊揚，多頭行情的特徵，是人氣旺盛股 ◆出現軋空行情
增加	增加	跌	◆散戶看多，主力出貨，不利多方
增加	減少	漲	◆融券持續回補 ◆股價短多 ◆後續是否持續上漲，取決於融資買盤是誰（散戶（回跌機率高），主力（漲））
增加	減少	跌	◆散戶攤平承接股票 ◆籌碼凌亂 ◆後市偏空，宜設好停損點
減少	增加	漲	◆主力在吃貨，有買盤力道支撐 ◆易出現軋空行情 ◆股價持續上漲機率高 ◆初升段
減少	增加	跌	◆缺乏買盤力道 ◆可能有利空 ◆股價持續下跌機率高，不要輕易搶反彈
減少	減少	漲	◆交易冷清，缺乏買盤 ◆融券回補推升股價短暫上漲→短多 ◆空頭市場中被視為反彈走勢，在多頭市場則為主力在高檔出貨
減少	減少	跌	◆人氣退散 ◆續跌機率大，築底機率高，宜觀望

另外，「券資比高＋股價沿布林上軌行進」的股票，也是屬於強勢股，千萬不要去空它；而當它漲了一大段，也不要去追高，如果幸運有跟到這波上漲，記得在股價離開上軌時就要出場。

圖1 券資比高＋主力買，恆大股價飆漲
——恆大（1325）日線圖及主力、融資券動向

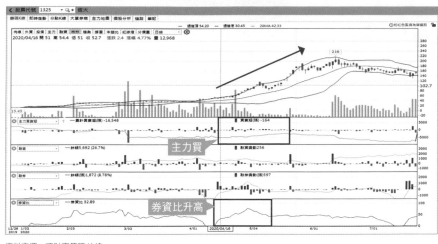

資料來源：理財寶籌碼 K 線

來看國光生（4142）這個例子。國光生是疫苗股，也受惠於 2020 年新冠肺炎疫情，當年 5 月也出現了高券資比的狀況，且股價沿著布林通道的上軌前進（詳見圖 2），在當時是相當強勢的股票。

參與融券強制回補潮行情，須掌握6重點

想參與融券強制回補潮的操作，要掌握幾項重點：

圖2 國光生券資比高，股價沿布林上軌上漲
—— 國光生（4142）日線圖及主力、融資券動向

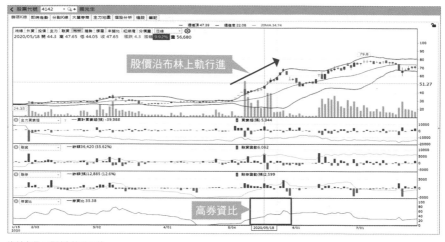

資料來源：理財寶籌碼Ｋ線

1. 觀察「融券回補力道」＝融券餘額／５日成交均量（或可參考理財寶權證小哥的融券回補力道監控表，詳見圖３）。

2. 找尋「籌碼集中」＋「融券多」的股票，這類型股票較容易有軋空行情。

3. 挑選「融資餘額少」、「融券多」、「券資比高」的股票（券資比＞30%）。

圖3 利用軟體查看個股融券回補力道
—— 融券回補力道監控表示意圖

融券回補力道監控表(股東會篇)
日期：20230403

股票代號	股票名稱	券補力道(%)	剩餘交易日	融券餘額	5日均量	最後回補日	有發行可轉債
2009	第一銅	115	5	1,007	878	20230407	
8996	高力	107	5	2,655	2,478	20230407	
2364	倫飛	99	5	236	238	20230407	
3588	通嘉	86	5	275	321	20230407	
6150	撼訊	76	5	456	597	20230407	有發行
8040	九暘	71	5	246	345	20230407	
2417	圓剛	66	5	121	184	20230407	
3305	昇貿	59	5	196	330	20230407	
6187	萬潤	59	5	129	219	20230407	有發行
2236	百達-KY	56	5	91	163	20230407	
3707	漢磊	48	5	1,638	3,405	20230407	有發行
6104	創惟	36	5	882	2,473	20230407	有發行
1524	耿鼎	34	5	1,530	4,559	20230407	
2415	鋁新	33	5	20	60	20230407	
2010	春源	31	5	74	241	20230407	
2031	新光鋼	28	5	512	1,851	20230407	
3228	金麗科	28	5	357	1,254	20230407	
6143	振曜	28	5	1,461	5,169	20230407	
5234	達興材料	27	5	16	59	20230407	
3406	玉晶光	24	5	398	1,651	20230407	

資料來源：理財寶權證小哥融券回補力道監控表

　　4. 在強制回補日前，線型愈陡的股票，回補力道愈強。融券放空的股票，一定要提早回補。

　　5. 提前卡位做多「軋空」股，記得適時出場。

　　6. 股東會後，少了融券強制回補的力道，一切將回歸正常，股價有機會下跌，投資人也要提前留意出場的時機。

圖4 撼訊因融券強制回補，推動股價上漲
——撼訊（6150）日線圖及籌碼動向

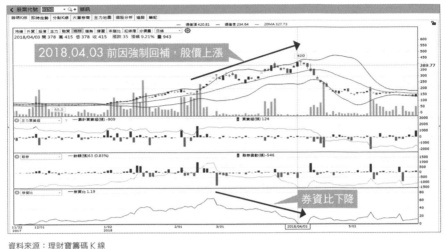

資料來源：理財寶籌碼 K 線

　　來看看融券強制回補，先上漲後下跌的案例。撼訊（6150）在 2018 年 6 月 13 日舉辦股東會，4 月 3 日前融券必須強制回補，因此股價大漲了一波，後來股價又跌回到原本的位置（詳見圖 4）。

圖解教學 查詢停券預告表

STEP 1

進入證交所網站（www.twse.com.tw/zh/index.html），點選❶「交易資訊」、❷「融資融券與可借券賣出額度」、❸「停券預告表」。

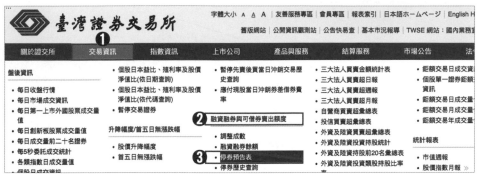

STEP 2

進入下一個頁面後，即出現❶「得為融資融券有價證券停券預告表」。

股票代號	股票名稱	停券起日(最後回補日)	停券迄日	原因
0052	富邦科技	112.04.17	112.04.20	分配收益
00714	群益道瓊美國地產	112.04.17	112.04.20	分配收益
00717	富邦美國特別股	112.04.17	112.04.20	分配收益
00733	富邦臺灣中小	112.04.17	112.04.20	分配收益
00904	新光臺灣半導體30	112.04.19	112.04.24	分配收益
00907	永豐優息存股	112.04.17	112.04.20	分配收益
00908	富邦入息REITs+	112.04.17	112.04.20	分配收益
00909	國泰數位支付服務	112.04.17	112.04.20	分配收益
00912	中信臺灣智慧50	112.04.17	112.04.20	分配收益
1102	亞泥	112.04.21	112.04.26	股東常會

得為融資融券有價證券停券預告表

更新日期：112/04/10

資料來源：證交所

3-7 招式7》追蹤內部人申報轉讓 辨別對股價的影響

在投資市場上影響股價的重要因素有很多，其中，大股東、內部經理人及相關家屬的持股動向，影響股價波動甚鉅，因為這些算是最清楚公司未來動向的人了。

舉一個很明顯的例子，在 2018 年康友-KY（已下市）董事長黃文烈每天賣9 張股票，關係人也「申報轉讓」持股，透過盤後定價交易、鉅額逐筆交易的方式賣出股票，導致市場上投資人信心不足狂賣股票，股價大跌，出現連 14 根跌停板。《證券交易法》對於內部人持股申報轉讓訂有清楚規範，也要求申報轉讓資料公開，資訊在公開資訊觀測站就可以取得（詳見文末圖解教學）。

申報轉讓可防範內部人炒作股票或內線交易

「申報轉讓」讓我們可以清楚看到，公司大股東及重要關係人的持股動向，讓外界很清楚地了解規範對象的持股情況，投資人應該隨時關注。為了防範公

司內部人，藉由轉讓持股炒作股票，或是進行內線交易而損及投資人權益，已維護證券市場交易秩序及交易之公平性。

什麼是內部人？包括公司董事、監察人、經理人，以及持有公司股份超過股份總額 10% 的大股東。其中的經理人包括：

1. 總經理及相當等級者。
2. 副總經理及相當等級者。
3. 協理及相當等級者。
4. 財務部門主管。
5. 會計部門主管。
6. 其他有為公司管理事務及簽名權利之人。

另外，也包括了上述人士的配偶、未成年子女。

申報轉讓交易時間規範：公司內部持股超過 10% 的大股東，若要在市場上賣出持股，必須依規定提早申報。申報日起 3 日後（第 4 日起），即可在市場上交易，轉讓期間 1 個月。而申報轉讓方式有以下幾種，包括贈與、信託、洽特定人、轉讓私募股票、辦理過額配售、一般交易、鉅額逐筆交易、盤後定價交易……等。

4種內部人申報轉讓方式對股價產生的影響

當內部人申報轉讓時，不同的轉讓方式，可能會造成股價的影響：

方式1》申報贈與或信託

聰明又懂節稅的大股東，因稅金考量，選在股價相對低檔時申報贈與或信託。

對股價影響：股價後續可能還有上漲空間。

方式2》洽特定人交易

要觀察是否為未來財務規畫，或為了節稅，抑或是想要吸引投資方入股投資。

對股價影響：多空不明。

方式3》盤後定價交易、鉅額逐筆交易

可能引進重要策略股東投資，或者拉攏供應商。

對股價影響：多空不明。

方式4》一般交易

若是在股價相對高檔位置、有多位內部人同時申報轉讓，就必須要特別留意是否為「超漲」的訊號。

對股價影響：較為偏空。

圖1 御頂2020年11月高檔時主力狂賣、散戶狂買

——御頂（3522）日線圖及申報轉讓情形

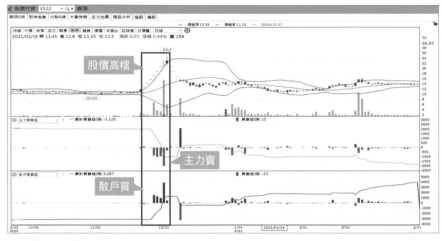

資料來源：理財寶籌碼K線

高檔申報轉讓且為一般交易，股價易跌難漲

在小哥的交易生涯裡，對於內部人的轉讓，常留意「高檔申報轉讓、一般交易」的股票；若搭配高檔主力大賣、散戶大買的話，通常股價很容易因為在大股東出脫後，而呈現下跌走勢。

關於這種類型的股票，小哥要給8字箴言：「高檔大賣、必有內傷」。舉個

圖2 益航總經理2021年6～7月大額申報轉讓
——益航（2601）申報轉讓情形

資料來源：公開資訊觀測站

案例，2020年11月下旬，餐飲集團御頂（3522）在經由股市爆料同學會中，某位達人鼓吹買進後，於股價高檔面臨法人董事代表人林景崧的申報轉讓；申報轉讓新聞出現後，股價立馬從高檔往下。

我們發現，御頂在高檔主力狂賣、散戶狂買（詳見圖1），這種股票遇到申報轉讓新聞，股價很難會有起色。小哥每天會研究申報轉讓股票，若遇到高檔主力大賣、大股東利用一般交易申報轉讓的話，就會特別留意。

圖3 益航股價在內部人申報大額轉讓後大跌
——益航（2601）日線圖及申報轉讓情形

資料來源：理財寶籌碼K線

　　類似的股票還有益航（2601），在 2021 年散裝航運族群大漲後，航運本業已經占比不多的益航跟著大漲，於是在高檔面臨董事長兼總經理郭人豪在 2021 年 6 月 25 日及 7 月 9 日的大額申報轉讓，申報張數達到 1 萬 5,000 張及 1 萬 2,000 張（詳見圖 2）。

　　在新聞出現後，股價立馬從高檔往下，我們可以發現，益航在高檔主力狂賣、散戶狂買，股價很快跌回起漲點（詳見圖 3）。

　　投資前，別忘了掌握大股東持股動向，「申報轉讓」就是一個很好的資料來源。也要留意籌碼相關資訊。要再次提醒大家，進場之前，盡量多找幾個值得投資的理由，運用策略進行多空操作，讓投資提高勝算。

圖解教學 查詢內部人申報轉讓資訊

STEP 1

在每月15日以前,可以看到公開資訊觀測站公布的內部人申報轉讓資訊。
進入公開資訊觀測站網站首頁（mops.twse.com.tw/mops/web/index）
後,點選❶「基本資料」、❷「董監大股東持股、質押、轉讓」,就可以
看到與申報轉讓的相關選項。

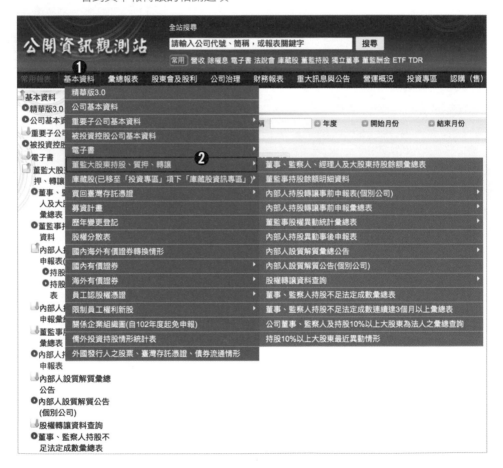

如有想查詢特定公司,可選擇❶「內部人持股轉讓事前申報表(個別公司)」,包含❷「持股轉讓日報表」(可看到預定轉讓方式及股數)、❸「持股未轉讓日報表」(如申報轉讓但實際上未轉讓,表中會說明原因)。

若選擇持股轉讓日報表,進入下個頁面後,在❹「公司代號或簡稱」輸入「2601」(此處以「2601」為例,也可輸入公司名「益航」),再點選❺「查詢」,即可看到❻相關資訊。

若選擇持股未轉讓日報表,進入下個頁面後,在❼「公司代號或簡稱」輸入「2601」(此處以「2601」為例,也可輸入公司名「益航」),再點選❽「查詢」,即可看到❾相關資訊。

接續下頁

(以上資料係由各公司自行建檔提供參考)

總計：2筆

STEP
3

如想看特定期間，有內部人事前申報轉讓的所有公司彙總內容，可選擇❶「內部人持股轉讓事前申報彙總表」，同樣包含❷「持股轉讓日報表」、❸「持股未轉讓日報表」。

若選擇持股轉讓日報表，進入下個頁面後，選擇❹「市場別」（此處以「上市」為例）、輸入「年度」（此處以「111」（2022）年為例）、選擇「起始月份」（此處以「1月」為例）、「結束月份」（此處以「1月」為例），再點選❺「查詢」，即可看到❻相關資訊。

若選擇持股未轉讓日報表，進入下個頁面後，選擇❼「市場別」（此處以「上市」為例）、輸入「年度」（此處以「111」（2022）年為例）、選擇「起始月份」（此處以「1月」為例）、「結束月份」（此處以「1月」為例），再點選❽「查詢」，即可看到❾相關資訊。

接續下頁

261

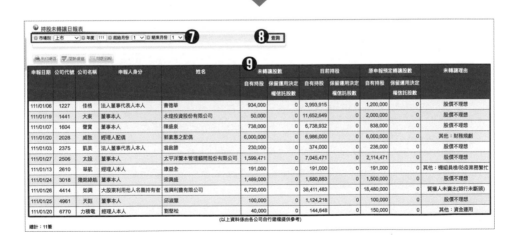

STEP 4 如想查詢特定月份的內部人持股異動狀況,可選擇❶「內部人持股異動事後申報表」。

進入下個頁面後,在❷「公司代號或簡稱」輸入「2601」(此處以「2601」為例,也可輸入公司名「益航」),再點選❸「查詢」,即可看到❹相關資訊。

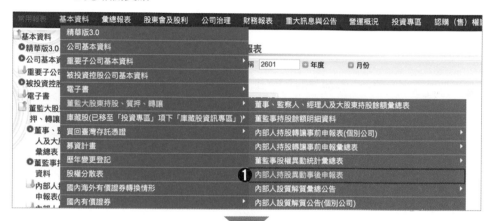

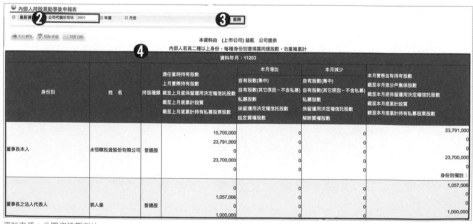

資料來源:公開資訊觀測站

招式8》正確解讀盤前試撮 避免高買低賣

3-8

每天早上 8：30 小哥都會看開盤前的試撮，發現很有趣的現象。有些股票試撮時，就出現漲停板，有些股票試撮時，就出現跌停板，投資朋友們的心情隨之上上下下……。但是，一開盤，發現結果完全不一樣，怎麼會這樣？我們要怎麼分辨試撮的真假呢？其實試撮價格是證券交易所（簡稱證交所）為提供更即時的資訊所設，暗藏了些許投資操作策略密碼，讓小哥慢慢道來……。

我們先來說，什麼是試撮？股市正常的盤中交易時間從上午 9：00 開始，為了提供投資人更即時的交易資訊，從 2015 年 6 月 29 日開始，會在開盤前半小時、收盤前 5 分鐘這 2 個只接受委託不成交的期間，進行「資訊揭露」，也就是會按照委託單揭露「模擬」的成交價格、成交張數，以及最佳 5 檔申報買賣價格與申報買賣張數。

證交所開盤前資訊揭露：開盤前 30 分鐘（08：30 ～ 09：00）。
證交所收盤前資訊揭露：收盤前 5 分鐘（13：25 ～ 13：30）。

期貨交易所（簡稱期交所）也有試撮，時間是盤前 08：30 ～ 08：45。

這段時間，任何人都可以掛買賣委託單，這些買賣單會由系統模擬撮合，而顯示出最新的股價，只是委託並不會成交，官方名稱是「模擬撮合」，因此被稱為試撮。

切勿只憑盤前試撮價格下單

看到開盤前的試撮價格，我們要留意些什麼呢？最重要的絕對是「**盤前掛單要小心，別成了高買低賣的投資人**」！

由於試撮期間是不會成交的，如果有心人大量掛進買單，價格往上可能漲停，而投資人以為有好事發生，跟著掛單買進；但是後來大單抽出了，投資人未察覺，就有可能買在高點。或是有大單掛賣出來到跌停價，投資人以為公司出現問題，也趕快出清庫存，就有可能賣在最低價。

舉 2 個盤前試撮漲停的案例：

案例1》潤泰全（2915）

2021 年 9 月 8 日，潤泰全在盤前試撮出現漲停價 138 元（詳見圖 1），

圖1 潤泰全盤前試撮出現漲停價
——潤泰全（2915）試撮與開盤成交紀錄

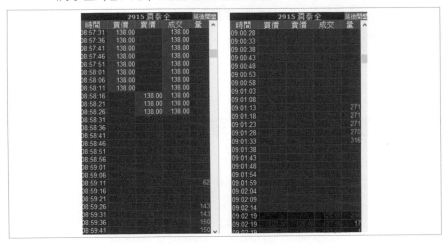

註：資料日期為 2021.09.08　　資料來源：群益策略王

前一日收盤是 125.5 元。試撮的股價看起來喜氣洋洋，吸引投資朋友趕快去追，結果一追，完蛋了，一開盤成交在 128 元，股價開高走低，當天最後收在 121.5 元（詳見圖 2）。

案例2》恆大（1325）

同樣的狀況也發生在 2021 年 9 月 9 日的恆大，前一天收盤是 63.3 元，9月 9 日當天 8 點 58 分到 59 分的盤前試撮出現漲停價 69.6 元（詳見圖 3）。

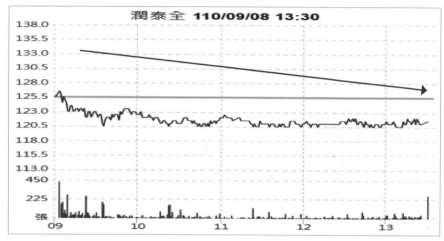

圖❷ **潤泰全2021年9月8日股價開高走低**
──潤泰全（2915）股價走勢圖

資料來源：Yahoo! 奇摩股市

一開盤的成交價就變成 65.3 元，當日開高走低，收了 1 根長黑 K 棒，最後收在 59.2 元，比前一日收盤價還要低（詳見圖 4）。

　試撮的缺點就是容易被有心人士操縱價格，也影響投資人交易決策，不幸買在最高點，賣在最低點。為避免此狀況，期交所和證交所，有了以下行動：

　期交所的撮合規範：2014 年 5 月 12 日起，開盤前 2 分鐘（08：43 ～

圖3 恆大盤前試撮出現漲停價
——恆大（1325）試撮與開盤成交紀錄

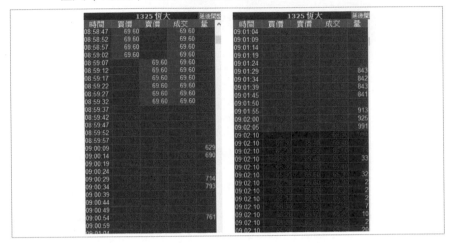

註：資料日期為 2021.09.09　　資料來源：群益策略王

08：45）刪、改委託，僅能新增委託單，以避免有心人士操縱，使模擬撮合資訊較為接近真實開盤情形。所以，**期交所試撮價格在 08：43 後，價格就滿準的。**

證交所認為，「大量撤單」會衝擊市場穩定性，資訊也不夠透明，也影響投資人交易決策，因此將參考國外制度修訂。目前出現「大量撤單」者，都有監視和研究，若次數太頻繁或量大，造成股價波動、就會找券商「關切」，了解

圖4 **恆大2021年9月9日股價開高走低**
——恆大（1325）股價走勢圖

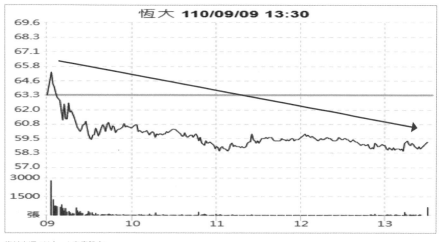

資料來源：Yahoo! 奇摩股市

背後投資人是否具有此資歷或財力；若屢勸不聽、最重可要求券商對投資人「預收款券」。另外，若要「禁止盤前取消委託單」，勢必要讓券商修改電腦程式，最快會在 2023 年才會上路。

　而從 2023 年 3 月 20 日也開始實施一項新措施，在開盤前 1 分鐘（上午08：59 至 09：00），如果有證券被取消以及更動買賣申報數量，達到該證券開盤前買賣申報數量的 30% 以上，該證券就會暫緩開盤 2 分鐘，以降低投

資人的買賣風險；只是從實施之後來看，這些愛掛假單的大戶顯然沒在理會證交所，還是有一堆股票，試撮後大量刪單。

用7方法解讀盤前試撮價格

那麼，試撮價真的完全沒有參考價值嗎？小哥雖然建議不要看試撮價去盲目追高殺低，但是我們仍可透過對「試撮價和開盤後成交價」的變化，解讀背後主力的盤算，進而提高投資勝算。

以漲跌停的案例來看，小哥的解讀方法如下：

1. 試撮漲停，開盤前刪單，撮漲停而沒有開漲停，通常都是準備要出貨，騙投資人進場。
2. 在試撮時，把漲跌停的股票撈出來。若是開漲停，代表開盤真的很強；開盤後有上漲但不是漲停，且漲幅低於 5% 的話，代表主力得拉高出貨。
3. 試撮大漲時，檢查是否有隔日沖籌碼？是否有短線客在裡面？如果有，股價容易跌。
4. 試撮大漲時，檢查主力籌碼；如有波段主力進駐，有可能為真上漲。
5. 試撮跌停時，開盤沒跌停，代表主力可能想壓低買股票。
6. 試撮跌停時，開盤確實跌停，代表是賣真的。要是股價正在高檔時得快賣，

圖5 利用軟體查詢正逆價差比
—正逆價差比示意圖

正價差比15		逆價差比15		漲幅15		跌幅15	
3189 景碩	4.62	4736 泰博	-8.68	4736 泰博	10	2641 正德	-5.9
6269 台郡	1.36	2331 精英	-8.13	3675 德微	10	8121 越峰	-4.7
9914 美利達	1.11	3673 TPK-KY	-6.37	2642 宅配通	9.9	3189 景碩	-4.4
1802 台玻	1.05	2603 長榮	-1.95	8027 鈦昇	9.9	8155 博智	-3.9
2606 裕民	0.98	5457 宣德	-1.93	3017 奇鋐	9.9	00715L 期街[	-3.9
2492 華新科	0.86	3552 同致	-1.83	2331 精英	9.8	9914 美利達	-3.6
3443 創意	0.8	3711 日月光扌	-1.2	3169 亞信	9.8	2457 飛宏	-3
3264 欣銓	0.76	3006 晶豪科	-1.08	6531 愛普	9.7	6104 創惟	-2.8
2002 中鋼	0.39	3260 威剛	-0.93	3673 TPK-KY	9.7	6533 晶心科	-2.6
1314 中石化	0.41	2328 廣宇	-0.92	4966 譜瑞-KY	8.1	5274 信驊	-2.5
2377 微星	0.36	2409 友達	-0.84	3014 聯陽	8.1	8054 安國	-2.4
2882 國泰金	0.34	2455 全新	-0.74	2464 盟立	7.8	6438 迅得	-2.4
8086 宏捷科	0.3	2344 華邦電	-0.68	3551 世禾	7.4	3624 光頭	-2.4
5347 世界	0.3	2401 凌陽	-0.64	3540 曜越	7.1	6683 雍智科扌	-2.3
2105 正新	0.28	3481 群創	-0.59	6469 大樹	6.2	6411 晶焱	-2.1

資料來源：理財寶權證小哥全方位獨門監控

如果有利空消息，容易出現好幾根跌停。不過，試撮的買單如果非常大，就有機會打開跌停。

7. 有操作股期和股票的朋友，在 08：45 期貨開盤交易後，股票和期貨兩者數據，也可以一起參考：

◆如果期貨貴，現貨便宜（正價差），表示有人要壓低吃貨，期貨做多。

◆如果期貨便宜，現貨貴（逆價差），表示有人想出現貨，撮高價格是準備

倒股票，也就是拉高現貨，期貨做空！

　　如果是理財寶權證小哥全方位獨門監控軟體的使用者，可以從軟體中查詢個股的正逆價差比（詳見圖5）。

　　關於試撮，再次提醒投資朋友們：

　　1. 盤前看到漲停或跌停，那只是個試撮合的價格，千萬別太早開心或難過。
　　2. 試撮價格波動超大，幾點看試撮最有參考價值？答案是「08：59：59」，若不幸進入了開盤緩撮，那就得看「09：01：59」了！
　　3. 試撮張數極小量，試撮易為真，愈接近真實價格。
　　4. 有大量隔日沖、當股價撮漲停時，是為了出貨，開高可別追，這是隔日沖主力的手法，拉高股價誘使投資人進場。

　　以上為小哥多年的盤前觀察心得，希望對你能有所幫助。

3-9 招式9》尋找高檔出貨股 短線伺機布局空單

　　在投資市場，股票要多空雙向操作，才能持盈保泰。記得要居高思危，在高檔時，減少多單，布局空單；在低檔時進場，布局多單。

　　接下來，我們來談談什麼是高檔出貨股？以及高檔出貨股的投資操作模式。

高檔出貨股特色為主力賣、散戶買、集保戶增加

　　高檔出貨股通常是「短線漲多了」，加上「主力賣超、散戶買超、集保戶數增加」等條件。高檔出貨股的股價走勢和投資操作時機如下：

1. 主力高檔出貨後，月線開始走平、下彎。
2. 接著股價再反彈回月線附近，這時或許會有隔日沖或者自營商避險進場。
3. 投資人若能在隔天拉高時放空，是操作勝率高的時機。
4. 遇到盤勢差時，波段跌幅程度會非常顯著。

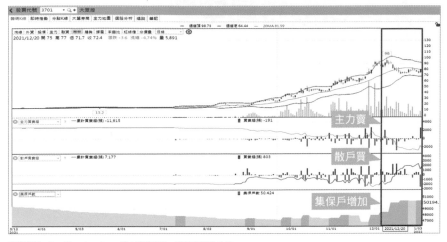

圖1　大眾控2022年1月出現高檔出貨跡象
——大眾控（3701）日線圖及籌碼動向

資料來源：PressPlay Academy 線上學習平台、理財寶籌碼 K 線

　　以下幾檔股票是小哥從籌碼研究時，發現符合高檔出貨股的案例：主力賣、散戶買、集保戶增加。而且發現高檔出貨股的勝算極高，根據我曾公開發表在線上學習平台後，並追蹤其個股股價後續發展的案例：

案例1》大眾控（3701）

　　小哥發表此案例的時間為 2022 年 1 月 2 日（詳見圖 1），股價從 2021 年 12 月 30 日的 75.7 元，下跌到 2022 年 5 月 10 日波段低點的 45 元，

圖2 大眾控股價5個月下跌41%
—— 大眾控（3701）日線圖及籌碼動向

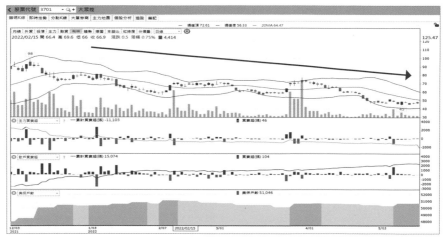

資料來源：理財寶籌碼K線

跌幅41%（詳見圖2）。

案例2》威鋒電子（6756）

　　小哥發表此案例的時間為2022年1月2日（詳見圖3），也出現了股價在高檔時，主力賣、散戶買、集保戶增加的高檔出貨股特徵；果然威鋒電子股價從2021年12月30日的501元，下跌到2022年5月10日的波段低點271.5元，跌幅46%（詳見圖4）。

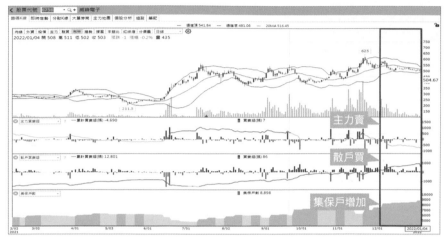

圖3 威鋒電子2022年1月出現高檔出貨跡象
──威鋒電子（6756）日線圖及籌碼動向

資料來源：PressPlay Academy 線上學習平台、理財寶籌碼K線

　　從以上案例，投資朋友們一定有發現：符合高檔出貨股的股票，股價往下的機率非常高。我們可以每天觀察研究籌碼，找尋符合高檔出貨股條件的股票，選擇空單布局的好時機，提高操作的勝率。

想放空高檔出貨股，須等月線下彎＋符合3要素

　　當股價來到高位階而主力也開始轉空時，不一定要馬上布局空單，但就不建

圖4 威鋒電子不到5個月股價近乎腰斬
——威鋒電子（6756）日線圖及籌碼動向

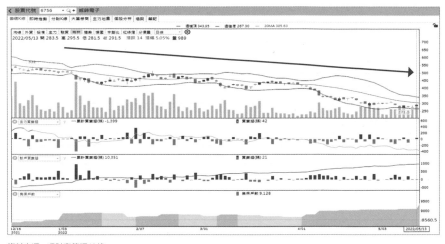

資料來源：理財寶籌碼K線

議做多了，這種股票隨時可能會反轉，且易跌難漲。由於這類股票都還處於上升趨勢，想要反向操作一定要**等待月線下彎**。

適合放空的點就在於反轉確立，由多頭轉為空頭時放空是相對安全的，尤其是在空頭反彈時勝率更高。

而遇到高檔出貨股，短空操作要獲利，須符合 3 要素：

要素1》波段賣超

波段有主力賣超。

要素2》隔日沖大賣

觀察當天是否有隔日沖進場，有的話通常隔天會大賣。

要素3》有權證賣壓

有權證大量買進後，隔日後容易有權證賣壓。

小哥從每天研究籌碼中發現：2022 年 1 月 10 日的東森（2614），從主力買賣超中觀察到有大量隔日沖進場，也發現權證進出中有大量購入權證情形，而波段主力大戶也持續賣出；依據此買賣數據研判，有隔日沖和權證進場，隔天會有隔日沖和權證賣壓，也有波段賣壓，符合上述短空操作的 3 要素（詳見圖 5）！所以小哥判斷，在隔日 2022 年 1 月 11 日當天黑 K 時，就很適合進場短空，我當天也就大膽進場短空，成功將獲利入袋。

高檔出貨模擬交易SOP

通常股價在月線下彎時，表示上方賣壓沉重；股價反彈到月線的時候，套牢的投資人會想趕快解套出場，如果再反彈，當天又有隔日沖進場，那下個交易

圖5 東森符合高檔出貨股放空條件
—東森（2614）日線圖及籌碼動向

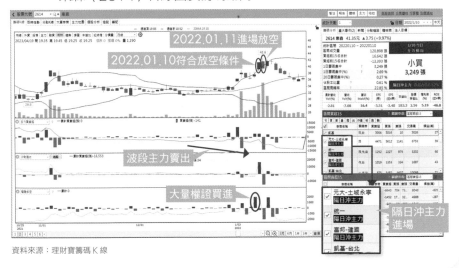

資料來源：理財寶籌碼K線

日將會是空方勝率高的時機。投資有許多要注意的細節，要如何操作高檔出貨股，勝算才會高？小哥整理了一份「高檔出貨模擬交易SOP」提供給大家。

1. 第1天：反彈紅K（漲幅3%以上時），用盤後資料做功課研究籌碼，看看前幾名買超分點中，有無大量隔日沖主力進場。

2. 若有的話，投入10%資金在「第2天」買盤竭盡時，模擬交易短空，在

急殺時回補，而在**「大盤轉空時」**，可以留少量波段空單。

　　3. 若第 2 天又有大量隔日沖大買的話，可以用 20% 資金，在**「第 3 天」**買盤竭盡時，模擬交易短空，急殺時回補。

　　4. 短空虧損可以設定在 1% ～ 3% 時停損，若遇到漲停板時，一律停損。

　　5. 不適用高檔出貨方法的時機：當籌碼轉成主投買、近期有波段單主力進場時，就不適用。

　　投資朋友可以模擬交易看看，抓出自己的投資股感，祝大家操作都順利。

3-10 招式10》掌握3原則 擬定處置股操作策略

在股票市場上，當個股的漲跌幅、周轉率、交易量異常提升時，證券交易所（簡稱證交所）針對熱門股票制定了注意和處置措施。目的是提醒投資人留意：「注意」、「處置」的股票，交易出現異常，風險可能提高，在投資前更要謹慎評估，小心操作。

當股票異常時，會經歷以下幾個階段（詳見圖1）：

1. **正常股票**：以正常方式交易與撮合。
2. **注意股票**：股票漲跌幅、交易量或周轉率出現異常時，會列入注意股票。
3. **處置股票**：連續一段時間達注意股票條件就會被列入處置名單，撮合時間及成交量都會受到限制。

交易異常股票相關管理辦法簡單摘要如下（若想了解更多資訊，可參閱法規《臺灣證券交易所股份有限公司公布或通知注意交易資訊暨處置作業要點》）：

注意股票

1. 最近 6 個營業日（含當日）累積收盤價漲跌百分比超過 32%，且與平均值差距達 20% 以上。

2. 最近 6 個營業日（含當日）累積收盤價漲跌百分比超過 25%，且與平均值差距達 20% 以上，以及收盤價每股價差達 50 元以上。

3. 最近 30 個營業日（含當日）的收盤價漲跌幅超過 100%，且與平均值差距達 85% 以上。

4. 最近 60 個營業日（含當日）的收盤價漲跌幅超過 130%，且與平均值差距達 110% 以上。

5. 最近 90 個營業日（含當日）的收盤價，漲跌幅超過 160%，且與平均值差距達 135% 以上。

6. 當日及最近 6 個營業日的累積收盤價漲跌異常，且日成交量異常放大，高於近 60 個營業日成交量達 5 倍以上且與平均值差距達一定標準。

7. 本益比異常（為負值或大於 60 倍且高於平均值 2 倍）、股價淨值比異常

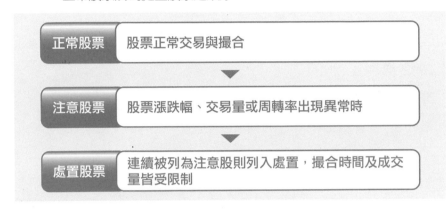

圖1　股票異常交易，恐遭列為交易受規範的處置股
——正常股票成為處置股票之順序

正常股票	股票正常交易與撮合

▼

注意股票	股票漲跌幅、交易量或周轉率出現異常時

▼

處置股票	連續被列為注意股則列入處置，撮合時間及成交量皆受限制

（高於 6 倍且高於平均值 2 倍）、當日周轉率過高（當日周轉率 5% 以上且成交數量達 3,000 單位以上），以及任一證券商或投資人買進或賣出該有價證券金額比率過高者。

8. 最近 6 個營業日的累積周轉率超過 50% 或當日周轉率 10% 以上，且與平均值差距達一定標準。

9. 最近 6 個營業日的日當沖成交量占總成交量比重超過 60%，而且單日當沖成交量也占總成交量比率超過 60% 者，隔天就會被列為注意股票。

處置股票

當股票交易有下列情形時，證交所就會公布，並對該股票採行處置措施：

1. 連續 3 個營業日依上述第 1 個條件被列為注意股，或連續 5 個營業日被列入注意股票。
2. 最近 10 個營業日內有 6 日列為注意股票。
3. 最近 30 個營業日內有 12 日列為注意股票。

處置的方式主要為限制交易頻率，提高買股的限制，來降低市場的熱度（詳見表 1）。

而根據「當沖警示處置新制」，若因股價異常波動而被列入注意股票，且經採處置股票，同時近 6 個營業日及當日的當沖占比達 6 成以上時，處置期間為 12 個營業日。

成為處置股後，將帶來2大影響

當股票成為處置股後，會帶來的影響如下：

1. 處置股因受限於交易方式，會因改變交易規則而**影響流動性**，降低市場投

表1 處置股票將分盤交易，延長撮合時間

——股票處置方式

項目	30天內第1次處置	30天內第2次處置
分盤交易，撮合時間	每5分鐘撮合一次	每20分鐘撮合一次
處置期間	10個營業日	10個營業日
買賣數量與信用交易	◆當有以下情形時： 　1.單筆超過10張 　2.多筆累積超過30張 　就要採行預收款券，需圈存及全額交割。已委託的買賣要收取全部之買進價金或賣出證券 ◆若分多次單筆買進9張、9張下單，當日累積最多29張，就不必預收款券	◆全面採行預收款券 ◆信用交易：調降融資比率為零，提高融券保證金成數至10成

資意願，成交量萎縮，**較不利短線交易操作**。

2. 處置股未來的股價漲跌，都會受到公司基本面、產業未來發展和籌碼狀況影響。

我們來觀察以下 4 檔處置股票的案例：

案例1》大魯閣（1432）

處置期間：2022 年 3 月 24 日～ 4 月 8 日，處置原因為「連續 3 個營業日列入注意股」。

圖2 大魯閣2022年3月遭處置第1、2天皆跌停

——大魯閣（1432）日線圖及籌碼狀況

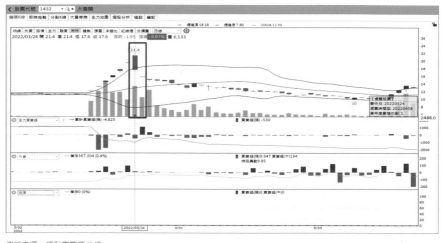

資料來源：理財寶籌碼K線

處置情形：因為是第1次處置，約每5分鐘撮合一次，處置第1天就跌停，第2天也跌停（詳見圖2），處置期間主力賣超，股價持續向下。

案例2》怡利電（2497）

處置期間

第1次處置：2022年2月14日～3月2日，處置原因為「連續5個營業日為注意股票及當日沖銷標準」。

圖3 怡利電2022年首度處置期間股價續漲
—— 怡利電（2497）日線圖及籌碼狀況

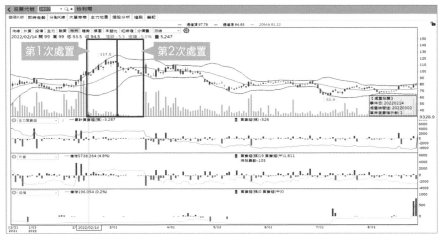

資料來源：理財寶籌碼K線

　　第2次處置：2022年3月3日～3月16日，處置原因為「最近10個營業日已發生6次列入注意股票」。

　　處置情形：第1次處置，每5分鐘撮合一次，期間外資買、主力買，繼續上漲還曾拉2根漲停（詳見圖3）。

　　進入第2次處置後，因為是30天內二度列入處置，撮合時間拉長為每20

分鐘,此段期間成交量縮小。出關第 1 天漲停後,主力開始賣超。

案例3》全友(2305)

處置期間

第 1 次處置:2022 年 7 月 25 日～ 8 月 9 日,處置原因為「連續 3 日為注意股及達到當日沖銷標準」。

第 2 次處置:2022 年 7 月 28 日～ 8 月 10 日,處置原因也是「連續 3 次為注意股及達到當日沖銷標準」。

處置情形:第 1 次處置,每 5 分鐘撮合一次,處置第 1 天強勢漲停。

30 天內被列入第 2 次處置,則為 20 分鐘撮合 1 次,這段期間也強勢漲停(詳見圖 4),主力、外資、投信都站在買方。

案例4》威盛(2388)

處置期間:2022 年 7 月 28 日～ 8 月 12 日,處置原因為「連續 3 次列入注意股票及達當日沖銷標準」。

處置情形:因為是第 1 次處置,交易約每 5 分鐘撮合一次。這段期間主力和

圖4 全友2022年處置期間股價續強
—— 全友（2305）日線圖及籌碼狀況

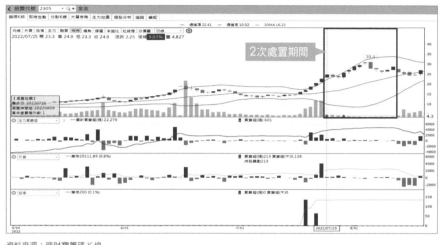

資料來源：理財寶籌碼K線

外資仍持續買超，股價續強，均線向上（詳見圖5）。

投資者對於處置股，要如何擬定投資策略呢？

1. 以籌碼面、股價基期位置作為考量，來判斷進出場策略，並參考該公司的未來題材及基本面。

2. 在處置期間開始就出現大跌的個股，若籌碼還不錯，可以開始找尋買點。

圖5 威盛2022年處置期間，股價持續向上
——威盛（2388）日線圖及籌碼狀況

資料來源：理財寶籌碼K線

3. 確認處置股的股價位置，當股價處於低檔，中長線仍有持續上漲的機會，
投資人可逢低布局或續抱。但若股價基期已過高，法人賣，就該考慮出場。

招式11》用負乖離門檻線
找出易搶反彈的地板股

3-11

當股市大跌時，你會做什麼？大賣股票停損？停手觀望？還是逆勢操作？

有人擅長在大跌時逆勢操作勇敢進場，也總是能順利獲利出場，這到底是因為掌握到什麼訣竅呢？在股市中，我們常聽到千線萬線不如一條電話線，但是電話線是違法的，小哥今天想介紹：當股市跌多的時候，散戶朋友們最適合的一條線，叫「負乖離門檻線」（又稱地板線）。認識了這條線，可以讓投資朋友們，輕鬆抓出獲利反彈股。乖離的概念在前文講解葛蘭碧8大法則時也有大致提到過（詳見2-3），接下來，小哥會再做進一步的說明。

帶量急跌，股價將有望展開反彈

我們先來談股價的變化特點：

1.股價會受到消息面、市場面、投資人心理面的影響，短線走勢特別明顯。

2. 由於每檔股票的股本大小、經營風格、大股東特性、獲利狀況等因素皆不同，每檔股票面對各種消息的反應，股價漲跌受影響的程度亦會不同。

3.「漲多拉回、跌深反彈」是股市中常聽到的一句話，但跌到多深容易出現反彈？相信大部分的人都摸不著頭緒，投資朋友要搭配技術分析，學習掌握個股的「股性」。

4. 當股價有過度反映的情況時，可利用這個特點尋找相對有利的交易機會。

一項成功投資的基礎，建立在詳細的風險計算和報酬率的掌握上。而**「當股票愈急著往下跌，並且帶大量時，股價就有機會展開反彈。」**

那麼我們要如何掌握反彈機會呢？小哥建議可利用好工具來提高勝率，嚴格挑選出每個勝率相對高的標的。依據統計，取得可靠的數據來源，藉由程式幫助來找到投資獲利機會，這樣可大幅減少選股的時間，同時也省去了各種複雜技術分析之判斷。

小哥「掌握反彈機會」使用的工具，是利用統計方法繪製出的 3 條曲線（詳見圖 1），由上而下分別為：

正乖離門檻線： 20 日均線的正乖離值上限。
20 日均線： 月線，由 20 日平均成交價連接而成。

圖1 搶反彈前，必須先認識「3條線」
—— 以智邦（2345）日線圖為例

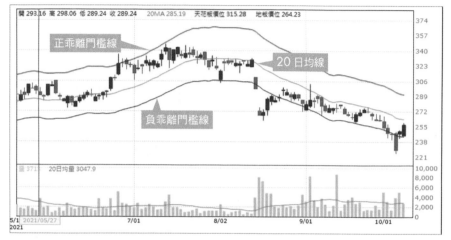

開 293.16 高 298.06 低 289.24 收 289.24　20MA 285.19　天花板價位 315.28　地板價位 264.23

正乖離門檻線

20 日均線

負乖離門檻線

量 3713　20日均量 3047.9

5/1 2021/05/27　　　7/01　　　8/02　　　9/01　　　10/01
2021

資料來源：理財寶權證小哥地板天花板反轉價位監控表（小型股不適用）

負乖離門檻線：20 日均線的負乖離值下限。

在小哥的第 2 本書《權證小哥完全公開權證暴賺勝經》有介紹過要怎麼計算正負乖離值。方法是從個股過去 2,000 個交易日找出 20 日均線的極端乖離值，一般是取前 5%（前 100 名）為樣本，用來定義當股價偏離月線到達多少時是極端的乖離（每檔個股因為股性差異，正負乖離門檻線略有不同，有興趣的讀者，可參考理財寶權證小哥地板天花板反轉價位監控表）。

透過上述 3 條曲線可簡單掌握股票股性：

1. 當股價觸碰到「正乖離門檻線」天花板線時，股價可能會拉回或進入整理。

2. 當股價觸碰到「負乖離門檻線」地板線時，股價可能會反彈或整理。

3. 股價觸碰到「乖離門檻線」時，雖然短線容易出現反向走勢，但長線走勢則不受影響。所以只是用來掌握股價短線波動特性，而不是用來判斷長線趨勢。

4. 可以協助投資時掌握極短線轉折時機，避免情緒性的追高殺低。

5. 可應用於股票、權證極短天期（1 天～ 3 天）的操作。

6 步驟搶反彈，5 天內有賺沒賺都要跑

搶反彈是逆勢操作，切記一定要做好資金控管，再搭配實際個股的情況去判斷。如何搶反彈？小哥教你搶反彈的 6 步驟：

1. 資金要控管，先將資金分成 10 等分。

2. 當天晚上出現小於地板或近於地板個股（成交量需是 20 日均量的 2 倍以上），下跌有帶量的股票，列入自選股（建議可以找有發行權證的標的）。

3. 第一份資金用（10%）資金投人，於第二天殺低爆量去搶反彈，記住「**買黑 K，不買紅 K**」。

4. 第 3 天開高上漲無力時，就獲利了結。

圖2 聚積於2021年9月跌到出量，出現地板股特徵
—— 聚積（3527）日線圖及3條線示意圖

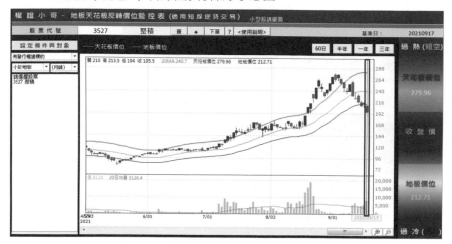

資料來源：理財寶權證小哥地板天花板反轉價位監控表

5. 若第3天殺低爆量，用第2份（資金占比高一些，如20%）資金再搶一次。

6. 搶反彈就像搶銀行，有賺就要跑。進場5天內獲利出場機率高，但沒賺還是得跑！

接著，我們來進行聚積（3527）的實例分享。

1. 聚積在2021年8月中旬大漲之後出現連續性的黑K（詳見圖2），

圖3 聚積出現地板股特徵隔天，開盤下殺時進場
——聚積（3527）股價走勢圖

成為地板股隔天開盤，
股價下殺時進場

註：資料日期為 2021.09.22　　資料來源：理財寶籌碼 K 線

2021 年 9 月 17 日時跌到出量，符合「地板股」的條件，當天一開低下殺出量時就將聚積列入觀察名單。

2. 隔天 2021 年 9 月 22 日開盤下殺出量後買進（詳見圖 3），可以用股票或權證進場，如用現股，可以當沖先獲利入袋。

3. 遇到紅 K 就要跑，聚積於 2021 年 9 月 24 日開高反彈（詳見圖 4），

圖4 聚積股價於2021年9月24日開高反彈
—— 聚積（3527）日線圖

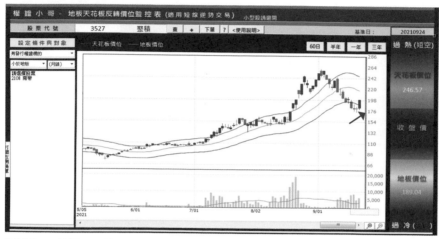

資料來源：理財寶權證小哥地板天花板反轉價位監控表

出脫持股，獲利了結。

　　各種投資都有風險，所以小哥要再提醒投資朋友：

1. 搶反彈要有標準的交易系統，切勿盲目的憑感覺下單。

2. 搶反彈屬逆勢交易，資金分配非常重要，千萬不要看到殺低爆量就壓身家。

3. 第1天沒反彈，等第2天，5天內沒彈一定要停損。

4. 搶到地板股，也切勿貪心，有賺到就要跑，沒賺到更要跑。

要注意，若出現地板股，股本愈大愈好，基本面愈好愈準。出量下殺，都是好買點。當個股出現掏空、假帳問題，請勿使用地板股操作。沒有把握的投資朋友，在正式進場前，可以先進行模擬交易累積經驗。

第4篇

追蹤股市大事
搶賺波段行情

行事曆可以幫助我們掌握每天的工作及生活節奏，讓我們知道何時該提前做好活動計畫。應用在投資上，當我們知道1年內會發生哪些影響股市的大事件，就可以事前擬定對應的策略。小哥整理的股市行事曆，希望能成為你投資操作的最佳輔助。

4-1　盤點年度8大事件 製作股市行事曆

台股好不容易挺過新冠肺炎疫情，緊接著又受到通膨、升息等大環境的影響而上沖下洗，2022 年最大跌幅曾逼近 3 成。

截至 2023 年 4 月，大盤多在 1 萬 5,500 點上下盤整，許多投資朋友都在問，要如何選擇標的，才能讓勝率提高？

小哥常說，投入股市，研究籌碼是很重要的功課，可以提高勝算。平時也要隨時關注 1 年當中投資市場與上市櫃公司的大事件，例如：法說會、除權息，以及年底作帳行情，還有各公司 3 年一次的董監事改選。

這些大事件都有可能會影響個股的股價，投資朋友們若能保持關注，對於擬定投資策略有很大的益處。我們可將這些 1 年當中會發生的大事件，按照月份記錄下來，作為備忘錄。小哥特別將這些行程整理了表 1 的「股市行事曆」，分別說明如下：

大事件1》法説會

　　法説會是「法人説明會」的簡稱，主要是由上市櫃公司向法人（專業投資機構）報告公司目前營運狀況、未來營運與獲利展望，以及未來的發展策略，讓投資人能夠了解公司經營與獲利狀況。

　　雖然法説會主要是針對法人舉辦，普通散戶不會受邀，不過，現在很多公司都會舉辦線上法説會，同時會提供簡報電子檔供大家下載，散戶也可以在線上收看。

　　法説會通常是在盤後舉行，如法説會有重大事項宣布，隔天法人會對持股做大幅度的加減碼，會導致現股有比較巨幅的波動，一般投資人也可以用權證來參與波動行情。

大事件2》董監改選行情

　　上市櫃公司每 3 年改選 1 次董監事，股價偏低的公司，會吸引外部有心人士介入經營權，因此董監持股比率偏低者，必須在停止過戶前買進股票，才可鞏固公司股權或經營權，於是產生董監改選行情。3 年一次的董監改選，在每年 12 月至隔年 3 月是高峰期。

表1 每年除權息時間落在6月～9月

月份		1	2	3	4	5
1.法說會		▲			▲	
2.董監改選行情		▲	▲	▲		
3.除權息						
4.年底作帳行情						
5.MSCI調整			▲ 月底			▲ 月底
6.富時指數調整				▲ 第3個週五		
7.期貨結算日						
8.財報公布日	月營收					
	季報與年報			▲ 年報（3月31日前）		▲ Q1季報（5月15日前）

　　具有董監改選行情的個股通常有下列 5 個特色：①董監持股偏低或質押比過高；②股價淨值比（PB）偏低；③股本較低的中小型股；④公司有資產題材（例如土地）、豐厚的轉投資收入；⑤公司經營績效不佳。

大事件3》除權息

　　每年大約 3 月前後上市櫃公司陸續開完董事會並擬議股利之後，就會陸續召

──權證小哥整理的股市行事曆

6	7	8	9	10	11	12
	▲			▲		
						▲
▲	▲	▲	▲			
						▲
		▲ 月底			▲ 月底	
▲ 第3個週五			▲ 第3個週五			▲ 第3個週五

▲
每月第3個週三

▲
每月10日前

6	7	8	9	10	11	12
		▲ Q2季報（8月14日前）			▲ Q3季報（11月14日前）	

開股東會並確認股利配發時程，通常每年6月到9月是台股的除權息旺季，這段期間就要密集留意相關訊息。

大事件4》年底作帳行情

為美化年度財務報表，年底時，有些集團企業會拉抬自家旗下的個股股價漲上來；或是投信公司在年底結算前，為了要讓自己操盤的基金能繳出好的績效、

在期末總持股的淨值能夠達到最大化,也多會在期末之前,運用一些手法來拉抬手中持股的股價,集團企業與投信作帳這兩股力量,就促成了某些個股甚至整體大盤上漲的行情。

大事件5》MSCI調整

MSCI(明晟)是一家指數編製公司,每年2月、5月、8月及11月會定期進行指數審核,主要是調整各國、各成分股占指數的權重,審核的結果跟生效日期在MSCI的公司網站上會公布。台灣投資人比較熟悉的大致有MSCI台灣指數、MSCI全球新興市場指數、MSCI亞洲除日本指數、MSCI全球市場指數等。

當MSCI調整各國的權重時,就會影響國際資金的進出。被納入的個股,則代表國際法人看好,通常都會有一大波漲幅;而被剔除的個股則容易引發賣壓,造成股價下跌。

大事件6》富時指數調整

證交所與指數公司富時國際合編的台灣指數系列,則是於3月、6月、9月和12月進行季度審核,包括投資人很熟悉的台灣50指數、台灣中型100指

數、台灣發達指數、台灣資訊科技指數等。任何成分股的變動將在審核月份的第 3 個週五收盤後生效，投資人也要特別留意因指數調整可能造成的相關個股股價波動。

大事件7》期貨結算日

期貨商品採取每月結算，結算日是每個月第 3 週的週三。

大事件8》財報公布日

財報是公司繳給股東們的成績單，投資人除了需要透過財報資訊了解公司的營運及財務狀況，也要了解財報結果的好壞經常會造成股價波動，因此一定要掌握好財報公布相關的重要時程：

年度財務報告：每會計年度終了後 3 個月內（3 月 31 日前）。

一般公司（含投資控股公司）季報：每會計年度第 1 季、第 2 季及第 3 季終了後 45 日內（5 月 15 日前、8 月 14 日前、11 月 14 日前）。

月營收：每月 10 日前公布。

美股財報週：每年 1 月、4 月、7 月、10 月的第 2 週開始，有許多美國重量級的大公司發布財報，這也要留意，預期會帶動相關的台股供應鏈。因為台灣公司普遍為世界大品牌代工或提供零組件，要是美國大公司財報公布成果亮眼，主要供應商的台灣公司也容易受惠，例如大家熟知的蘋果（Apple）概念股及特斯拉（Tesla）概念股等。

投資朋友們也可以試著建立屬於自己的股市行事曆，並且加入自己長期觀察公司的資訊。

像是通常一家公司每年舉辦董事會、股東會及除權息日期、或是公告月營收的時間都會非常相近，例如某某公司每年幾乎都是在 7 月最後一週除息；或是有些公司除了每月公告營收之外還會公布月 EPS（每股盈餘）；或是所觀察的公司若是屬於蘋果供應鏈，也可以多關注蘋果每年的發表會及財報數據……等。掌握了這些重要時程，我們就能夠提前留意相關資訊並做出因應。

4-2 法説會中有好消息 隔日股價上漲機率高

　　在股市裡想要靠價差賺錢的投資人，最喜歡的就是股價產生大波動；而什麼時候最容易有大波動呢？主要可分為 2 大方向：

　　1. 大環境面：包括政治因素、經濟及財政政策、利率變化、市場供需等。

　　2. 公司面：來自於公司本身，通常在重大訊息公布的前後，股價容易出現大幅波動，而 1 年當中通常有 2 個關鍵時間點「法説會」、「除權息日」，最容易造成股價大波動。

　　先來談談「法説會」。4-1 也有簡單提到，法説會是法人説明會的簡稱，主要是上市櫃公司向法人投資機構報告業績的説明會，法説會上會説明公司當前的最新營運狀況、獲利展望以及未來的營運策略等。這些資訊相當重要，會影響法人未來的投資動向，也會影響股價發展。

　　投資朋友如果是長期投資，就要持續關心了解公司財測、投資評等、營運現

況及未來發展等訊息，法說會是最好了解公司的管道。而短線投資的朋友則可以利用法說會進場去賺短線波動價差，參與法說會行情。

5檔個股法說會後股價變化案例解析

我們先來看看幾檔股票法說會前後的股價變化，以下K線圖中有「▲」圖案表示當日有舉辦法說會。

案例1》偉詮電（2436）

IC設計廠偉詮電2021年11月10日召開法說會，預期2021年第4季將可望受惠於第2次產品漲價發酵，推動營運有望挑戰淡季不淡。

也預期2022年USB-PD產品（用於USB充電管理的晶片）滲透率提升，整體市場需求可望倍數成長，樂觀看待2022年營運，法說會後連2天漲停（詳見圖1）。

案例2》同欣電（6271）

封測廠同欣電2021年11月12日召開法說會表示，隔年將隨著4大產品線同步成長，營收可望再優於2021年、續創新高，毛利率力拼維持高檔。法說會隔日股價漲停（詳見圖2）。

圖1 **偉詮電2021年法説會展望佳，會後漲停2天**
——偉詮電（2436）日線圖及籌碼動向

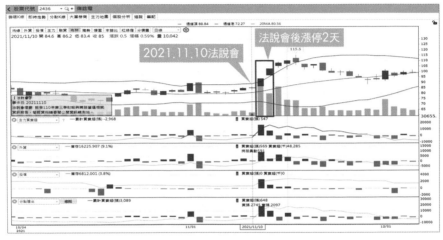

資料來源：理財寶籌碼K線

案例3》華航（2610）

華航在 2021 年 11 月 16 日盤後舉行小型法説會，因貨運運價居高不下，以及客運邊境有望放寬這兩大利多，吸引買盤布局。

華航在法説會當日成交量衝出 114 萬 2,000 張，成交值 316 億 600 萬元，都是台股成交值及成交量第 1 名的個股，當天股價就已上漲 2.7%；到了隔天，股價以大漲 7% 作收（詳見圖 3）。

圖2 同欣電2021年法説會釋出好消息，隔日股價漲停
——同欣電（6271）日線圖及籌碼動向

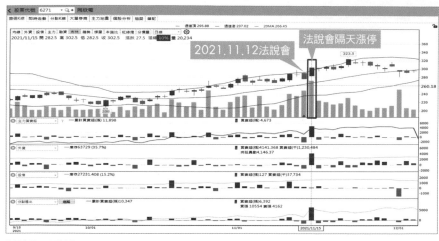

資料來源：理財寶籌碼K線

案例4》台勝科（3532）

矽晶圓廠台勝科 2021 年 11 月 23 日召開法説會，表示到 2022 年上半年產能都將維持滿載，價格更可望重回 2017 年～ 2018 年的高峰；新廠方面與客戶協商確保全產全銷，狀況「非常樂觀正向」，股價在法説會隔天漲停（詳見圖4）。

案例5》科嘉-KY（5215）

圖3 華航2021年法説會後，隔天股價漲7%
—— 華航（2610）日線圖及籌碼動向

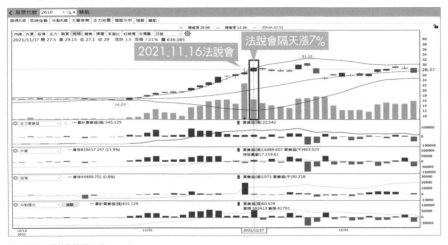

資料來源：理財寶籌碼K線

　　科嘉-KY是筆記型電腦薄膜觸控開關（Membrane Touch Switch，MTS）的全球龍頭廠，也是蘋果（Apple）供應鏈之一。

　　2021年隨著客戶需求回穩，出貨順暢程度都大幅提升，觀察當時短期內的需求與訂單與前一季相比都明顯提高。科嘉-KY 2021年12月2日下午法説會，當天就先上演法説會前卡位行情，股價強攻漲停，法説會隔日也漲停（詳見圖5）。

圖4 台勝科2021年法說會後，隔天股價漲停
—— 台勝科（3532）日線圖及籌碼動向

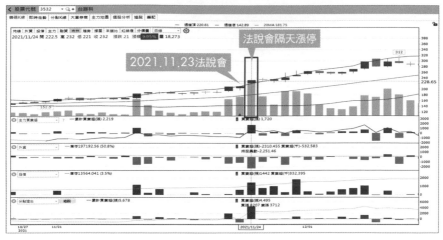

資料來源：理財寶籌碼K線

掌握8重點，參與法說會行情

看了以上 5 檔個股案例後，投資人一定想問：要如何參與法說會行情，挑選大漲機率高的股票呢？

1. 留意股市行事曆中的法說會日期，相關法說會資訊可以在公開資訊觀測站取得。並且先觀察研究籌碼，看主力、外資和投信，分點的買賣狀況，篩選出

圖5 科嘉-KY 2021年法説會當天及隔天股價漲停
——科嘉-KY（5215）日線圖及籌碼動向

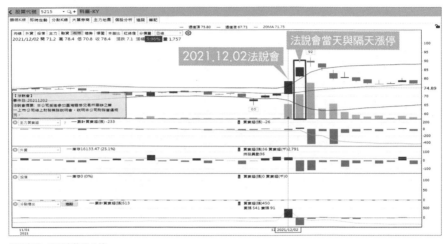

資料來源：理財寶籌碼 K 線

值得留意的股票。再利用數據化分析，了解各檔股票歷年法説會的平均上漲下跌機率（詳見圖6），來挑選高勝率的股票。

2. 通常法説會是在盤後下午舉行，而法説會上宣布的重大利多／利空消息，容易在「隔天開盤」後反映在股價上，因此導致現股易出現巨幅的波動。

3. 若法説會當天個股走勢很強，法説會好消息的機率可能會增加。

圖6 根據法說會歷史資料，了解會後上漲機率
——以偉詮電（2436）法說會歷史紀錄為例

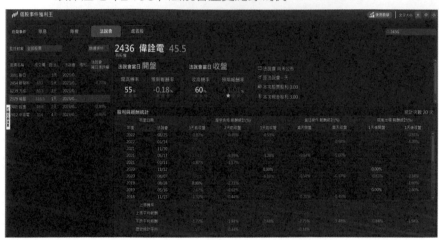

資料來源：理財寶權證小哥個股事件獲利王

4. 若法説會當天個股走勢很弱，法説會就比較有可能出現壞消息。

5. 可用現股和股票期貨來掌握波段行情。

6. 波動是權證最好的朋友，所以也很適合利用「權證」的高槓桿特性來短線獲利。方法是在法説會前進場布局，賺取波動價差利潤，若看好法説會會釋放利多，就買認購權證；預期法説會將會釋放利空，看壞買認售。若無法判斷好

或壞消息的話，可以盤中低點買差槓比小的認購，高點買差槓比小的認售。

7. 也可以利用股票期貨跟權證參與「法說會行情」套利，方式如下：股票期貨比股票價格高時進場，空股票期貨買認購；股票期貨比股票價格低時出場，買股票期貨賣認購。

8. 法說會後，容易出現跳空大漲大跌，建議資金像地板股一樣，「將資金分成 10 等分」。注意要避免單股重壓，否則輸一次就畢業了！也要記得當法說會結果不如預期，也不能拗單，記得要停損。

當法說會登場時，投資朋友可多加留意觀察，參與法說會行情賺紅包。而法說會是以大事件行情波動而進場，事件過了，要記得再次檢視持股的籌碼喔！

<table>
<tr><td>4-3</td><td>有經營權之爭的董監改選題材
公司股價具想像空間</td></tr>
</table>

　　這幾年，我們很常看到上市櫃公司引爆經營權爭奪戰的新聞占據各大報版面，這或許跟法規的修改有很大的關係；《公司法》在 2018 年全盤修正，增訂了第 173-1 條，其主要內容為「持股過半數的股東，在持有 3 個月後，可自行召集股東臨時會，來增強股東權利。」

　　修改後的法規，讓市場派挑戰公司經營權的機率就變高了。經營權之爭，不僅會影響公司未來發展，也會連動影響股價。

　　像是近幾年食品廠泰山（1218）就因為經營權之爭，多次登上新聞版面。2017 年時，保力達公司透過多家公司默默吃下泰山股權躍升為大股東；為了確保經營權不落入外人之手，泰山透過現金增資稀釋股權，並且引進外部盟友龍邦（2514），成功逼退保力達。

　　後來龍邦集團繼續買入泰山的股權，持股比率大幅提升，對泰山公司派造成

嚴重威脅。由於泰山當時擁有全家（5903）約 2 成股權，每年泰山獲利有超過半數是來自全家；2022 年 12 月初，泰山公告賣出所有全家持股，被市場認為是「焦土政策」，目的是企圖讓市場派對泰山降低興趣。

　　此舉引發龍邦不滿，也並未因此打退堂鼓，而是繼續增持泰山股權；根據 2023 年 3 月 27 日公告，龍邦及其子公司已累計取得 49.09% 股權，而就在 4 月 10 日這天，公開資訊觀測站已正式公告，龍邦等 7 名股東依上述《公司法》規定將自行召開股東臨時會；這代表龍邦能掌握的泰山股權已然過半，使泰山公司派的經營權岌岌可危。

具董監改選題材的公司通常有3項特點

　　容易引爆公司經營權之爭和董監改選題材的公司，通常都有下列幾項特點：

特點1》公司有被青睞的理由

　　例如：資產題材（像是土地）、轉投資有價值（先前泰山擁有全家約 2 成持股）等。

特點2》董監持股偏低（低於10%特別危險）或質押比過高

　　《公司法》規定，董監事質押股數若超過選任時持股的 1/2，超過部分不得

行使表決權。也就是説,當董監事的質押比重愈高,市場派想搶奪公司經營權的機會相對容易;所以大股東若想要回補持股,只能在市場上不計價的買進,這時兩方爭奪造成買盤增強,股價就會容易往上漲。

特點3》股本或股價淨值比偏低

當股本或股價淨值比偏低,市場派只要付出相對較少的資金成本,就能輕易拿下經營權。

我們從過去的例子來觀察經營權爭奪戰個股的籌碼變化,在股東會前,都可以見到主力買超的身影:

案例1》友訊(2332)

友訊 2020 年因部分董事、獨董結盟市場派,爆出經營權爭議,躍上新聞版面。在 2020 年 6 月 15 日舉行股東會董監改選後,經營權風波暫落幕。股東會前,主力一路買超(詳見圖 1),而在股東會後就減少持股。股價在經營權爭搶這段期間,寫下逾 13 個月新高。

案例2》泰豐(2102)

2021 年備受外界矚目的輪胎大廠泰豐經營權之爭,掌握過半股權的市場派大股東南港(2101),所發起的泰豐股東臨時會於 2021 年 10 月 15 日舉行,

圖1 友訊2020年股東會前，主力一路買超
——友訊（2332）日線圖及主力動向

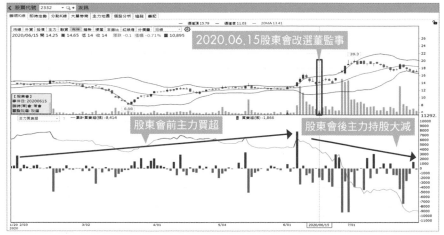

註：友訊 2020 年有 2 場股東會，第 1 場 6 月 1 日為股東臨時會、第 2 場 6 月 15 日為股東常會
資料來源：理財寶籌碼 K 線

並且全面改選董事，南港以 4 席董事加 2 席獨立董事的優勢，順利取得泰豐經營權。

　　其中，買超最多的分點是：元富板橋、宏遠、日盛信義，在低檔進場後股價漲了快 4 倍（詳見圖 2），不過在確定持有股票夠多後，相關主力已不再買進持股，股價還是慢慢跌落。所以操作董監改選股票時，當股價來到高檔，主力不再買進時，就是出脫的好時機。

掌握7面向＋2重點，搭上董監改選行情列車

通常有經營權之爭、董監改選題材的個股，股價極容易震盪。當遇到了經營權之爭，投資朋友們要如何留意？從以上案例，我們可以從 7 面向思考：

1. 了解熟悉董監改選行情題材，就有機會提高交易的勝率。

2. 操作董監改選行情建議以短線波段為主。

3. 當公司經營績效不錯，股價相對偏低，有機會吸引市場派以高於市價收購該公司股權，投資人就可以提早布局。

4. 董監持股不足的公司，在股東會前 2 個月，會有回補持股壓力，容易走出一波漲升行情。

5. 當公司派與市場派為了爭取董監席次，會在市場中積極搶吃籌碼，雙方在市場上不計價的買進，股價容易向上走揚。

6. 通常兩派人馬（公司派或市場派），在股東會之前，算足持有張數就會開始調節手中持股，因此股價高點經常容易落在停止過戶日前。

圖2 泰豐曾因經營權之爭，股價上漲近4倍
—— 泰豐（2102）日線圖及主力動向、分點進出

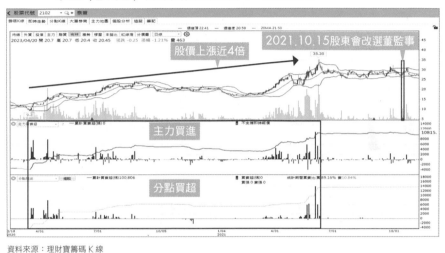

資料來源：理財寶籌碼K線

7. 公司若基本面不佳，記得股價拉高後，得趕緊獲利入袋為安，因為一旦主力倒貨，股價就可能直直落了。

再提醒投資朋友2個重點：第1，國內上市櫃公司股東會召開高峰期通常落在6月，股市的董監改選行情最容易發生在3月底前，也就是在第1季，投資朋友可以開始留意，提早布局；第2，習慣看基本面放空的投資朋友，記得也要留意觀察有董監改選題材的個股，避免被軋空。

4-4 趁董事會決議股利政策前 提早卡位高殖利率股

3月份春天百花齊開、生氣盎然，是人們播種希望的季節；而在股票市場，也是最適合進行「殖利率」操作布局的好時機。

每年2～3月上旬挑選業績展望佳公司

所謂的殖利率是用每股現金股利除以股價，得知每 1 元股價能配多少比率現金股利。各上市櫃公司在每年 3 月中前，年度財報就要公告，而在公告後，就是董事會召開的密集期。

召開董事會通常會決議股利分派結果，就會帶來股價的期望變化，當公司宣布分派高股息，投資人就會想持有，此時布局「高殖利率股」是不錯的選擇。能提前布局，投資勝算就會提高。

若要提前參與殖利率行情，可以先在 2 月～ 3 月上旬先挑選去年業績、獲利

亮眼、往年配息率高、高殖利率，且今年業績展望也不錯的公司。先做功課，才能超前卡位，那麼當公司公告分派高股息時，會吸引投資人的目光，股價就會有上漲的力道。

「殖利率」的提前布局，是操作策略上的一種短線操作：

1. 依據各公司財報，推估會因公布配息政策而大漲的股票，選擇合適的價位，在董事會開會前先進行投資布局卡位。

2. 等董事會開會決議股利分派，公布配息。

3. 通常股價在董事會開會隔天，會因股利分配策略好而大漲。

4. 先前布局的股票就可以先獲利了結，賺一波。

分別來看看近 3 年的案例：

案例1》聯發科（2454）

IC 設計大廠聯發科在 2022 年面臨產業逆風，股價面臨大幅修正；然而營收與獲利仍然都比 2021 年成長，年度營收 5,488 億元，年成長 11%，年度稅後淨利 1,181 億元，年成長 6%，EPS（每股盈餘）為 74.59 元。2023 年 2 月 24 日董事會宣布將從盈餘配發 62 元，再加上資本公積 14 元，共配出 76 元現金股利。以董事會當天收盤價 723 元計算，現金殖利率高達 10.5%。

隔天開盤一度攻上漲停價位 795 元（詳見圖 1）。

案例2》順達（3211）

電池模組大廠順達在不動產處分利益挹注下，2021 年 EPS 達 22.42 元，公司在 2022 年 3 月 8 日決議通過發放每股現金股利 15.05 元，不僅高過歷年平均分派股利 5.01 元的水準，也遠超過前年度發放 6.5 元，創下歷史新高紀錄。而 2022 年 3 月 9 日盤中跳高漲停，殖利率逾 13%。

案例3》東和鋼鐵（2006）

東和鋼鐵在 2021 年稅後純益 59 億 600 萬元。營收、獲利均改寫歷史新高，2021 年年底完成減資，股本降至約 73 億元，推升 2021 年 EPS 達 5.95 元，同寫新高。而東和鋼鐵在 2022 年 3 月 10 日召開的董事會宣布每股配發 6.4 元現金股利，以 2022 年 3 月 10 日收盤價 72.3 元計算，現金殖利率達 8.8%，隔天股價一度飆上 78.1 元、創 31 年新高價。

案例4》湯石照明（4972）

照明廠湯石照明在 2021 年 2 月 26 日董事會公布前一年度財報及股利，2020 年 EPS 為 2.08 元，超額分派股息 2.4 元；以董事會當天收盤價 29.4 元計算，股息殖利率高達 8.16%，配息誘人，在下一個交易日 2021 年 3 月 2 日開盤後，股價跳空攻克 32.3 元漲停價位。

圖1　聯發科2023年董事會後，隔天股價漲停
—— 聯發科（2454）日線圖及主力動向

資料來源：XQ 全球贏家

案例5》中鋼構（2013）

鋼結構公司中鋼構為中鋼（2002）集團的一員，受惠台商回流、科技大廠擴建商機，訂單明朗，加上當時的離岸風電水下基礎建設助陣，產銷都進入新高潮。2021 年 2 月 26 日董事會宣布前一年度 2020 年合併營收 132 億元，稅後純益 6 億 3,000 萬元，EPS 為 3.26 元，並將分派現金股利 2.8 元，為建廠以來歷史新高，基本面與財務面都欣欣向榮。當時計算殖利率高達 8.9%，下一個交易日 2021 年 3 月 2 日開盤後，股價也跳空漲停（詳見圖 2）。

圖2 中鋼構2021年宣布股利政策後跳空漲停
——中鋼構（2013）日線圖及主力動向

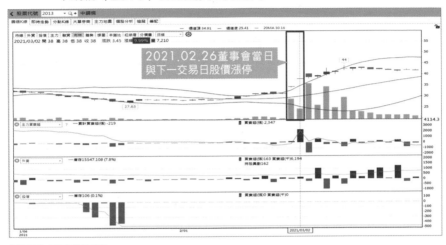

2021.02.26董事會當日
與下一交易日股價漲停

資料來源：理財寶籌碼K線

案例6》康那香（9919）

因 2020 年新冠肺炎防疫需求加持，康那香的口罩等產品銷量大增，公司 2021 年 2 月 24 日召開董事會並公告 2020 年獲利，全年稅後純益約 8 億 8,000 萬元，創新高紀錄，對比前年獲利僅不到 1,200 萬元，等於獲利年增逾 72 倍，EPS 為 4.5 元。

董事會也決議股利分派，每股擬配發 3 元現金股利，以董事會當天收盤價

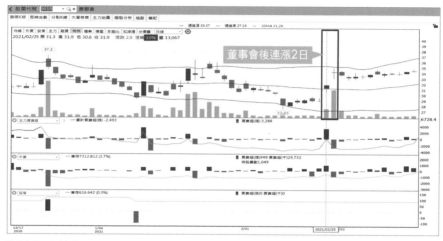

圖3 **康那香2021年董事會後兩天共漲18%**
——康那香（9919）日線圖及主力動向

董事會後連漲2日

資料來源：理財寶籌碼K線

29元計算，現金殖利率約為10.3%。接著就連續大漲2天，漲幅高達18%（詳見圖3），投資人如之前低檔有布局，在短線就可以收成，獲利下車了。

運用5要點參與高殖利率股行情

看過以上幾個案例，我們可以看到市場對高殖利率題材股的青睞，投資朋友們可清楚了解殖利率行情的魅力。

　　相對地，如果股利不符市場期望，那麼對短線的股價也會有負面影響。例如一向是高殖利率股的無塵室工程大廠漢唐（2404），2022 年第 3 季單季獲利創下新高，原本市場預期 2022 年若全年獲利可與 2020 年高點比擬，那麼股利應該也會有相當的水準。

　　然而，2023 年 3 月 23 日漢唐召開董事會這天，宣布 2022 年 EPS 為 21.25 元，配發現金股利 15 元，相較 2020 年 EPS 是 21.16 元、配息 17 元還要少。再加上 2022 年第 4 季漢唐的毛利率和營業利益率都明顯下滑，引發市場疑慮。儘管以董事會當天收盤價 238 元計算現金殖利率也有 6.3%，漢唐隔天仍不敵市場失望賣壓，跌停鎖死。

　　遇到類似的案例，若在召開董事會前，無法確認其配息政策，又想參與殖利率行情的話，建議可用現股搭配認售權證避險。

　　想要提前在董事會公布股息前，嘗試布局高殖利率股票，可依下述要點進行：

　　1. 雖然前一年度的年報要等到 3 月底才公布，但是投資人還是可以先從前一年 11 月中旬公布的第 3 季財報，或者留意今年的新聞，有機會看到有些公司會先對外說明前一年度的全年獲利表現，這些訊息都可以提前留意。同時，可以了解一下今年的產業發展情形，並根據過去公司的股利政策來預估今年的

配息狀況。

　　公司股利政策基本上都會滿相近的，例如有些公司盈餘分配率會維持在 6 成～7 成，有些則是高達 8 成～9 成等，這些會比較容易預估；當然也有公司是大起大落，預估起來並不容易。

　　2. 歷年董事會決議股利的日期通常每年會很相近，例如某公司習慣在每年 2 月最後一週開董事會，那麼投資人就可以嘗試事先布局。

　　3. 決定要投資的公司，在還沒宣布股利前，就可以先估算合適的價位，提前買進股票。

　　4. 如果還是不知道怎麼挑選，可以上網搜尋媒體所報導的有可能高殖利率股名單，或是利用小哥的交易筆記本，小哥會事先整理前一年的第 1 季到第 3 季、第 4 季的獲利，然後除以股價，找到比較有望配高息的股票，或者也可以挑選近期有籌碼主力進駐布局的股票（詳見圖 4）。

　　5. 在董事會公告配息後，通常股價在董事會開會隔天，因股利分配結果理想或超出投資人期待而大漲。股價拉高後，短線就可以先獲利出場將賺的錢收進口袋。

圖4 從前一年獲利表現尋找有望高配息的股票
——公司現金股利發放率與殖利率紀錄示意圖

股票代號	股票名稱	20230331 收盤價		2022 現金股利發放率(%)	2021 現金股利發放率(%)	2020 現金股利發放率(%)	2019 現金股利發放率(%)	2022 現金股利殖利率(%)	2021 現金股利殖利率(%)	2020 現金股利殖利率(%)	2019 現金股利殖利率(%)	2022前三季公告基本每股盈餘(元):合計	前三季獲利/股價(%)	2022公告基本每股盈餘(元)	年獲利/股價(%)
2603	長榮	158.5	0	80	40	49	0	44.2	16.6	2	0	75.74	47.8	87.07	54.9
4736	泰博	185	0	56	70	67	80	10.8	7.6	5.6	2.6	31.96	17.3	36.03	19.5
8112	至上	44.55	0	85	57	71	79	9.9	10.3	6.2	7.7	4.76	10.7	5.16	11.6
6670	復盛應用	227	0	60	67	77	48	9.7	6.2	3.2	4.6	28.22	12.4	36.64	16.1
3512	皇龍	31.55	0	77	79	76	0	9.5	9.3	6.1	0	4.34	13.8	3.88	12.3
3209	全科	41.1	0	75	64	59	77	9.2	6.2	4.5	6.3	4.34	10.6	5.01	12.2
3028	增你強	32.6	0	91	84	86	93	9.2	10.6	6.3	5	2.73	8.4	3.3	10.1
1436	華友聯	56.5	0	79	82	106	102	9.1	6.7	4.9	6.3	5.57	9.9	6.54	11.6
1341	富林-KY	70	0	103	100	95	88	8.8	8.1	7	7.4	4.54	6.5	5.95	8.5
2065	世豐	63.5		79	95	58	79	8.7	9.5	3.7	4.7	5.37	8.5	6.95	10.9
5536	聖暉*	138	0	71	142	67	78	8.6	8	6	7	18.15	13.2	16.84	12.2
8467	波力-KY	59.6	0	61	25	0	75	8.4	1.3	0	3.8	8.15	13.7	8.21	13.8
8938	明安	99.4	0	53	55	54	51	8.4	6.8	3.4	6.9	12.97	13	16.92	17

資料來源：權證小哥的交易筆記本

留意4重點，避免賺股息、賠價差

很多人存股，也喜歡存高殖利率股，看的是公司穩健獲利。但高殖利率股票不等於穩健保守型，日後要能完成「填息」才是重點。挑存股時，要避免「賺了股息，賠了價差」，選股策略要留意以下幾點：

1. 留意歷年配息及填息率，「穩定」、「持續發放」是優選。

2. 要持續關注、分析產業未來發展前景，公司競爭優勢及未來發展及財務體質、獲利表現。

3. 確認財報上的各項重要數據，例如營收成長、毛利率增加、費用率控制都要有好的表現等。

4. 留意合理的股價，當漲多時，也可以先獲利入袋，當股價拉回時再買。

<table>
<tr><td>4-5</td><td></td></tr>
</table>

| 4-5 | 挑選易成功填息股票
參與除權息行情 |

在每年6月～9月期間是除權息的旺季，存股族期待領股利，也有許多投資朋友利用除權息，擬定策略操作股票，這其中要注意哪些眉角？讓小哥來分享投資訣竅。每年上市櫃公司會根據去年的獲利績效，透過董事會決議，股東會通過，將所賺的盈餘分配給股東，分配的方式有2種：

1. **除息**：分配現金股利，在除息日發放現金。
2. **除權**：分配股票股利，在除權日發放股票。

要取得現金股利、股票股利，就要在除權息日前一天買進股票（台灣證券交易所網站可以查詢除權除息預告表）。

參與除權息須留意的關鍵日期

參與除權息前，有幾個關鍵日期要留意，例如台積電（2330）在2023年

2 月宣布發放 2022 年第 4 季現金股利 2.75 元，並於 6 月除息，我們以台積電的公告內容來說明：

◆除權（息）交易日：2023 年 6 月 15 日。

◆最後過戶日：2023 年 6 月 16 日。

◆停止過戶起始日期：2023 年 6 月 17 日。

◆停止過戶截止日期：2023 年 6 月 21 日。

◆除權（息）基準日：2023 年 6 月 21 日。

◆現金股利發放日：2023 年 7 月 13 日。

1.除權息交易日

要在除權息交易日的「前一交易日」買進，才能參與除權息。2023 年 6 月 15 日為台積電除權息交易日，想領股息最晚要在 2023 年 6 月 14 日買進。

2.最後過戶日

參與除權息的最後交割日（除權息交易日的後一日）。有趕上在 2023 年 6 月 14 日買進參與台積電除息的人，必須在 2023 年 6 月 16 日交割完畢。

3.停止過戶日

最後過戶日的下一個交易日。在停止過戶起始日之前完成股票交割的股東才

有資格領股利，直到截止日期間不能辦理股票過戶。

4.除權息基準日

停止過戶期間的最後一天，公司會統計當天符合股東資格的名冊，據此寄發股利發放通知書。

在除權息交易日當天，股價會因股票、股利的配發，導致股票市值調降而影響股價，所以開盤時的參考價會調整，比前一天的收盤價來得低。以股票面額1股10元為例，除權息參考價的計算方式如下：

配發現金股利時：除息前一天收盤價－現金股利。

配發股票股利時：除權前一天收盤價／（1＋股票股利／10）。

配發現金＋股票股利時：（除權息前一天收盤價－現金股利）／（1＋股票股利／10）。

除權息日後的股價，如順利回到除權息日的前一天收盤價時，就是完成「填權息」，把公司發給股東的股利價差漲回來。

參與除權息，最怕的是領了股息，而賠了股價，這種情形稱為貼權（息）；也就是在除權息後，股價一直跌跌不休，沒有回到除權息日的前一天收盤價。

舉例來說，公司股價 100 元，要配發現金股利 5 元給股東，除息日當天參考價為 95 元；等股價漲回 100 元，即稱為填息完畢。貼息則是相反，股價除息完一路下跌，至下一年度除權息時程皆未漲回 100 元。

除權息有2項稅費支出

投資要計算成本，要提醒留意除權息也要課稅，有 2 項稅費支出：

1.綜合所得稅

股利所得，課稅方式有 2 種，一種是採 28% 分開計稅、另一種則是併入綜合所得總額課稅，可按 8.5% 計算，可抵減稅額。

2.健保補充保費

單筆股利達 2 萬元以上，課 2.11%（此為截至 2023 年的費率，日後亦有可能調整）。

有些大股東為了節稅會避開除權息，因此會在除權息交易日之前賣掉，除權息後再買回，就可以省所得稅。但要留意，頻繁操作會浪費價差跟交易成本。對於大股東而言，通常高殖利率股票不參與除權息比較省稅金，所以高殖利率股票在除權息當天開高的機率也比較高。

簡單整理除權息當天，有些股票的價格容易上漲的 2 個原因：

1. 大股東為了避稅，會先賣股票，除權息當天買回。
2. 股價看起來變便宜，買氣上升。

股票期貨和權證也能參與除權息

能夠參與除權息的投資商品不只有股票，投資人買股票期貨（個股期貨）和權證也能參與。小哥也常用股票期貨來參與除權息，好處是股利當天發放。看到這股利當天發放，很多人的眼睛都亮了起來。只是，並不是發了股利，就會賺到錢，這要視除權息日當天的股價變化而定：

1. **若股票除權息當天收平盤**：期貨投資人的權益總值，也就是期貨的戶頭裡的價值，其實是不變的。

2. **若股票除權息當天大漲填息**：期貨投資人的權益總值會大增，當天賣掉的話，下午就能出金，感覺上部分現金股利就到手了。

一般大家還是習慣用股票參與除權息，好處是成交量大、買賣容易，只是股利要併入個人綜合所得稅課徵，單筆達 2 萬元還需要被多扣一筆健保補充費；

表1 股票期貨和權證參與除權息不須繳稅
——股票vs.股票期貨vs.權證

項目	股票	股票期貨	權證
優點	◆成交量大	◆不用繳稅跟費用 ◆除息當天立馬拿到股利 ◆不受停資券影響	◆不用繳稅跟費用 ◆會調整履約價跟行使比例 ◆股票大漲就能獲利
缺點	◆須繳所得稅跟健保補充費 ◆得等2週、3週後才能拿到股利	◆成交量小 ◆有正逆價差問題 ◆除權時有換契約問題	◆發行商不想賣，報價拉大 ◆發行商降委買隱波率，利潤變小 ◆容易買到不合理的價格

而股票期貨和權證，則沒有這 2 種稅費問題（詳見表 1、表 2）。

須參考個股過去除權息紀錄與公司未來發展

台股高殖利率股不少，想參與除權息行情，必須注意個股是否具備填息能力：

1. 要有未來性，股價反映對未來的看法：營收年成長率增加，股東權益報酬率（ROE）> 10%。

2. 填息機率 70% 以上。

3. 殖利率 5% ～ 7% 合理，要找較容易填息成功的股票。

那麼，何時進場合適呢？布局的時程，依不同投資策略而定；有人會提前在除權息前幾天布局來參與除權息；也有人在除權息日當天股價下跌時買進股票，布局未來的股價發展。投資策略的擬定，要留意以下事項：

1. 評估是否為高殖利率股，配股、配息是否夠誘人。也可以留意填權息的平均天數，如果某檔股票總是要花很長的時間填權息，自己就要評估能不能接受。

2. 善用大數據，參考以往幾年除權息當天的漲跌幅，來作為是否參與除權息的參考。這算是非常聰明的策略，但也要留意同樣的招式，用的人太多，就會影響到市場。

3. 要留意籌碼狀況，判別是否會成為短線的高點，以及出現大賣壓的機率。

4. 必須做好計畫，決定要在何時賣出。

布局除權息行情的10項重點

以下分享小哥參與除權息行情的交易方式與心得：

1. 從個股過去的紀錄，找出除權息當天有較高機率上漲的標的，有配發股票股利的標的通常是加分條件。

2. 若有投資成本的考量，可以善用股票期貨或權證參與除權息。個人綜所稅繳稅級距較低的人，可利用股票參與除權息。

表2 權證參與除權息的證券交易稅為千分之1

——權證vs.股票參與除權息的成本差異

項目	權證	股票
股利	透過調整履約價及行使比例，等同提前拿到現金股利及股票股利	需至新股上市日才能實現股利所得，約在除權息日後1個月左右
證券交易稅	千分之1	千分之3
所得稅	免課徵	個人需依所得稅率課徵股利所得；法人則計入營業所得課徵營所稅
二代健保補充保險費	免課徵	須課徵

註：二代健保補充保險費，是在股利所得單筆滿2萬元時需依規定費率課徵，截至2023年的費率為2.11%

3. 除權息前買進，通常愈接近除權息交易日會愈有上漲動能，就可以在「除權息前」賣出，賺取這段價差；也可以參與除權息，並在除權息後賣出。

4. 籌碼面良好的股票，可提早1天～3天前布局（例如：主力5日籌碼集中度＞5%，或者最近主力連續買超）。

5. 除權息當天不管有沒有賺錢都一定要賣（投資一定要有紀律，進出場理由要一致）。

6. 除息前漲多的股票，可選擇先獲利了結。

7. 金融股可選擇除權息當天賣出。

8. 除權息配股票股利適合做短線，除權息賺來的錢，請好好守住，可別在其他時間輸掉了。

圖1 信立2018年除權息日起連續漲停3天
——信立（4303）日線圖

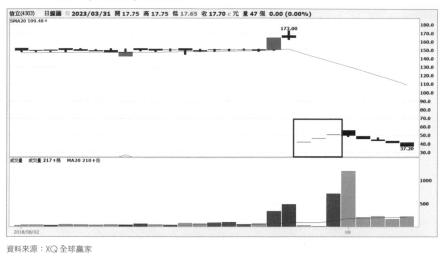

資料來源：XQ 全球贏家

9. 短線客的操作手法，一檔股票只玩 3 天。除權息前進場，拼高周轉率，找高填息的公司；除權息前買，除權後賣，再換下一檔。

10. 如果是存股族，選股時也適合找高現金殖利率＋高填息率的股票。

我們來看看在高股利狀況下，除權息交易日漲停的案例：

陽明（2609）：2022 年配發現金股利 20 元，2022 年 6 月 27 日除息

圖2 威潤2016～2019年除權息日當天皆收紅
——威潤（6465）除權息交易日股價漲幅

股票代號	6465 董 ✛		威潤	行情表 ►►	事件：除息日 ▾
股息股利年度	近一期除權息日 0		現金股利合計(元) 0	股票股利合計(元)	0

除息日 統計分析表　統計次數 4

	3天前	2天前	1天前	當日	1天後	2天後	3天後	當日收/開	當日開/昨日收
上漲機率	0.0%	50.0%	75.0%	100.0%	25.0%	75.0%	25.0%	100.0%	100.0%
上漲平均報酬		0.9%	2.8%	6.0%	1.3%	2.3%	3.1%	4.3%	1.6%
下跌平均報酬	-0.5%	-1.9%	-0.3%		-0.5%	-1.4%	-1.2%		
整體平均報酬	-0.39%	-0.48%	2.02%	6.01%	0.20%	1.38%	-0.10%	4.30%	1.63%

近日-漲跌幅表	近3日	9.96	近2日	-4.28	近1日	-0.77

歷史行情表 - 漲幅(%)

開資日期	3天前	2天前	1天前	當日	1天後	2天後	3天後	當日收/開	權值率	息關率	當日開/昨日收
20190709	-0.5	1.6	-0.3	2.5	-0.5	1.0	-1.2	1.2	0.0	1.7	1.2
20180710	0.0	-3.0	6.5	5.0	0.0	-1.4	3.1	4.1	8.8	1.6	0.9
20170711	-0.6	-0.8	1.7	9.9	1.3	4.2	-1.4	6.4	19.2	2.9	3.3
20160706	-0.4	0.3	0.3	6.7	0.0	1.7	-1.0	5.5	9.3	2.5	1.1
20150713											

資料來源：理財寶權證小哥個股事件獲利王

交易日當天漲停。

信立（4303）：2018 年配發現金股利 30 元，股票股利 25 元，2018 年 8 月 29 日除權息日起連續 3 根漲停（詳見圖 1）。

威潤（6465）：雖然這檔股票自 2020 年到 2023 年都是零股利，但是 2016 年～ 2019 年這 4 年有配股利的年份，除權息日當天都是收紅（詳見圖

2）。其中，在 2017 年配發現金股利 2.35 元，股票股利 2.47 元，當年的高殖利率題材使它在 2017 年 7 月 11 日除權息日當天漲停。

　　由於也有不少人會用權證來參與除權息，券商就需要買股票來避險。券商就是所謂三大法人的自營商，例如 2019 年～ 2022 年，鴻海（2317）7 月除息交易日之前，都有主力買、自營商大買，並且多在 5 月～ 6 月起有一波股價上漲（詳見圖 3）。

　　網路上有許多與除權息相關的免費資源可以查詢，像是「撿股讚」（https://stock.wespai.com）這個網站，會有各檔股票除權息的詳細資料，包括除權息日期、配息、配股、現金殖利率、股利配發日期、歷年平均股利、每股盈餘（EPS）、股價淨值比等資料，很適合投資朋友們參考。

用個股期貨參與除權息案例分享

　　接下來跟大家分享小哥在 2020 年，用個股期貨參與除權息行情的經典案例。我們先來看看以下這張對帳單（詳見圖 4），當時小哥操作的是 IC 設計股創意（3443），19 口的帳上交易損益是 -14 萬 1,000 元，你以為是虧錢對帳單嗎？其實不是，創意在 2020 年 6 月 1 日除息，配息 5 元。小哥是用股票期貨參與除權息。

圖3 鴻海近年除息日前有主力、自營商買盤推升股價

鴻海（2317）2022年除息日前後日線圖

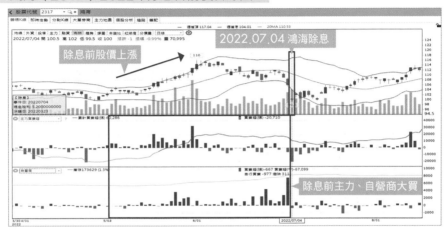

鴻海（2317）2020年除息日前後日線圖

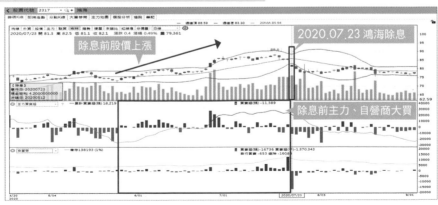

資料來源：理財寶籌碼K線

圖4　小哥買創意股票期貨，帳上損益-14萬1,000元
——權證小哥股票期貨對帳單

你以為是虧錢對帳單？

平倉日期	商品代號	平倉口數	交易損益
2020/06/01	華新科06	2	-11,000
2020/06/01	創意06	19	-141,000

06/01/20		FIJBF202006買方權益數加項			10000.00
06/01/20		FIJBF202006買方權益數加項			10000.00
06/01/20		FIJBF202006買方權益數加項			10000.00
06/01/20		FIJBF202006買方權益數加項			10000.00
06/01/20		FIJBF202006買方權益數加項			10000.00
06/01/20		FIJBF202006買方權益數加項			20000.00
06/01/20		FIJBF202006買方權益數加項			30000.00
06/01/20		FIJBF202006買方權益數加項			30000.00
06/01/20		FIJBF202006買方權益數加項			30000.00
06/01/20		FIJBF202006買方權益數加項			10000.00
06/01/20		FIJBF202006買方權益數加項			10000.00
06/01/20		FIJBF202006買方權益數加項			10000.00

註：買方權益數加項＝現金股利共計19萬元

　　由於股票期貨一口是2張，一口就配息1萬元。共有19口，所以現金股利有19萬元，在2020年6月1日一早就入帳了，我笑說小哥是全台灣2020年6月份第一個領股息的男人。現金股利是在當天上午08：30入帳，因此正確的損益應為「帳上交易損益-14萬1,000元＋現金股利19萬元＝總計獲利4萬9,000元」。

　　為什麼會選創意？因為小哥發現，創意在過往除息時會常態性開高（詳見圖

圖5 觀察過往紀錄，判斷創意除息日容易開高
——創意（3443）除息紀錄

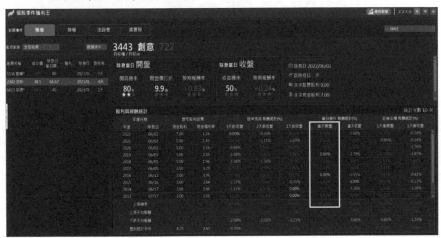

資料來源：理財寶權證小哥個股事件獲利王

5），因此決定用股票期貨參與它的除息行情，有較高的勝率。而有的投資朋友擔心股票期貨槓桿高，不太敢接觸；如果平常不敢用，那麼可以考慮作為套利或參與除權息行情時的工具。

4-6　年底集團＋投信作帳行情 推升個股股價走揚

　　每年到了 11 月、12 月，我們就常會在報章雜誌上看到斗大標題：「年底作帳行情來到，跟著法人衝一波！」「集團醞釀作帳行情」。根據小哥的經驗，集團股在 12 月上漲的機率相當高，所以年底時，相關集團股就容易成為投資人關注的焦點。那麼，到底什麼是作帳行情呢？

　　簡單說，投信法人、企業集團在每年的年底都有個共同目標：「希望年度績效好」，所以會積極運作，讓當年的績效可以盡量衝高。這也讓股市投資朋友，可以有機會一起提高獲利績效。

　　接下來說明每年年底的 2 大作帳行情：

集團作帳行情》聚焦3類型集團股

　　為了美化年度的整體績效，年底時，集團企業會有策略性地進行一連串動作，

讓營收變好、優化年度財務報表，進而推升股價上漲，藉此提升公司的企業價值以及市值，也能因此取得良好的授信額度以利於資金的運用。同時也能增強投資持股者的信心，對股東有所交代。想參與集團作帳行情的投資朋友們，可以留意以下類型的集團股：

1. 交叉持股比例重的集團，因為股價會產生環環相扣的作用，一家獲利、家家都受惠，一家股價飆漲，相關集團個股也會跟著漲。可以關注華新（1605）、台塑（1301）、裕隆（2201）等集團。

2. 集團中有轉機題材的，營收利潤可能上漲，也會帶動股價上揚，例如台塑集團，像是第 4 季是塑化產品的旺季，加上油價預測激勵，有營運轉機題材，如台塑化（6505）、南亞（1303）等（詳見圖 1）。

3. 也可以留意常在年底積極產出，爆發好業績的傳產集團股。

投信作帳行情》留意2類型個股

投信每逢季底、半年底、年底，都需要結算績效，而作帳尤其以年底的結算最為重要。投信在年底結算前，要讓自己能繳出好成績，讓年底總持股的淨值能夠達到最大化，在年底之前也會試著運用一些手法，來拉抬手中持股的股價，

圖1 傳統旺季＋預期油價上漲，塑化股11月股價漲

台塑化（6505）日線圖

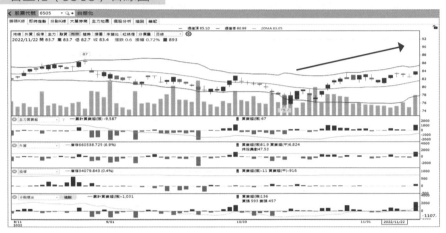

南亞（1303）日線圖

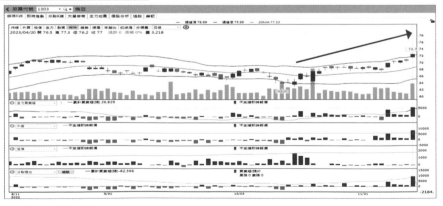

資料來源：理財寶籌碼K線

讓個股上演上漲的行情，而使績效變好。

想參與投信作帳行情的投資朋友們，可以留意以下類型的個股：

1. 觀察投信認養股，也就是個股的投信持股占比 7% 以上就可視為投信認養股，例如查詢 2023 年第 1 季底代工大廠緯創（3231）的投信持股占比就達到 9.24%（詳見圖 2）。

但是，如果看到個股的投信持股占比大於 15%，就不建議跟進，因為當投信持股比率過高，就有可能要轉賣了。

這是因為政府針對單一基金投資個股時，個股所占基金淨值比重以及股權占公司總股份的比重都有所限制。根據《證券投資信託基金管理辦法》第 10 條規定：「每一基金投資於任一上市或上櫃公司股票及公司債或金融債券之總金額，不得超過本基金淨資產價值的 10%。」另外，「每一基金投資於任一上市或上櫃公司股票之股份總額，不得超過該公司已發行股份總數的 10%。」

2. 當投信買超占成交量高時且股價在低檔，這樣的股票就很有爆發力。大買的時候是低點，那是很厲害的投信；但是如果大買的時候是高點，那就要小心，記得千萬不要跟單。

圖2 緯創2023年Q1底投信持股占比達9.24%

——緯創（3231）籌碼分布情形

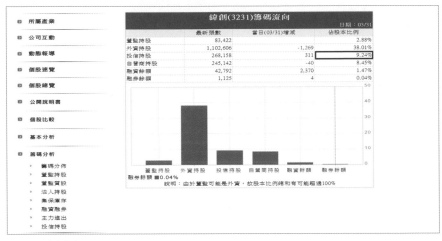

資料來源：富邦證券

3重點快速找出作帳行情標的

通常作帳行情要在「極短的時間內，達到最好的效果」，因此，我們要如何快速找出作帳行情標的呢？可以參考以下重點：

重點1》留意集團股的動向及股價表現

如果不知道要怎麼找到集團股，可以從證券公司的網站、股市看盤軟體或是

圖3 2022年12月12日聯合位居主投買進第6名
──主投買進股票

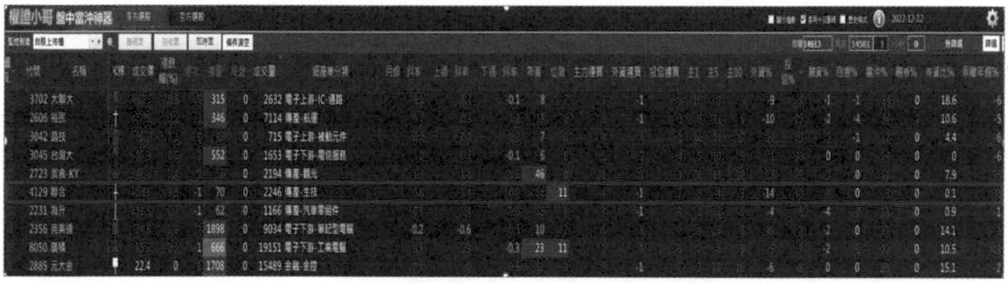

資料來源：權證小哥的交易筆記本、Cmoney 盤中當沖神器

股市資訊網站搜尋，都會有按照集團分類的個股名單。再觀察這些個股的籌碼動向，包括近期主力、三大法人以及特定分點的買賣超狀況，如果出現連續買超，就有可能帶動股價的上漲（查詢集團股股票名單詳見文末圖解教學1）。

重點2》觀察投信操作的基金持股

想要查看投信所操作的基金買哪些股票，以及持股占基金的比率，可以從投信投顧公會的網站查詢（詳見文末圖解教學2）。

重點3》留意投信買賣超排行

通常投信的習慣會操作中小型個股，因此我們在挑選個股時可以留意這幾個條件：「有題材」、「投信有集中買超」、「股價低檔投信突然大買」等。

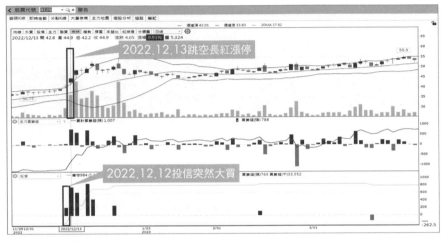

圖4 **聯合股價在2022年12月13日漲停**
——聯合（4129）日線圖

資料來源：理財寶籌碼K線

　　分享一個案例，2022 年年底，聯合（4129）當時就是主力買、股價低檔、投信突然大買的個股。在 2022 年 12 月 12 日時，聯合的投量比等於 10%，在小哥的交易筆記本裡，位居主投（主力＋投信）買進的第 6 名（詳見圖 3），隔天跳空拉長紅後漲停（詳見圖 4），顯然市場上很多人，有在追逐年底投信突然大買的標的，所以主投買是個很重要的指標。

　　投資朋友可以自行做功課，找尋相關投資標的，祝大家操作順利。

圖解教學①　查詢集團股股票名單

 進入股市資訊網站「玩股網」首頁（www.wantgoo.com），點選❶「台股」、❷「分類行情」、❸「集團股」。

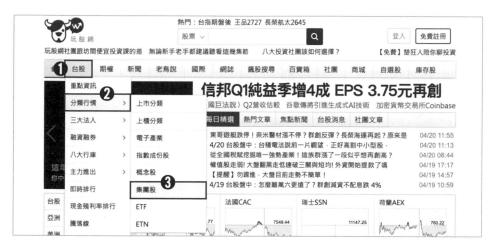

進入下一個頁面後，點選❶「集團股」，再點選❷「華新」（此處以華新集團為例）。

上市	上櫃	興櫃	電子產業	概念股	集團股 ❶	指數成分股
漢唐	倍微	錸德	大同	和碩	正隆	合晶
瑞昱	盛弘	威京	中信	緯創資通	中化製藥	台南企業
宏正	圜鑫	東洋	強茂	美吾華	聲寶	志超
廣達	友訊	立隆	榮化	力麗	可成	中菲
❷ 華新	所羅門	神腦	霖園	華榮	矽品	遠雄
台聚	三商行	亞獨	萬泰	台塑	中華電信	震旦

接續下頁

STEP
3
接著就會顯示屬於華新集團的個股報價及相關資訊。若想知道近期主力進出的個股排行，就點選❶「主力進出」，可以看到這些集團股的❷近日主力買賣超。

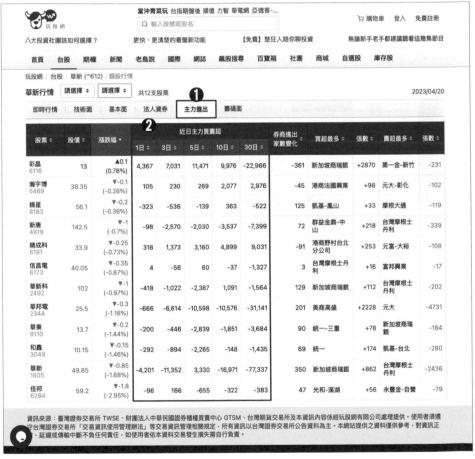

股票 ⇕	股價 ⇕	漲跌幅 ▼	近日主力買賣超					券商進出家數變化 ⇕	買超最多 ⇕	張數 ⇕	賣超最多 ⇕	張數 ⇕
			1日 ⇕	3日 ⇕	5日 ⇕	10日 ⇕	30日 ⇕					
彩晶 6116	13	▲0.1 (0.78%)	4,367	7,031	11,471	9,976	-22,966	-361	新加坡商瑞銀	+2870	第一金-新竹	-231
瀚宇博 5469	38.35	▼-0.1 (-0.26%)	105	230	269	2,077	2,976	-45	港商法國興業	+98	元大-彰化	-102
精星 8183	56.1	▼-0.2 (-0.36%)	-323	-536	-139	363	-522	125	凱基-鳳山	+33	摩根大通	-119
新唐 4919	142.5	▼-1 (-0.7%)	-98	-2,570	-2,030	-3,537	-7,399	72	群益摩鼎-中山	+218	台灣摩根士丹利	-339
精成科 6191	33.9	▼-0.25 (-0.73%)	318	1,373	3,160	4,899	9,031	-91	港商野村台北分公司	+253	元富-大裕	-108
信昌電 6173	40.05	▼-0.35 (-0.87%)	4	-56	60	-37	-1,327	3	台灣摩根士丹利	+16	富邦興業	-17
華新科 2492	102	▼-1 (-0.97%)	-418	-1,022	-2,387	1,091	-1,564	129	新加坡商瑞銀	+112	台灣摩根士丹利	-202
華邦電 2344	25.5	▼-0.3 (-1.16%)	-666	-6,614	-10,598	-10,576	-31,141	201	美商高盛	+2228	元大	-4731
華東 8110	13.7	▼-0.2 (-1.44%)	-200	-446	-2,839	-1,851	-3,684	90	統一-三重	+78	新加坡商瑞銀	-184
和鑫 3049	10.15	▼-0.15 (-1.46%)	-292	-894	-2,265	-148	-1,435	69	統一	+174	凱基-台北	-280
華新 1605	49.85	▼-0.85 (-1.68%)	-4,201	-11,352	3,330	-16,971	-77,337	350	新加坡商瑞銀	+862	台灣摩根士丹利	-2436
佳邦 6284	59.2	▼-1.8 (-2.95%)	-96	166	-655	-322	-383	47	光和-溪湖	+56	永豐金-自營	-79

資訊來源：臺灣證券交易所 TWSE、財團法人中華民國證券櫃檯買賣中心 GTSM、台灣期貨交易所及本資訊內容係經玩股網有限公司處理提供。使用者須遵守台灣證券交易所「交易資訊使用管理辦法」等交易資訊管理相關規定，所有資訊以台灣證券交易所公告資料為主。本網站提供之資料僅供參考，對資訊正確、延遲或傳輸中斷不負任何責任，如使用者依本資料交易發生損失需自行負責。

資料來源：玩股網

圖解教學② **查詢基金持股明細與持股占基金比率**

STEP
1

進入投信投顧公會網站首頁（www.sitca.org.tw），點選❶「統計資料」、❷「境內基金各項資料」、❸「明細資料」，進入下個頁面後可查詢2項資料。

接續下頁

選擇❶「基金投資明細──月前十大」，可查詢各投信公司旗下所有基金，每月所持有的前10大個股排行，以及占基金淨資產價值的比率。

進入下一個頁面後，在❷「年月」選擇「2023年2月」（此處以「2023年2月」為例），在❸「公司」選擇「A0001 兆豐投信」（此處以「兆豐投信」為例），再點選❹「查詢」，即可看到❺基金持股明細的標的名稱、❻持股占基金比率。

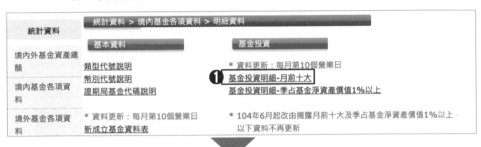

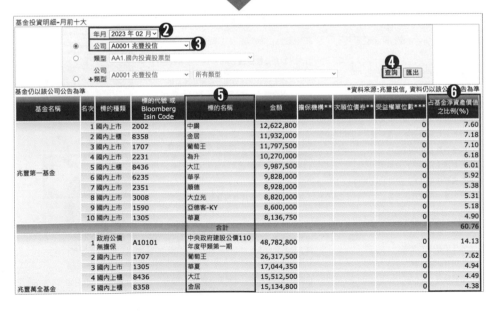

基金名稱	名次	標的種類	標的代號 或 Bloomberg Isin Code	標的名稱	金額	擔保機構**	次順位債券**	受益權單位數***	占基金淨資產價值之比例(%)
兆豐第一基金	1	國內上市	2002	中鋼	12,622,800			0	7.60
	2	國內上櫃	8358	金居	11,932,000			0	7.18
	3	國內上市	1707	葡萄王	11,797,500			0	7.10
	4	國內上市	2231	為升	10,270,000			0	6.18
	5	國內上櫃	8436	大江	9,987,500			0	6.01
	6	國內上市	6235	華孚	9,828,000			0	5.92
	7	國內上市	2351	順德	8,928,000			0	5.38
	8	國內上市	3008	大立光	8,820,000			0	5.31
	9	國內上市	1590	亞德客-KY	8,600,000			0	5.18
	10	國內上市	1305	華夏	8,136,750			0	4.90
				合計					60.76
兆豐萬全基金	1	政府公債 無擔保	A10101	中央政府建設公債110年度甲類第一期	48,782,800			0	14.13
	2	國內上市	1707	葡萄王	26,317,500			0	7.62
	3	國內上市	1305	華夏	17,044,350			0	4.94
	4	國內上櫃	8436	大江	15,512,500			0	4.49
	5	國內上櫃	8358	金居	15,134,800			0	4.38

選擇❶「基金投資明細——季占基金淨資產價值1%以上」，可查詢各投信公司旗下所有基金當中，占基金淨值1%以上的持股明細及比率。

進入下一個頁面後，在❷「年月」選擇「2022年12月」（此處以「2022年12月」為例），在❸「公司」選擇「A0009 統一投信」（此處以「統一投信」為例），再點選❹「查詢」，即可看到❺基金持股明細的標的名稱、❻持股占基金比率。

基金名稱	標的種類	標的代號 或 Bloomberg Isin Code	標的名稱	金額	擔保機構**	次順位債券***	受益權單位數***	占基金淨資產價值之比例(%)
	國內上市	3653	健策	282,706,697			0	7.11
	國內上市	3661	世芯-KY	262,404,000			0	6.59
	國內上市	2308	台達電	218,313,000			0	5.49
	國內上市	6533	晶心科	178,602,500			0	4.49
	國內上市	2330	台積電	177,606,000			0	4.46
	國內上市	3533	嘉澤	148,680,000			0	3.74
	國內上市	1605	華新	136,596,800			0	3.43
	國內上市	3008	大立光	132,600,000			0	3.33
	國內上市	9910	豐泰	131,953,500			0	3.32
	國內上市	1476	儒鴻	110,496,500			0	2.78
	國內上市	2327	國巨	110,495,000			0	2.78
	國內上市	3443	創意	104,483,000			0	2.63
	國內上市	2618	長榮航	100,523,650			0	2.53
	國內上市	9802	鈺齊-KY	92,568,000			0	2.33
	國內上市	1590	亞德客-KY	86,583,000			0	2.18
統一全天候基金	國內上市	4137	麗豐-KY	77,216,500			0	1.94
	國內上市	3515	華擎	72,278,000			0	1.82

資料來源：投信投顧公會

第5篇

擬定布局策略
提高致勝機率

在投資之前，儘管讀了很多文章、看了很多資料，當自己在實際進入操作之後，往往會面臨許多先前沒有料想到的狀況，需要隨機應變做出選擇。成功的投資需要靠經驗累積，本篇將從小哥的操作經驗出發，為投資朋友們提供實戰方面的建議。

5-1 切勿用市價掛單 避免以不合理價位成交

　　現在用智慧型手機下單交易股票相當簡單方便，小哥現在要提醒大家的這件事，非常基礎，卻很重要，是很多人下單時容易忽略的細節，那就是「千萬不要用市價掛單」。

　　掛單時，在設定價位時有 2 種類別，一種是「限價單」、一種是「市價單」（詳見圖 1）：

　　限價單：指定你想成交的價格。例如：掛委託買單，限價 50 元，這代表你願意買進的最高價格，因此成交價有可能在 50 元以下，但絕不會超過 50 元。若是掛委託賣單，限價 60 元，這代表你願意賣出的最低價；成交價有可能超過 60 元，但絕不會低於 60 元。另外，投資人也可以掛漲停價、跌停價的限價單。

　　市價單：意思是不指定價格，完全根據當下行情優先成交，因此在當日漲跌

圖1 下單時可選限價單或市價單
—— 下單介面示意圖

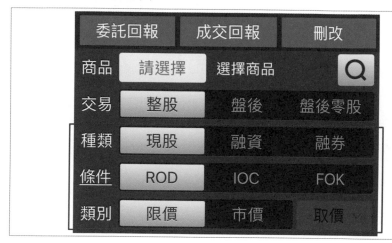

委託回報	成交回報	刪改
商品	請選擇　選擇商品	🔍
交易	整股　盤後	盤後零股
種類	現股　融資	融券
條件	ROD　IOC	FOK
類別	限價　市價	取價

資料來源：元富行動達人 App

幅範圍內均可能成交。用市價掛單，會比限價（漲停、跌停）更快成交，因此無論如何都想快點成交的投資人，就會掛市價單。

另外，下單時還有 3 種掛單條件可選擇：

1.ROD（Rest Of Day）：當日有效

只要掛出委託後，到收盤都是有效的。

2.IOC（Immediate Or Cancel）：立即成交否則取消

掛出委託單時，允許部分成交；剩下沒有成交的股數會立即刪單。

3.FOK（Fill-or-Kill）：立即全部成交否則取消

在掛單的當下，要有足夠的委託單量全部成交，否則就會刪單。不想部分成交的時候，就可以用這條件下單。

因此將上述的掛單方式與條件組合起來，就共有 6 種委託下單模式。

掛單時建議用「限價單」

投資人務必小心選擇掛單條件，也要隨時留意價格變化，若投資人對於想買進或賣出的成交價格有一定想法（如超過多少不買，或是低於多少不賣），建議仍應使用「限價單」。

使用「市價單」時，別忘了它的特性是「在當日漲跌幅範圍內均可能成交」、「市價委託優先於限價委託（含漲跌停）」。小哥通常不建議用市價買進或賣出股票，也不建議任意用漲停價掛買單，有幾個理由：

理由1》成交價與預期恐有差距

盤中股價跳動速度太快，成交價格與下單時預期的成交價可能有差距。

理由2》無漲跌幅限制標的，恐以天價成交

當掛單筆數少時，有人會以高於合理行情的價格掛賣單，那麼掛市價或掛漲停價買進的投資人就有可能買到高價。尤其很多人會忽略有些股票沒有漲跌幅限制，掛市價單買進的後果更是恐怖，有可能會以天價成交，大概一輩子都沒辦法解套。

理由3》小心券商的交易延遲

有時可能會因為網路、電力或券商系統等因素，造成下單延遲。若掛出市價單，卻沒馬上得到成交回報的時候，此時就得趕緊通知券商，是否網路下單出了問題，避免在網路恢復通暢時，買到過高的價位。因此，最適宜的做法是衡量投資成本，掛一個自己可以接受的合理價位，以「限價」買進或賣出。

以下舉 2 個實際案例，讓投資朋友們了解掛市價單或用漲停價買進的風險。

警世案例1》花11萬元買到價值206元零股

2022 年 2 月 9 日，永豐中國科技 50 大（00887）ETF 的盤後零股交易，出現了一筆驚人的成交價（詳見圖 2）。當天收盤價是 18.71 元，盤後零股居然在 9,999.95 元成交了 11 股。

圖2 2022年2月9日盤後00887零股以9999.95元成交
——盤後零股每日收盤行情

盤後零股每日收盤行情　　回上一頁

日報表　周報表　月報表　年報表

資料日期：111/02/09　列印/匯出HTML　另存CSV

本資訊自民國96年1月起開始提供，民國92年4月至95年12月資訊由此查詢

代號	名稱	成交股數	成交筆數	成交金額	成交價格(元)	未成交買價	未成交買量	未成交賣價	未成交賣量
00862B	中信投資級公司債	0	0	0	0.00	36.35	3,079	36.57	32
00863B	中信全球電信債	0	0	0	0.00	36.62	3,088	36.81	30
00864B	中信美國公債0-1	0	0	0	0.00	36.34	2,069	36.54	30
00867B	新光A-BBB電信債	0	0	0	0.00	36.65	1,099	0.00	0
00870B	元大15年EM主權債	0	0	0	0.00	34.82	3,329	34.85	20
00877	FH中國5G	1,319	4	16,223	12.30	12.29	12,580	12.30	10,188
00883B	中信ESG投資級債	0	0	0	0.00	36.10	1,187	36.45	339
00884B	中信低碳新興債	0	0	0	0.00	34.60	1,099	0.00	0
00886	永豐美國科技	588	6	12,375	21.05	21.00	1,123	21.05	50,005
00887	永豐中國科技50大	11	1	109,999	9,999.95	9,999.95	2,591	0.00	0
合計		254,824	4,485	22,774,673			79,739,788		950,478

第 81 至 90 筆，共 882 筆　第一頁　上一頁　7　8　9　10　11　下一頁　最後一頁

資料來源：櫃買中心

11 股的零股原本只要花新台幣 206 元，結果花了將近 11 萬元買進，多出 533 倍的成本！為何會這樣呢？因為：1. 投資人在盤後掛漲停價，買進 11 股零股；2. 永豐中國科技 50 大連結國外指數，沒有 10% 漲跌幅限制；3. 掛賣單的人是高掛限價單 9,999.95 元賣出。

警世案例2》花28萬元買到價值1036元零股

再看一個例子，2021 年 7 月 21 日，有投資人在盤中零股交易中，掛了一

圖3 2021年7月21日盤中00741B零股以9999.95元成交
——盤中零股每日收盤行情

證券櫃檯買賣中心 Taipei Exchange 盤中零股每日收盤行情

資料日期：110/07/21 列印/匯出HTML 另存CSV 返回首頁 ENGLISH

本資訊自民國109年10月26日起開始提供

代號	名稱	最後成交價	漲跌	首筆成交價	最高	最低	成交股數	成交金額(元)	成交筆數	最後買價	最後買量(股)	最後賣價	最後賣量(股)
00721B	元大中國債3-5	45.30	0.00	45.30	45.30	45.30	297	13,453	2	44.75	110	45.30	134
00722B	群益15年IG電信債	48.30	-0.11	48.25	48.30	48.25	129	6,225	2	48.00	150	48.40	20
00723B	群益15年IG科技債	0.00	0.00	0.00	0.00	0.00	0	0	0	42.01	999	0.00	0
00724B	群益10年IG金融債	42.98	0.01	42.97	42.98	42.97	21	901	2	42.60	100	42.98	99
00725B	國泰投資級公司債	0.00	0.00	0.00	0.00	0.00	0	0	0	43.83	999	45.01	93
00726B	國泰5Y+新興債	0.00	0.00	0.00	0.00	0.00	0	0	0	41.31	999	0.00	0
00727B	國泰1-5Y高收債	0.00	0.00	0.00	0.00	0.00	0	0	0	38.15	146	39.00	300
00734B	台新JPM新興債	20.00	0.14	20.00	20.00	20.00	120	2,400	1	19.11	999	19.97	100
00740B	富邦全球投等債	48.35	-0.30	48.65	48.65	48.35	102	4,932	4	46.02	999	48.35	142
00741B	富邦全球高收債	37.49	0.14	9999.95	9999.95	37.49	119	283,408	4	37.04	74	37.49	139

第 11 至 20 筆，共 888 筆　第一頁 上一頁 1 2 3 4 5 下一頁 最後一頁

常見問題 | 聯絡我們 | 相關網站 | 使用條款 | 隱私權保護說明 | 個人資料管理政策聲明 | 資訊安全政策 | 營運持續政策

證券櫃檯買賣中心 版權所有©1994-2023 10084台北市中正區羅斯福路二段100號15樓

總機:(02)2369-9555 興櫃交易諮詢專線:(02)2366-6102 投資人服務專線:(02)2366-6100

本站建議最佳瀏覽條件：螢幕解析度 1024x768 以上，瀏覽器為 Chrome、Safari、Edge、FireFox。 無障礙標章2.1 ACCESSIBILITY

資料來源：櫃買中心

筆富邦全球非投等債（00741B，原名為富邦全球高收債）ETF，當時的股價約在 37 元左右。

但因為買方以漲停價掛單買進 28 股，而這檔 ETF 同樣沒有漲跌幅限制，結果有賣方高價掛限價單 1 萬元賣出，最終就成交在 9,999.95 元（詳見圖 3），高出股價 270 倍！原本買進 28 股只需要花新台幣 1,000 元出頭，變成需要拿出 28 萬元，是相當慘痛的教訓。

　　這還只是零股交易，成交單位小，但是成本還是非常高，是很昂貴的學費，所以一定要注意下單小細節。

　　以上 2 個案例，希望能讓投資朋友了解風險，千萬千萬別亂掛市價單或漲停價買進呀！這樣的案例，通常容易出現在以下 2 種情況：

　　1. 買賣盤不熱絡時，像是零股交易，或者早上 09：05 前，發行商還沒造市權證時。

　　2. 只有單 1 檔高掛賣價，而買家掛出的委託單又剛好以市價單或漲停價買進時。

5類「沒有漲跌幅度10%限制」的金融商品

　　而投資朋友一定也有個疑問，為何可以掛那麼高的賣價呢？

　　大部分的投資朋友一定都知道，台灣上市櫃公司每天有漲跌幅 10% 限制，但是在台股裡交易的股票不只有台灣的上市櫃公司，並不是所有在台股交易的商品都有漲跌幅限制，以下類型都是「沒有漲跌幅度 10% 限制」的金融商品：

第1類》新上市櫃普通股

初次上市櫃交易，首 5 個交易日沒有漲跌幅限制。

第2類》興櫃股票

在興櫃市場交易的股票，例如星宇航空（2646）在 2022 年 9 月 30 日掛牌興櫃，2023 年 2 月 13 日收盤價 19.55 元，短短 5 天就上漲 158% 到最高價 50.5 元；光是以 2023 年 2 月 20 日這天的收盤價計算，1 天就上漲近 34%。

第3類》國外成分證券ETF

追蹤的標的指數含有國外證券，例如追蹤海外市場指數的元大 S&P500（00646）、元大寶滬深（0061）、投資於國內外電動車概念股的國泰智能電動車（00893）……等。

第4類》追蹤國外期貨指數的ETF

例如期元大 S&P 黃金（00635U）、期街口布蘭特正 2（00715L）、期元大 S&P 原油反 1（00673R）……等。

第5類》槓桿或反向ETF含1種以上國外有價證券者

例如富邦 NASDAQ 正 2（00670L）、元大美債 20 正 2（00680L）、元大美債 20 反 1（00681R）……等。

對於以上商品，投資人在買賣操作，價格波動大時，更要留意小心風險！想要避免買到超高價的方法就是「利用限價單掛買進或賣出」，千萬別掛漲停板買進或跌停板賣出，以免買到超高的價格，或是賣到超低的價格。

5-2 善用5類工具 布局空單增加獲利

　　股市會跟隨著全球政經趨勢而波動，國際政經情勢不穩，戰爭、疫情、通膨等因素，都干擾著股市，隨著消息面而上上下下，加上產業輪動變化快速，這些都是影響股市穩定的重要因素。投資人要投資順利，得要隨時關注國際政經產業的新聞動向。

　　投資市場上有各種變化，充滿著各種可能，就不能只限於單向操作，如果只會做多，在股市跌跌不休時，就會面臨獲利大縮水，甚至損失慘重。

　　因此在股市震盪時，操作要做到「進可攻，退可守」，多空雙向都能做，做好避險策略，選擇最適時機布局，用空單保護多單部位。此外，也可以學習善用多種投資工具，分散投資風險，才能在股市中長久生存。

　　很多投資朋友在看好股市未來發展時，會先買進股票，而在大漲時賣出賺取利潤。但當壞消息不斷，預期股市會大跌時，卻只會眼睜睜的看著獲利減少，

其實此時就很適合布局空單來賺錢。空單交易有以下幾種工具及模式：

工具1》融券放空

融券的意思是，你手中沒有股票，於是向券商「借股票來賣」，稱為融券賣出（券賣）。等股價下跌了，再去市場上買回股票來歸還給券商，稱為融券買回（券買），也就是所謂的回補。

要使用融券，必須先開立「股票信用交易戶」，須符合以下條件：年滿20歲、開戶滿3個月、1年內交易筆數10筆，累積成交金額要達到信用戶額度的一半；例如所申請的信用戶額度若是最基本的50萬元，那麼過去1年你的累積成交金額要達到25萬元，才符合信用戶申請標準。

要注意的是，融券雖然是先向券商借股票，但自己得要先拿出9成的保證金，可以知道融券使用的槓桿是很小的。

另外，除了融券賣出時要付的券賣交易稅、券賣手續費，還要支付借券費（或稱融券手續費，一次0.08%）。

融券賣出有幾個缺點：

缺點①》券的量小

就算你挑好了股票，也可能有無券可借的情形。

缺點②》可能會有標借費支出

有句話叫做「資生券」，沒有資就沒有券。一檔股票的融資餘額大於融券餘額，才有券可以放空；但要是融資者把股票賣出，使得融資餘額小於融券餘額，導致券源不夠，證金公司就得去向其他投資人標借股票，因此產生所謂的「標借費」，這筆費用得由融券投資人分攤。

標借費對於融券者是一筆多出來的支出，但對於其他手中有股票的投資人來說，倒是一個可以趁機賺錢的機會。上午 09：00 可以去交易所網站查詢有標借需求的股票，中午之前請營業員幫你按期望的費率掛標借，看看有沒有機會成交；投標的利率最高是前一日收盤價的 7%，但是利率低一點比較容易成交。

缺點③》會有強制回補時間

除權息時、股東會、現金增減資時，融券者就需要回補，也就是買回股票還給券商。

缺點④》若融券後股票上漲，要準備更多保證金

融券者是因為看空股價，所以向券商借股票來賣，一開始就須準備 90% 保

證金；一旦看錯方向，股價上漲，維持率不足，就有可能要補繳更多保證金。

融券時，會根據所借的股票市值和保證金計算「融券維持率」，算法是：

融券維持率＝（融券擔保品市值＋融券保證金）／股票最新市值
①融券擔保品市值＝融券賣出金額（股價 × 股數）－券賣手續費－券賣交易稅－借券費
②融券保證金＝融券賣出金額 ×90%（若因為政府護盤，調高保證金，有可能到 120%）

由於融券時要先拿出 9 成保證金，因此起初的融券維持率大約是 190%。若因為股價上漲而使股票最新市值提高，融券維持率就會下降，當下降到低於 130% 時，就會收到券商通知補繳保證金；也就是說，在融券賣出後，股價若上漲 46%，就會被追繳。

第 1 次追繳有緩衝期 2 天，例如，週一時維持率跌破 130%，券商就會發出追繳令；只要在週三補錢或股價下跌使融券維持率拉上去到 130% 就沒事。如果沒補錢，週四就會被強迫砍倉。

要是已經發過追繳令，第 2 次融券維持率破 130% 時，當天就一定要補繳保證金，不然隔天一開盤，券商就會強制砍倉（融資開盤以跌停價賣出，融券

用漲停板買進）。

工具2》借券放空

投資人也可以透過券商的借券平台，向其他人借股票來賣；借到之後，不一定要馬上賣出。

借入股票有兩筆額外費用，一筆是利息，根據股價和成交費率按日計算利息；另一筆是手續費，各家券商的借券手續費不一，可以多多比較，例如元大證券是按開盤平盤價乘上借入股數的萬分之 8 計算手續費（當日的借券資訊可以從基本市況報導網站查詢，網址：https://mis.twse.com.tw/stock/sbllnquiry.jsp）。

工具3》現股當沖

現股的當日沖銷不需要支付買股票的全額本金（詳見 5-4），只需要根據差額交割，因此又被稱為「無本當沖」。不過，天下沒有白吃的午餐，所有交易都有成本，買賣手續費和證交稅都照樣要付，交易愈頻繁，交易成本愈高。

當沖的交易成本如下：

1. 買進、賣出時，皆須付出手續費為「成交金額的 0.1425%」，小數點後無條件捨去。

2. 賣出時，須付證交稅，現買現賣，當沖證交稅減半。非當沖的證交稅是「成交金額的 0.3%」，當沖減半後則為「成交金額的 0.15%」，小數點後無條件捨去。

現股當沖也可以「先賣後買」，也就是先賣出股票，再買進回補。這種方式風險大，當天務必買回，小心急拉漲停。如果當日沒買進沖銷時，就要改融券。現股當沖沒券時，得去跟投資人標借股票，要付昂貴的標借費（最高 1 天 7%）。尤其當股價漲停、沒券留倉時，除了標借費，隔天券商還會用漲停板掛價幫你補回來，所以通常成交在隔天的開盤價。

我們試算一下：假設今天空在平盤，成交金額 1 萬元，被軋漲停，會先賠 1,000 元（1 萬元 ×10%），隔天再收你標借費，用最高費率算是 700 元（1 萬元 ×7%），隔天若是漲停回補，補到再賠 10%，因此空平盤就有可能賠到 27%。一定要小心操作啊！

如果真的想用當沖放空，小哥建議的流程為：先用券賣再用資買，之後打電話請營業員改成現賣現買（因為怕沒券）。

工具4》股票期貨放空

股票期貨的交易成本低，手續費、稅金都便宜，槓桿高，很適合短線波段交易，也沒有強制回補問題。

根據小哥的經驗，只要資金控管好，股票期貨是勝率最高的交易法，但有 2 點要留意：

1. 每月需轉倉一次，價差單為正的話有利，負的不利。
2. 槓桿大，要注意流動性問題。

工具5》買認售權證

看空時（預期股價下跌），買認售權證，優點是沒有標借費，不像融券有強制回補問題。損失有限，容易買到想要的部位。缺點則是有時間價值流失問題，且有些認售權證槓桿超小。要再提醒一次，最好找隱含波動率穩定、差槓比低、價內的權證較優。

有研究選擇權的人，也可以買選擇權的賣權（PUT）來布局。選擇權是一種期貨的衍生性商品，要注意有時間價值流失的風險，也要注意合約時間。本書

因篇幅有限，暫不多作說明。

範例》看空時，買認售權證──以元大台灣50（0050）為例

舉例來說，預期元大台灣 50 未來會下跌，可挑選連結元大台灣 50 的認售權證買進；當元大台灣 50 下跌，買進的認售權證就大賺。

例如 2020 年時有一檔元大台灣 50 的認售權證「台灣 50 中信 96 售 01」（08484P，已到期），在 2020 年 3 月時台股因為新冠肺炎疫情而大跌，元大台灣 50 從 90 元左右快速下跌到 70 元以下，而這檔認售權證則從不到 0.25 元上漲到 2 元（詳見圖 1）。

3項買認售權證的進場訊號

看空股票時，可以搭配技術面、籌碼面和大事件做全面的評估，以下 3 點希望能幫助你判斷認售權證的進場訊號：

①技術面：寬布林＋碰上軌

布林通道帶寬 20% 以上，且股價碰到布林通道的上軌。不過在這裡要特別注意上軌的斜率：

❶上軌斜率往上翹且很陡：不能空。

圖1 元大台灣50下跌，認售權證價格上漲
——元大台灣50（0050）與認售權證價格變化

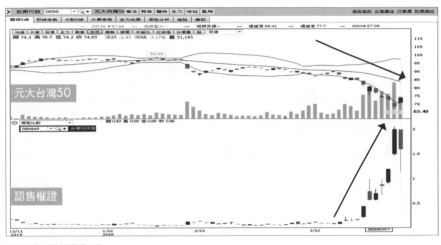

資料來源：理財寶籌碼 K 線

❷上軌斜率是平的：可以空。

❸上軌斜率往下跌：很適合空，是最好的訊號。

②籌碼面：主力與關鍵分點在賣方

主力籌碼站在賣方，且關鍵分點先賣，股價通常會跌一波。

③大事件：留意重大消息

當公司即將舉辦法說會、股東會，且預測可能會發表利空訊息時，也可先買認售權證。

案例》國巨（2327）

2020 年 2 月時小哥操作的國巨，就是一個主力賣＋寬布林碰上軌，而後股價重挫的案例，當時小哥會空它的理由如下：

①在 2020 年 2 月，被動元件龍頭國巨股價先往上漲，主力買，主力軋散戶空。2 月下旬股價創高，主力開始出貨，**主力倒貨，股價創高，叫做價格籌碼背離**，這是第一個想空的理由。

②國巨在 2020 年 1 月已由董事會決議，要現金增資發行 GDR（海外存託憑證），有以下缺點：擴大股本（股本膨脹 18.6%）、稀釋獲利、影響股東權益，這是第 2 個空的理由。

③可以觀察到同族群的關鍵分點先賣，例如被動元件二哥華新科（2492）在 2 月初就出現有券商關鍵分點大賣的情形（詳見圖 2），類股全倒。

④同時，國巨的技術面也出現了「寬布林＋碰上軌」，且上軌斜率是平的，符合可以空的狀態（詳見圖 3）。

圖2 2020年2月被動元件股華新科出現關鍵分點大賣
——華新科（2492）日線圖及分點進出

資料來源：理財寶籌碼Ｋ線

小哥在 2020 年 2 月 26 日國巨開股東臨時會當天（會議重點為通過發行 GDR），進場買國巨的認售權證做空，隔天賣出，權證買得巧，隔天就大賺，獲利 90%（詳見圖 4）。國巨當週的股價重挫 16%。

放空之前，先預設停損機制

投資朋友可以依自己的投資特性，來選擇適合自己的投資工具布局，先想好

圖3　國巨技術面出現「寬布林＋碰上軌」

——國巨（2327）日線圖、認售權證價格及主力買賣超變化

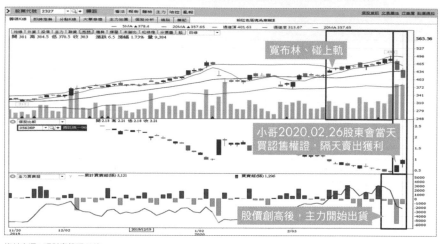

資料來源：理財寶籌碼K線

可以賠多少，再來放空，心情會比較篤定。小哥的放空心法與停損機制如下：

1. 短線停損可以設 1%、2%，波段停損可以設 5%。

2. 資金大者，短線可以隔天再停損，部位放小才能留倉。

3. 短線放空最擔心沒券可留倉，因為各家券商持有券數不同，為了避免遇到沒券的情況，要多開幾個戶頭，1 人可開 4 個。

4. 避開股價漲停，會有沖不掉的困擾，可善用看盤軟體的股價漲幅排序功能，

圖4 2020年2月26日買國巨認售權證，隔日賣出獲利90%
——權證小哥買賣國巨認售權證對帳單

起始日期	2020/02/26	結束日期	2020/02/27	明細	□濾除買進成本為0的股票	可查詢從2004/1起之已實現損益，起於日僅限12個月的區間查詢			
筆數	成交日	股票代碼	交易別	股票名稱	成交數量	成交價格	買進金額	賣出金額	損益 ▼	報酬率
39	2020/02/27	05638P	現股	國巨統一96售04 (國巨)	99,000	1.00	44,614	98,760	54,146	121.37 %
30	2020/02/27	05638P	現股	國巨統一96售04 (國巨)	99,000	0.89	43,621	87,897	44,276	101.50 %
31	2020/02/27	05638P	現股	國巨統一96售04 (國巨)	99,000	0.89	44,393	87,897	43,504	98.00 %
33	2020/02/27	05638P	現股	國巨統一96售04 (國巨)	99,000	0.89	44,613	87,897	43,284	97.02 %
32	2020/02/27	05638P	現股	國巨統一96售04 (國巨)	99,000	0.89	44,614	87,897	43,283	97.02 %
38	2020/02/27	05638P	現股	國巨統一96售04 (國巨)	99,000	0.83	44,613	81,971	37,358	83.74 %
28	2020/02/27	05638P	現股	國巨統一96售04 (國巨)	99,000	0.81	43,622	79,996	36,374	83.38 %
37	2020/02/27	05638P	現股	國巨統一96售04 (國巨)	99,000	0.82	44,613	80,984	36,371	81.53 %
36	2020/02/27	05638P	現股	國巨統一96售04 (國巨)	99,000	0.82	44,613	80,984	36,371	81.53 %
34	2020/02/27	05638P	現股	國巨統一96售04 (國巨)	99,000	0.82	44,613	80,984	36,371	81.53 %
27	2020/02/27	05638P	現股	國巨統一96售04 (國巨)	99,000	0.81	44,318	79,996	35,678	80.50 %
26	2020/02/27	05638P	現股	國巨統一96售04 (國巨)	99,000	0.81	44,607	79,996	35,389	79.34 %
29	2020/02/27	05638P	現股	國巨統一96售04 (國巨)	57,000	0.81	25,116	46,059	20,943	83.39 %
48	2020/02/27	05638P	現股	國巨統一96售04 (國巨)	15,000	0.98	6,759	14,666	7,907	116.98 %
47	2020/02/27	05638P	現股	國巨統一96售04 (國巨)	15,000	0.98	6,759	14,666	7,907	116.98 %
小計					1,460,000		654,870	1,245,550	590,680	90.20%

資料來源：永豐易利得

漲幅前 2 名的強勢股不放空。

做空時須避開5類型股票

但投資一定有風險，操作時也有可能遇到：「預期下跌，結果上漲」的情形，要避免被軋，提高布局空單勝率，可以先避開以下類型的股票：

1. 有主力進駐大買的股票。
2. 上通道＞3%，月線＞1%，布林軌道剛打開的股票。

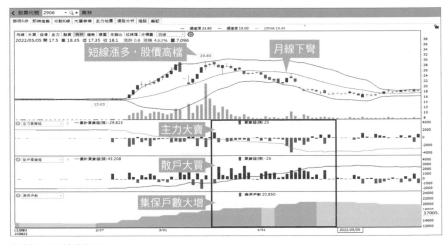

圖5　高林於2022年3月出現高檔出貨股跡象
——高林（2906）日線圖及籌碼動向

資料來源：理財寶籌碼Ｋ線

3. 券資比高＋股價沿布林上軌的股票。

4. 出現在地板股的股票容易反彈，也不要空。

5. 遇有大事件，可能有法說會行情也不要空。

以3招擬定放空策略

了解布局空單的方法後，接著要如何擬定投資策略，才能提高勝率呢？

圖6 大眾控於2021年12月出現高檔出貨股跡象
—— 大眾控（3701）日線圖及籌碼動向

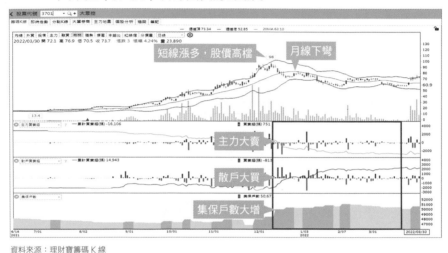

資料來源：理財寶籌碼K線

1. 投資朋友記得要多做功課，研究籌碼，來擬定自己的操盤策略。

2. 隨時關注市場變動因素，適時加減碼投資的持股比率。

3. 隨著時序，留意股市行事曆的各大重要事項。

　　挑選做空股：**短線漲多，年乖離過高，而主力大賣、散戶大買，集保戶數大增**的高檔出貨股（詳見圖5、圖6）。關於這類型的股票，股價往下的機率非常高。空單進場時機：**月線下彎，反轉確立時，就是空單布局的好時機。**

5-3 進場操作前 設定避險與停損機制

2022 年年底台股一度跌破 1 萬 3,000 點大關,領先亞洲各主要股市「超跌」;到了 2023 年,又開始上漲,截至 3 月底又回到將近 1 萬 6,000 點。

投資市場的變化深受環境的影響,過去 3 年突發的疫情、國際政經情勢的不確定性、通膨持續升溫、升息、景氣不佳……,都會影響金融市場的穩定與我們的投資績效。

記得在 2022 年的下跌中,有許多做多的投資朋友們損失慘重,滿手套牢的股票,不知如何是好。也有人存股,資產卻愈存愈少,心裡納悶,明明是好公司、績優股,股價跌到很低了,怎麼還是看不到股價上漲?也有人參與高殖利率股的除息,卻一直貼息,這種狀況該怎麼辦?遇到投資績效不理想,小哥要給投資朋友幾項建議:

1. 要擬定好投資策略,設定停損機制,發生虧損時要勇敢面對;例如當持股

表1　期貨槓桿大，不受停資券影響
——融券vs.認售權證vs.期貨

避險商品	優點	缺點
融　券	開信用戶頭就可以使用	槓桿小，容易收標借費，需強制回補
認售權證	小資金就可以避險	時間價值流失
期　貨	槓桿大，不受停資券影響	容易有超額損失

虧損達 10% 時，就得啟動敗戰處理。

2. 要學習如何少賠一點，以及可轉虧為盈的操作方法。

3. 資金要控管好，一定要有備用資金。

4. 若手中持股不是存股導向，而是做價差、波段操作的投資朋友，當月線往下時，多單就得適時減碼。

5. 做好避險策略，多單、空單都要有，才能在投資市場上長存。適度的避險可以讓資金不要因為市場突然的變動而減少太多，也才有銀彈可布局。不做避險，很容易不小心就從股市畢業。常見的避險工具有融券、認售權證及期貨（詳見表 1），可以好好了解它們的優缺點，再決定要使用哪種工具。

想安然度過空頭，必學2招避險方法

避險應該怎麼做？小哥提供 2 招方法：

方法1》當持有多單過多時→放空台指期貨

◆最好的避險點是在「指數位在平行布林的上通道」，這是絕佳的避險位置。

◆記得保證金不要放剛剛好，最好有 3 倍～ 4 倍（詳見表 2）。

◆因為是避險，當多單的部位了結時，避險部位也要處理。

方法2》用資金成本較低的反向ETF

如果不想操作期貨，也可以考慮用資金成本較低的反向 ETF 來避險，當股價來到高檔，不確定多空方向時，那麼利用短線持有標的對應的反向 ETF，仍有機會在空頭發生時達到減少損失的效果。目前台灣股市當中，與台股指數相關的反向 ETF 如元大台灣 50 反一（00632R），追求台灣 50 指數單日反向 1 倍報酬；以及富邦臺灣加權反一（00676R），追求台灣加權股價指數單日反向 1 倍報酬等。

反向 ETF 的 4 項優點

①買進頂多歸零，沒有放空賠超過 100% 的問題。

②不會受停券影響，即使停券也可以持續持有。

③不用面臨補繳保證金問題。

④不用面臨轉倉問題。

反向 ETF 的 2 項缺點

表2 大台保證金為18萬4000元
——避險部位和保證金及槓桿倍數

標的	一點價值（元）	指數價位（點）	一口部位（元）	保證金（元）	槓桿（倍）
大　　台	200	14,000	2,800,000	184,000	15.2
小　　台	50	14,000	700,000	46,000	15.2
電 子 期	4,000	635	2,540,000	180,000	14.1
小型電子	500	635	317,500	22,500	14.1
金 融 期	1,000	1,460	1,460,000	79,000	18.5
小型金融期	250	1,460	365,000	19,750	18.5
元大台灣50（0050）	10,000	110	1,100,000	71,000	15.5

註：「大台」為台股期貨（TX，臺灣證券交易所股價指數期貨契約），契約價值為台股期貨指數乘上新臺幣200元；「小台」為小型台指期貨（MTX），契約價值為大台的1/4

①內含期貨轉倉成本，長期持有成本偏高。

②由於跌幅不會超過100%，所以買反向ETF難以獲得翻倍獲利！

　　由於台股大盤長期是上漲的，反向ETF也不適合長期持有多年，最好只在短線或波段上策略性的操作。

　　在尋找買點時，可以留意是否有個別券商大買及其買賣點位置。如果真的擔心自己被多空雙巴，那麼在行情不確定時，降低投資部位、保留足夠的現金部位，也是一種避險的策略。

圖1 開布林，股價沿下軌行進時，為最佳停損點
——以可成（2474）日線圖為例

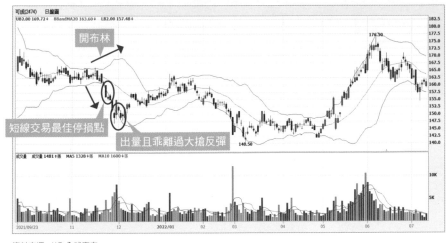

資料來源：XQ 全球贏家

買進後被套牢的敗戰處理模式

當被套牢時，該如何處理？小哥的敗戰處理模式如下，但是只限於好公司、固定配息的績優股才適用，投機題材股不適用：

1.**當股價跌時，最好的停損點是：開布林，股價沿下軌行進時**（詳見圖1）。**開布林指的是布林通道呈喇叭開口狀時。**

2. 如果當下沒處理，持續往下跌，跌到出量，而乖離過大時，準備搶反彈。

3. 當股價反彈後，持續一段時間盤整，而後到了平行的下通道時，可以再低接一些。但要記得「低接買 1 張、反彈得賣 2 張」，這樣價差有做到，持股部位也可以從大賠變成小賠。

假設當你買了可成（2474）多單，記得就要去建一些空單，舉例來說，可以去建電子期（電子類股價指數期貨契約）的空單。或者布局高檔出貨股的空單。當持股多空都有時，資金才不會一下子減少太多。

另外，提醒投資朋友，參與除權息而貼息時，就要留意觀察籌碼狀況。散戶的融資在退出，而大戶、外資買進的情況下，可再持續觀察。但如果是用權證參與除權息，就要果斷處理，因為權證有時間價值流失的問題。

5-4 當沖最怕拗單 操作務必遵守紀律

一般的現股交易程序,是當天(T)買進成交或賣出成交後,在兩個交易日後(T+2日)交割。而當沖交易指的是當日沖銷,在同一個交易日,對於同檔標的進行買入及賣出,若順利低買高賣就能直接賺到當日的買賣價差。

當沖可以「先買後賣」,或是「先賣後買」,可當沖的標的涵蓋股票、期貨、選擇權及 ETF,零股和權證並不包含在內。當沖交易時間跟股市相同,從 09:00 到 13:30,但如果盤中有未沖銷的交易,在盤後 14:00 到 14:30 還可以下單,因為在 14:30 還有一次撮合的機會。

舉例來說,在一般的交易狀況,買方若在週一買進 1 張 100 元的股票,週三(T+2日)必須實際支出 10 萬元外加手續費,股票也會在這天進入集保帳戶。如果買方採取現股當沖,也就是買進一張 100 元的股票,當天看到股票漲到 105 元,就用現股當沖把它賣掉,那麼就不用先拿出 10 萬元本金,當天就可以靠著買賣沖銷,直接領到價差獲利。

表1 現股當沖交易稅為資券當沖的一半
——現股當沖vs.資券當沖

當沖交易模式	現股當沖	資券當沖
投資交易資格	◆開戶滿3個月 ◆1年內的成交紀錄有10筆以上 ◆要簽署「有價證券當日沖銷交易風險預告書暨概括授權同意書」及「證券商辦理應付當日沖銷券差有價證券借貸契約書」	◆開戶滿3個月 ◆1年內的成交紀錄10筆以上 ◆近1年買賣成交金額達新台幣25萬元（含）以上 ◆有開立股票信用戶
交易方式	◆做多（看好標的）：現股買＋現股賣 ◆做空（看壞標的）：賣出現沖＋現股買	◆做多（看好標的）：融資買＋融券賣 ◆做空（看壞標的）：融券賣＋融資買
手續費（%）	0.1425	0.1425
交易稅（%）	0.1500	0.3000

當沖雖不用本金，但仍有可觀交易成本

　　我們也因此常聽到有人說「當沖」是無本交易，真的是這樣嗎？所謂的無本當沖，只是不用先拿出本金，但是所有交易都是有成本的，當天買賣結清，需要負擔券商手續費、證交稅及買賣間的差額款項。賠錢時，還是要有足夠的資金可以交割，要不然就是違約交割，會影響你的信用，嚴重者還要負刑事責任。

　　因為當沖具有一定的風險，證交所有規定，必須要有一定交易經驗的投資人，

才能進行當沖交易。而台灣股票市場中的當沖又分為「現股當沖」和「資券當沖」，這2種當沖交易的資格、交易方式，以及相關稅費的比較可參考表1。

此外，不是每一檔股票都可以進行當沖交易，必須是「台灣50、中型100及富櫃50」指數的成分股，以及證券交易所（簡稱證交所）或櫃檯買賣中心公告之發行認購（售）權證標的、融資融券之有價證券、有價證券借貸交易標的。投資朋友可以透過證交所網站的「交易資訊」→「當日沖銷交易標的」→「每日當日沖銷交易標的」，了解可以當沖的標的。

另外，當股票停止過戶期間，會停止「先賣出後買進」的當日沖銷交易，同樣可參考證交所網站，點選「交易資訊」→「當日沖銷交易標的」→「暫停先賣後買當日沖銷交易標的預告表」。如果不確定要操作的股票到底能不能當沖，只要打開手機的下單軟體，進入該檔股票的下單交易頁面，就可以從上面顯示的狀態了解是否可以當沖，共分為3種狀態（詳見表2）：

1. **買賣現沖**：可以先買後賣；也可以先賣後買。
2. **先買現沖**：可以先買後賣；「不可以」先賣後買，原因是該股票可能要進行股東常會、除權息、現金增資等，不能先賣後買的標的可查詢證交所的「暫停先賣後買當沖預告表」。
3. **禁現沖**：全額交割股不能當沖。想知道有哪些名單，可查詢證交所網站的

表2 顯示「買賣現沖」才能先買後賣或先賣後買
——當沖3種狀態

狀態	先買後賣	先賣後買
買賣現沖	○	○
先買現沖	○	✗
禁 現 沖	✗	✗

「交易資訊」→「變更交易」。

　　跟現股買賣相比，當沖確實不用拿出大筆本金就能參與價差的投資操作，在決定當沖之前，務必要了解當沖的優缺點：

當沖的5項優點

　　1. 證交稅較優惠，一般現股賣出是 0.3%，現股當沖減半為 0.15%。

　　2. 短線順勢交易成功，獲利當天就入袋。

　　3. 若能掌握籌碼狀況與股價短線變化，投資勝率頗高。

　　4. 所需本金小、槓桿大。

　　5. 可降低持倉過夜的風險。

當沖的3項缺點

　　1. 不能留倉，即便你是對的！

2. 做多時若遇到跌停鎖死賣不掉，就無法沖銷，資金不足者恐沒錢交割，而陷入違約交割的窘境。

3. 做空時若遇到漲停鎖死，就會買不到股票回補，只能改為融券並準備 9 成保證金；若沒法融券，只能借券（費率最高 7%，以日計價），成本相當高。

當沖須牢記6點注意事項

當沖時一定要謹慎，請牢記以下注意事項：

1.當沖的標的需要成交量

沒有成交量的標的，會有買了之後賣不掉，或者遇到報價價差太大的風險。

2.當沖標的需要有振幅

當沖的獲利來自價差，要有波動，有振幅才有價差。

3.要留意標的是否能當沖

是否可買賣現沖？可先買現沖？有無異常處置？

4.當沖風險是否能承受

理解當沖失敗的風險，確認能夠承擔獲利與虧損的風險再考慮進場。

表3 個股股價愈高，升降單位愈大

──股價範圍與升降單位對照表

升降單位（Tick）	股價範圍（元）
0.01	10元以下
0.05	10元～50元
0.10	50元～100元
0.50	100元～500元
1.00	500元～1,000元
5.00	1,000元以上

資料來源：證交所

5.知道如何試算獲利

不同股價區間的升降單位（Tick）不一樣（詳見表3），股價愈高的股票，升降單位愈大，要留意當沖股票的股價需要變動多少才能獲利，否則扣掉手續費和證交稅後可能會倒賠。

6.當沖只在乎當日漲跌

當沖時不要過度依賴基本面或消息面，不必在乎影響較長的條件。

2項盤中當沖心法教戰

每個人都會有自己的一套操作策略心法，以下是小哥當沖時會使用的策略。

1.盤中先買再賣當沖法

①趁著台指期急漲做多。

②挑選盤面主流股，例如：上日報頭條者，同族群大漲。

③找同類型股票今日都大漲者。

④行情發動者最為有利，跟單者速度要快。

⑤急漲不追多。

若有使用「權證小哥全方位獨門監控」軟體，所挑選的股票須在監控軟體當中顯示為多方者。

2.盤中先賣再買當沖法

①趁著台指期急跌做空。

②有波段空行情更好。

③有隔日沖的賣壓或權證的賣壓才空。

④不要一次空滿，要分批空；急跌時有些單子務必回補，免得心理壓力過大。

⑤急跌不追空。

在盤中若想挑選先賣後買的標的，確認是否符合以下條件，符合愈多項愈好：

①主力續賣，線型空頭標的。

②隔日沖主力大買標的（避開上通道斜率超過 3%）。

③月線下彎，均線反壓最好。

④有大量申報轉讓，也正在出貨的標的。

⑤若有使用「權證小哥-全方位獨門監控」軟體，可觀察前一天「隔日沖分點」認購權證大買的標的，以及觀察今天認購權證大賣標的。

用3方式設定當沖停損機制

當沖一定要量力而為，千萬不要因為賭錯方向，失去了最寶貴的信用。小哥在當沖時會遵守以下紀律：

1. 大單短進短出，小單贏到最後。投降輸一半，虧損一定得減碼。

2. 不要有太大的執念，看錯方向就要懂得認輸；唯有仔細判讀籌碼，才有機會在當沖裡長期賺錢。

3. 資券沖的記得改現股當沖，交易稅減半。

4. 若是只能先買再賣、而不能先賣再買的股票，放空順序：券賣→現買→現賣→資買，這樣中間那段可以節省交易稅。

5. 極短線當沖時，**強勢股多單盡量抱緊，強勢股空單有賺就跑且建議只短空一次**。

6. 極短線當沖時，**弱勢股多單有賺就跑，弱勢股空單要盡量抱緊**。

當沖一定要設好停損機制，才不會違約交割，停損機制有 3 種設定方式：

方式1》絕對金額停損

當金額虧損達到多少金額就停損，例如：虧損 5,000 元就停損。

方式2》%數停損

當股價跌幅達到預設的百分比時就停損，例如：下跌 3% 就停損。

方式3》觸價單停損

設定觸價單，只要價格到，就讓系統幫你自動停損。

當沖最怕拗單，不肯停損就得面對大賠！即使是當沖大戶也會吃癟。2021 年因為新冠肺炎疫情因素，航運業供需失衡，營運大爆發，相關個股的股價也有驚人上漲與大幅波動，成為當沖投資人的熱門操作標的。

其中，萬海（2615）從 2021 年 3 月的股價約 50 元左右，3 個月就漲到超過 200 元。2021 年 6 月 18 日這天萬海以平盤價 206 元開盤，一度跌至 201 元，而後震盪走高，最後收盤在漲停價 226.5 元。

Ｔ＋2 日的 6 月 22 日這天，凱基證券士林分點就申報違約交割逾 7,000

圖1 2021年6月22日萬海遭違約交割逾7000萬元
——萬海（2615）違約交割資訊

110年06月22日至110年06月23日 個股達違約資訊揭露標準之證券資訊

單位:元

申報日期	證券代號	證券名稱	證券商名稱	個股違約總金額(註1)
110.06.22	2615	萬海	凱基士林	75,629,000
總計				75,629,000

說明：
1. 違約資訊揭露標準：「同一標的證券之當沖交易違約互抵淨額加計非當沖交易違約買賣總額合計達新臺幣2,500萬元」。
2. 前揭相關資訊僅供參考，投資人買賣前應依發行公司之財務、業務資訊作為投資決策之主要依據，相關資訊可點擊前往公開資訊觀測站）

資料來源：證交所

萬元（詳見圖1），就是當沖放空被軋空所造成。

　　想要當沖做空更要注意，當主力買、沿上軌時，千萬別做空！2020年11月3日起，精材（3374）開始上漲，觀察籌碼可發現開布林、主力大買，股價沿著布林通道上軌行進，從120多元漲到11月11日約171元，其中，國票台東分點在11月11日當天沖了400多張，就虧損了400多萬元（詳見圖2），這種也是因為早盤放空，等到漲上去才補在高點大賠的案例！

圖2　精材開布林、主力大買，國票台東分點當沖放空虧損

——精材（3374）日線圖及籌碼動向

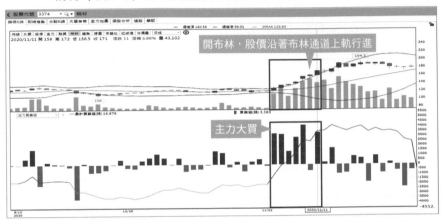

3374 精材　171元　▲11（+6.88%）		
統計區間　20201111 ~ 20201111		11/11 今日 主力動向
區間成交量	43,102 張	
買超前15名合計	7,322 張	
賣超前15名合計	-3,939 張	小買 3,383 張
1日籌碼集中　？	3,383 張	
1日籌碼集中(%)　？	7.85 %	
20日籌碼集中(%)	6 %	
佔股本比重　？	1.25 %	短沖主力　買超占比1.52%
區間周轉率　？	15.88 %	

累計營收 YoY(%)	營收 YoY(%)	營收 MoM(%)	EPS (季)	EPS (近4季)	本益比	股價 淨值比	殖利率 (%)	ROE (近4季)
-21.33	-31.7	10.26	1.67	7.31	17.2	3.86	--	26.8

區間虧損15				？ 關鍵券商：區間虧損15 ▼				
□	券商名稱	關鍵券	買賣 ▼	買張	賣張	交易量	損益(萬)	
□	國票-台東		-3	401	404	805	-416	

資料來源：理財寶籌碼K線

圖3 布林剛開、主力大賣，華園卻收漲停價
——華園（2702）日線圖

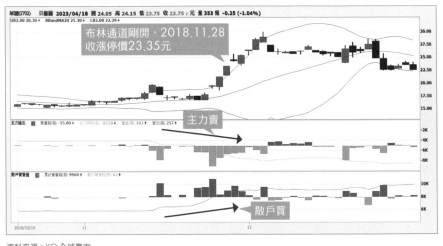

布林通道剛開，2018.11.28
收漲停價23.35元

主力賣

散戶買

資料來源：XQ 全球贏家

當沖敗戰案例檢討分享

每次操作後，都要檢討勝敗原因，做好交易反省，記取失敗經驗，才能轉敗為勝。以下分享一個小哥的敗戰案例與檢討，讓投資朋友們有個借鏡：

2018 年 11 月 28 日，當時華園（2702）短線出現上漲，布林軌道剛打開，主力大賣、散戶買（詳見圖 3），就急著進場當沖放空。開盤價 21.5 元是當

天最低點，雖然盤中一度急殺，最後仍以漲停價23.35元作收，小哥回補不及，慘遭軋空。

操作反省

1. 急殺補太少，長線主力雖然大賣，但空單還是要熬一陣子。

2. 盤中拗單、停損慢。

3. 要記得掛觸價單，空單遇到漲停板一定要回補。

5-5　每日追蹤籌碼變化 作為進出判斷依據

　　很多散戶朋友們買進 1 檔股票的原因，常常是聽信明牌、看電視推薦，有賺到錢是運氣好，但是多做幾次就會發現，這樣很容易成為被大戶倒貨的對象，淪為待割的「韭菜」，賠錢的風險極高。

　　想要穩健的在股市賺到錢，不僅要熟悉投資工具，更要有自己的投資心法，在決定進出場前，擬定正確的投資策略。每天要做的功課包括研究籌碼面、持續關注公司營運狀況，也要持續觀察股市行事曆裡的大事件及新聞報導，了解是否有影響股價波動的因素，這些都有助於我們擬定適合的投資策略。

　　下單前，也一定多找幾個進出場理由，勝率才會高。更別忽略了，在每次操作結束後，都要檢討操作績效，了解勝敗原因，累積寶貴經驗；讓勝利的方法可以重複使用，並提醒自己未來不要犯下同樣錯誤。

　　小哥在股市實戰多年，了解對市場的風險不能輕忽，所以在開盤前、盤中、

盤後都有必關注的重點資料：

1. **盤前**：留意美股盤後數據、產業相關重點新聞、盤前個股試撮的數據。

2. **盤中**：掌握當天個股的即時變化，看是否有大單買賣進出，也作為當日操作策略參考。

3. **盤後**：研究籌碼，掌握分點進出情形，並了解主投（主力＋投信）買賣超情形；也關注地板股、申報轉讓、法說會及個股的特殊事件等相關資訊。擬定好操作策略，將適合的標的放入自選股觀察名單。

以下分享小哥自己每天研究主力籌碼的重點，以及實戰交易技巧，希望幫助投資朋友們提高投資勝率。

運用6重點觀察大盤走勢

觀察大盤時，我們要注意的關鍵資料有：最近的主力買賣超，外資買賣超、投信買賣超、自營商避險、散戶未平倉、外資未平倉增減、八大行庫買賣超。這些數據，都可以用來解讀判斷最新的盤勢。

例如，我們可以從自營商避險看出最近適合哪一種盤，決定操作策略，小哥平常會使用的判斷標準如下：

◆當自營商連續避險買超時，代表最近的盤勢很強勁，各位可以每天追蹤大盤的自營商避險籌碼！

◆自營商假如呈現一買一賣，代表最近盤勢會陷入盤整狀態。

◆當大盤陷入盤整的時候，對於研究籌碼，短線做空交易，會變得較好做。

◆自營商連續性的買超，就是適合波段做多的盤。

在觀察大盤以及挑選要操作的標的時，可關注以下重點：

重點1》從外資未平倉增減，評估大盤動向

外資因為擁有龐大的資金，在台股裡的投資雖然以現貨為主，但也會搭配期貨調節獲利或進行避險。而外資在期貨的操作，也經常被用來預測它們在台股的動向。例如若外資擁有大量期貨空單，那麼在當月的期貨結算日時（每個月的第 3 個週三），外資就很可能會利用賣出權值股來壓低大盤指數。

而所謂的「淨未平倉量」指的就是所有外資在台股期貨的未平倉（未出場的部位）多單口數減去空單口數，如果多單大於空單，會呈現正值，多單小於空單就是負值（詳見圖1）。假如外資的淨未平倉一直是負的 2 萬、3 萬口，這樣在結算當日容易有賣壓。

至於散戶未平倉的準確性就比較難判斷，通常在盤整的時候很準，在波段行

情出現的時候會大賠。

重點2》短線選股時，同時觀察月線及籌碼表現

在查看 1 檔股票的短線走勢時，可以觀察月線斜率，當月線斜率大於 1% 時，是強勢股，大於 3% 就是妖股。而很陡的月線，通常股價的位階靠近月線時，會是不錯的進場點，若搭配主力大買更好。若是股價淨值比低於 0.5 倍，且公司派大買時，股價容易是低點。

挑選出符合上述條件的股票，就先列入自選股觀察，可以先買零股試試，但要留意手續費。當殖利率不錯（殖利率 5% 以上），也可以先買現股。接著，等布林軌道打開後再加碼，想要投資權證可以這時進場。

如果觀察到關鍵分點大賣，加上主力賣超，股價容易跌一段，手中有持股要盡快出場。

重點3》波段選股時，篩選主力、投信買進標的

在找波段多方標的時，小哥一定會觀察主投（前述所說的主力＋投信）買進標的，有 3 個步驟：

步驟①：篩選出主投同買的籌碼偏多股票

圖1 2023年4月13日外資期貨未平倉1萬502口
——三大法人期貨交易資訊

期貨契約

單位：口數；千元(含鉅額交易，含標的證券為國外成分證券ETFs或境外指數ETFs之交易量)　　　　日期2023/04/13

序號	商品名稱	身份別	交易口數與契約金額						未平倉餘額					
			多方		空方		多空淨額		多方		空方		多空淨額	
			口數	契約金額	口數	契約金額	口數	契約金額	口數	契約金額	口數	契約金額	口數	契約金額
1	臺股期貨	自營商	9,804	31,132,860	9,481	30,099,394	323	1,033,466	14,540	45,946,042	5,635	17,778,314	8,905	28,167,728
		投信	186	588,389	768	2,429,512	-582	-1,841,123	8,967	28,364,414	16,181	51,183,183	-7,214	-22,818,769
		外資	59,617	189,463,423	59,541	189,217,317	76	246,106	30,553	96,635,059	20,051	63,414,642	10,502	33,220,417
2	電子期貨	自營商	321	956,857	267	796,597	54	160,259	780	2,311,236	346	1,025,253	434	1,285,983
		投信	0	0	0	0	0	0	143	423,766	0	0	143	423,766
		外資	731	2,179,176	808	2,408,939	-77	-229,762	670	1,985,421	377	1,117,180	293	868,241

資料來源：台灣期貨交易所

先用軟體將所有股票按「投信買超／成交量」排序，只選成交量大於300張，再篩選出近1日、近5日、近10日主力也買超（前15分點買超大於近1日前15分點賣超）的股票，這樣篩選出來的就是主投同買（主力、投信都買），可以避免買到投信被主力倒貨的股票。

如果是使用小哥的盤中當沖神器軟體，可點選「多方選股」→「籌碼面」→「主力短多」，可篩選出上述條件的股票。

步驟②：觀察投信是否持續性買超

如果投信持續買超，這檔股票容易走一個波段；如果投信小賣的時候，要觀察主力有沒有賣超。如果主力持續買超，股價有可能有支撐，持續上漲。當主力跟投信轉賣的時候，上漲行情就結束。

步驟③：每天追蹤主投買的股票，將選出標的列入自選股中

持續觀察資金流向哪些標的。

提醒大家可以關注投信第1天大買的股票，隔天股價很容易強勢跳空開高，是很值得特別留意觀察的標的，可為做多的參考依據。

看盤的時候，也要記得看期貨指數。當台指期急拉的時候，主投買的股票容易發動攻擊，因為是主力買、投信買的股票。

相對地，也要知道主投同賣的威力是很恐怖的。若一檔股票的「投信買超／成交量」顯示為負值，代表投信賣超，負得愈多，表示賣得愈多。而當主力和投信同賣時，這檔股票多會走一段偏空行情，而且下跌速度快。

重點4》從主力買賣超尋找短線交易標的

觀察當日大買分點、自營商避險部分是否為隔日沖。如果是，就挑選出來做

隔天賣壓的觀察，這些容易有權證賣壓的股票，通常會在 09：00 ～ 09：30 以前有權證賣壓出來，可以在 09：00 開盤後找機會空，09：30 以前回補。例如，我通常會關注永豐金分點，因為此分點是標準的程式交易兼隔日沖。

　　每天挑選出來有權證賣壓的標的來研究，對短線交易非常有幫助。如果有使用小哥的主力收購權證監控表，可看到每日的權證主力買賣超情形。

重點5》追蹤波段權證分點操作動向

　　因為權證有時間價值，當我們注意到厲害的分點買大量權證進場，表示對標的有信心，可能是它們知道有利多，小哥會密切觀察這類股票，想跟一波的話會用股票期貨或股票跟著進場。

　　根據經驗，在多頭的時候，波段權證分點，也就是持有權證比較長期的分點，挑選出來的認購標的，通常還不錯；而在盤整或空頭的時候，特定權證分點挑選出來的認售標的，常常值得追蹤，因為它們常常會提早知道利空。

重點6》申報轉讓個股，觀察股價位置及線型

　　對於內部人申報轉讓的股票，先不要太快看空，還要搭配觀察線型和其他籌碼指標。例如出現申報轉讓，但股價還沒發動時，就不要急著空股票，因為也會有申報轉讓，然後利多見報，股價拉漲後，再賣出的案例。

　　因此，申報轉讓的股票，最好同時有「月線下彎」、「股價位於高檔」、「主力大賣」情形，這樣的股票通常會是很好的長空標的，可以做波段空單。

　　籌碼常走在股價的前面，常見的情形有：主投買之後股價大漲，關鍵分點大買之後股價大漲，關鍵分點大賣之後股價大跌⋯⋯，這是我們研究籌碼最有趣的地方，因為經常可以透過籌碼去提前判斷股價未來的走勢。

5要點擬定進場（多方）策略

　　挑選進場點時，小哥整理要點如下：

　　1.主力買，投信買，上軌翹，月線升（詳見圖2）。當低檔橫盤爆量大紅K時，容易有波段漲幅，加上主力大買更好，要抱緊處理。

　　例如2019年11月28日系統電（5309）低檔橫盤爆量大紅K，搭配主力大買，股價拉出一波漲幅，1個月的時間上漲超過1倍（詳見圖3、圖4）。

　　2.月線上升主力買，拉回是個好買點。

　　3.最近股價休息，主力仍在場內，股價在月線附近、低買高賣分點仍在場內、

圖2 月線上升、主力買，短線趁尾盤黑K殺低上車
——以美律（2439）日線圖及籌碼動向為例

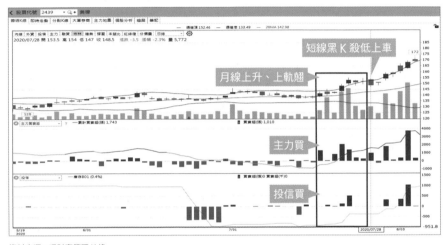

資料來源：理財寶籌碼K線

最近主力連續買時，可以觀察好時機，再考慮進場。

　4. 上升均線3買點：①股價突破均線、②股價回測上升均線、③股價跌破上升均線。

　5. 對於波段做多的標的，如何吃到「大肥魚尾」？記住2個訣竅：①回檔不破月線時，可續抱；②若是強勢股，股價沿著布林通道上軌行進時，要抱緊。

圖3 系統電2019年11月28日低檔橫盤爆量大紅K
—— 系統電（5309）日線圖

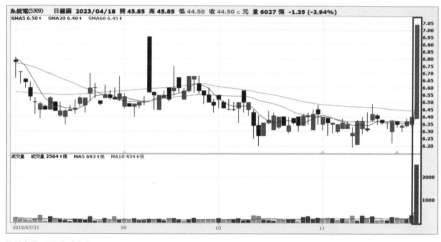

資料來源：XQ全球贏家

　　而有些股票會落後補漲，要怎麼發現這樣的標的？建議可留意這檔股票是否符合4大條件：

1. 股價位於年線附近（乖離率10%以下）。
2. 主力買。
3. 投信買。
4. 前15大分點連續買。

圖4 系統電2019年11月28日後主力大買，拉出漲幅
——系統電（5309）日線圖及籌碼動向

資料來源：XQ全球贏家

6要點擬定出場（賣方）策略

挑選出場點時，小哥整理要點如下：

1. 當主力轉賣，投信轉賣，月線走平或下彎，跌破月線時就出場。

2. 當月線下降，主力賣時，反彈紅K，前15大分點買超是短線客，反彈都

圖5 康友-KY 2020年7月出現月線下彎且主力賣
——康友-KY（已下市）日線圖及籌碼動向

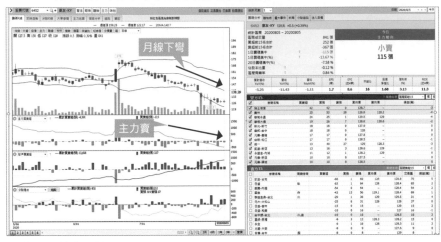

資料來源：理財寶籌碼 K 線

是逃命點。2020年7月初的康友-KY（已下市），就出現這種狀況（詳見圖5），看得懂籌碼的人就得以提前逃命。

3. 股價在高檔時要小心：主力賣，散戶買，大戶減，散戶增，例如弘裕（1474）2020年6月高檔時就明顯符合這個情形（詳見圖6）。

4. 當高檔爆量大黑K，主力高檔大賣時，代表凶兆已現，要趕快逃命。

圖6 弘裕2020年6月股價高檔時主力賣、散戶買
——弘裕（1474）日線圖及籌碼動向

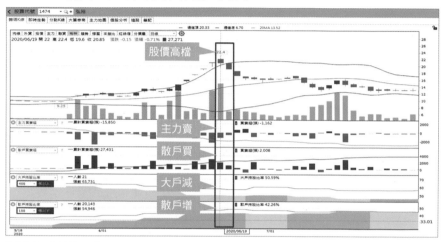

資料來源：理財寶籌碼K線

2020 年 6 月 19 日的弘裕就出現這種情形，股價隨即下跌一波。

5. 下降均線 3 空點：①股價跌破均價線、②股價反彈至下降均線、③股價反彈超過下降均線。

6. 要觀察主力有無落跑，可看是否出現 5 大跡象：①股價 10 日內不再創高、②高檔主力賣超、③高檔散戶大買、④高檔集保戶數大增、⑤特定分點大賣。

圖7 國票、元富分點2023年4月12日大買國巨權證

——國巨（2327）主力收購權證監控表

排名	股票代號	股票名稱	買賣超金額(萬)	漲跌天數	1日漲幅	5日漲幅	自營比率
1	2327	國巨	1,731	1	2.9	2.5	2.5
2	2603	長榮	1,499	2	1.2	5.1	1.7
3	6531	愛普*	1,472	1	1.7	0.5	1.6
4	6104	創惟	1,280	2	3.6	6.1	5.6
5	3624	光頡	1,222	3	5.3	7.6	2.2
6	1605	華新	1,197	2	1.0	2.5	1.0
7	4743	合一	1,098	1	1.1	1.1	3.4
8	6244	茂迪	947	1	4.3	3.7	1.5
9	6443	元晶	896	1	1.3	2.9	2.9
10	3406	玉晶光	864	2	2.5	1.8	2.2
11	3443	創意	834	0	0.0	1.4	0.0

收購權證的券商 0412

國票	387
元富	197
凱基-大直	184
永豐金	154
元富-松德	143
合計	1,064

資料來源：權證小哥主力收購權證監控表

隔日沖分點大買權證，隔天早盤通常不追多

　　最後再補充一點，對於自營商避險買超的股票，若前一天研究籌碼，發現是隔日沖分點大買權證，那麼隔日早盤通常不追多，因為這種是券商為了避險而買進，不是真正的做多，在隔日沖權證出場後，賣壓會相對沉重。舉例來說：2023年4月12日，當天主力買超權證第1名的標的是國巨（2327），但買超分點是常常隔日沖的國票跟元富分點（詳見圖7）；所以在下個交易日，

圖8　國巨自營商避險買盤，2023年4月12日買、隔日賣
——國巨（2327）日線圖及自營商避險買盤

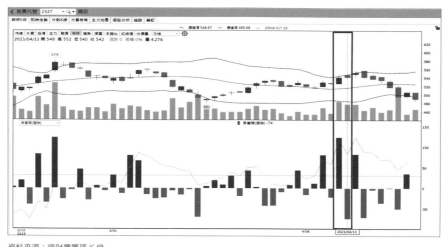

資料來源：理財寶籌碼 K 線

也就是 2023 年 4 月 13 日，早盤的賣壓就相對來得大些。

從國巨的自營商避險買盤可以看出，若自營商避險大買的隔天，通常會變成大賣，也比較常會出現黑 K（詳見圖 8），所以黑 K 的早盤就不適合買進！

第6篇

實戰問答解析
釐清投資盲點

每天都會有投資朋友私訊小哥問投資問題,很多問題都是投資朋友也會想了解的,所以小哥把這些問題彙整起來,分別從選股、交易、方法、市場、當沖、除權息、權證等角度,根據小哥的實際經驗,為讀者朋友們做出解析。

6-1　選股4問答》學會挑出容易大漲的飆股

Q1.股市要賺錢,有何布局重點?

股市要賺錢,長短線布局可以分別參考以下重點:

長線:挑選基本面優、價值低估的好股,賺價差跟股利。

短線:研究籌碼、K線型態、大事件來賺取獲利。

Q2.尋找「低檔破底翻」股票,留意哪些條件?

當股票在低檔破底翻,會有很多投資人想進場,問小哥要如何找標的,可以參考以下 3 要件:

①連續 2 根紅 K 以上。

②低檔 KD 黃金交叉,爆量更好。

③主力呈現波段多，連三買。

Q3.極短線做多，怎樣才不會大賠？

極短線做多，最好符合以下 2 點：

①挑籌碼好的股票。
②股價殺到很有支撐的均線時才進場。

根據小哥過去的經驗，讓自己不要大賠的方法：

①絕不能有執念，不能用感覺操股（覺得一檔股票一定會漲或跌）。
②要解讀籌碼狀況。
③要進行資金控管，一檔股票不要放超過總資金的 10 ％。
④賠錢的股票不要放太長時間，一定要及時停損。

Q4.如何挑選在大空頭時還能穩健存活的標的？

不管在什麼情況下操作股票，多找幾個好條件，勝率一定比較高。在大空頭時，挑選能穩健存活的標的有 2 個訣竅：

①要找股價在低檔，有關鍵分點買，高殖利率股。

②挑選年線之下的股票，離年線較遠、有關鍵或地緣分點進場，且基本面不會太差的標的。

6-2 | 交易9問答》分析合理進出場時機

Q1.如何判定最好的買賣時機點並加以布局？

每個人進場的策略不同，該不該買賣，要由自己判斷。

最好的買點：關鍵分點買，股價在大帶寬，平行軌道的下軌。
最好的賣點：關鍵分點賣，股價在大帶寬，平行軌道的上軌。

建議在股市的操作裡，多空標的都要有，這樣才能保護部位。小哥在獲利空單的時候，也會賣出一些虧損的多單，再利用布林通道的上下軌，抓好買賣的時機。

Q2.何時該停損且如何制定機制？

關於制定停損機制，首先我們必須知道自己進場的理由：

理由①：因為關鍵分點進場買→那關鍵分點賣時，就要出場。

理由②：如果是因為主投買時進場買→當主投轉賣時，就該出場。

當進出場的理由消失了，就要啟動停利／停損機制。

小哥常提到「停損才能有下次交易的勇氣」，每次遇到虧損時，總是會想「拗一下，看會不會反彈，就能少賠一點」。但這種想法其實是很危險的，一旦拗單成為習慣，最後就會發現原本要做短線的股票，變成做長線。那麼該如何設定「停損點」呢？記得：**不要跟大賠當朋友，小賠是我們的好朋友。**

不論是做波段或短線當沖，都要設定好自己可承受的停損點，每個人的標準不同，舉例如下：

波段停損點：可以用「均線」設定，例如跌破 20 日均線就停損。

當沖停損點：設定最大風險承受度，看自己最多能損失多少金額，例如每次當沖賠超過〇〇元就砍。

短線做多的停損點：當短線股價跌破前低時。

短線放空的停損點：當短線股價創新高時。

如果做多停損之後股價反彈（或做空停損後股價下跌），怎麼辦？我們不是

神，無法預測下一秒股價會怎麼走，只能根據當下出現的訊號，做出「合理的」判斷，各位要記得：看來像錯誤的停損也是對的。

出現虧損就代表當時判斷錯誤，錯誤出現時，本來就應該適時減碼，如果不停損，只會讓虧損的洞愈來愈大。這次判斷失誤沒關係，忍痛先停損，或至少做到減碼，下次再找機會雪恥。

Q3.操盤不順時，應如何調整？

投資時，當操盤不順時賠錢的時候，就要先減碼。賠錢一定不可以加碼，容易影響情緒，出大事。要記得「**贏要衝，輸要縮**」。

Q4.目前持有多單虧損中，該如何處理？

這是小哥幾乎天天都會被問到的問題，小哥笑説：「問股票一律脱手，問感情一律分手。」

認真來説，虧損不會是你進出場的理由。要重新檢視你進場的理由是什麼？進場理由是否仍可以支撐持有這檔股票？如果進場理由無法支撐，就應該啟動敗戰處理，選擇時機出場。

　　很多朋友操作股票時，賺錢就賣掉，虧錢就不處理。這樣急拉的時候，賺不到大波段；虧錢不處理，就愈虧愈多。一定要隨時檢視，即時處理。

Q5.多空單進出場的時機點？

　　常常聽到離開上軌的黑 K 多單出場，或者離開下軌的紅 K 空單回補，可以舉例嗎？以實體 K 棒來看會比較準。

案例①：星通（3025）

　　2022 年 10 月 6 日，在星通股價離開布林通道上軌的黑 K 時，多單出場（詳見圖 1）。

案例②：北極星藥業-KY（6550）

　　2022 年 10 月 6 日，在北極星藥業 -KY 股價離開布林通道下軌的紅 K 時，空單回補（詳見圖 2）。

Q6.如何從籌碼、技術面掌握波段空單獲利祕訣？

　　每天研究籌碼時，可以點選買進的券商分點，觀察這些券商分點買進後對後續股價發展的影響。看買入券商的特性，是否是波段分點進場（例如券商大摩

圖1 星通離開布林通道上軌黑K時多單出場
——星通（3025）日線圖

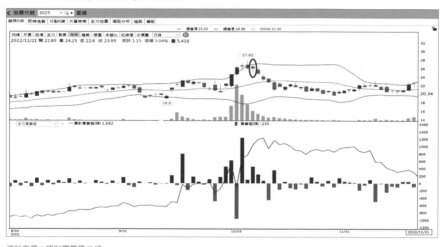

資料來源：理財寶籌碼K線

分點進場），就要避開；當關鍵分點、地緣分點進場時也要留意。

波段空單的獲利要素：

①**月線下彎**：代表趨勢偏空。

②**主力賣超**：股價易跌難漲。

③**散戶買進**：股價易跌難漲。

④**集保戶數大增**：股票集中到多數人的手上。

⑤**地緣分點大賣**：公司派主力也棄守。

如果發現股票有很多這樣的徵兆，記得要找機會放空。

Q7.為什麼明明籌碼很爛，放空卻失敗？

選擇一檔放空標的，除了看籌碼以外，還要注意股票目前的位置是否正在「高檔盤頭往下」。畢竟做空最多獲利就是 99.99%，如果股價已經跌了一大段了，再去放空，基本上利潤就會相對少很多。

Q8.盤中的停損、停利要怎麼抓？

盤中的停損、停利，可以利用買盤竭盡和賣盤竭盡來判斷：

多單要停損，要等買盤竭盡，是相對的高點。

空單要停損，要等賣盤竭盡，是相對的低點。

每個人可以忍受的停損點不同，可以設定停利點、停損點，到了就出場。也有人當沖利用「買盤竭盡時空，賣盤竭盡時就買回」，也賺了不少錢。

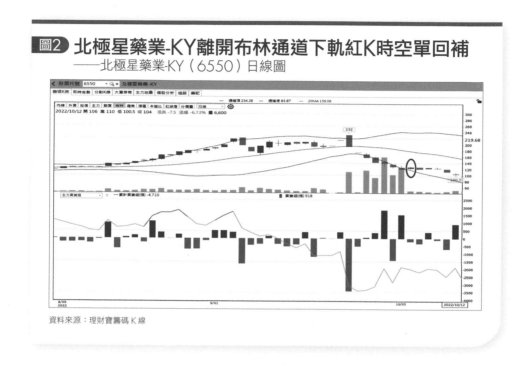

圖2 北極星藥業-KY離開布林通道下軌紅K時空單回補
——北極星藥業-KY（6550）日線圖

資料來源：理財寶籌碼K線

Q9.盤中如何看買賣盤竭盡，找到最適買賣點？

急拉「買盤竭盡」

要判斷一檔股票盤中有沒有出現買盤竭盡，會先看到「連續大量委賣價（外盤）成交」→股價急拉→股票每 5 秒成交價由大量外盤變成大量內盤→股價的拉升力道減弱→此時就是買盤竭盡的狀態，投資人可以考慮極短線放空（有大量隔日沖的話）。

連續大量外盤成交的解讀方式為：

①目前市場追價意願高。

②有隔日沖主力故意拉抬股價，為了出脫昨天的持股。

那麼，看到買盤竭盡，就可以短線放空嗎？

①不可以，在操作一檔股票前，必須先了解股票的主力習性！

②如果主力喜歡做隔日沖，盤中就可以用「買盤竭盡」的方式，抓到適合放空的時機。

急殺「賣盤竭盡」

會先看到「連續大量委買價（內盤）成交」→股價急殺→股票每 5 秒成交價由大量內盤變成大量外盤→下跌力道減弱→可考慮極短線做多。

6-3 方法4問答》運用適當策略進場布局

Q1. 小資族如何多空持有避險？

小資族資金有限，不一定要多空都操作，可以單邊操作，順著趨勢進場。

大盤差的時候：可以空方操作，做空可以選擇高檔出貨股及籌碼差的股票。

大盤好的時候：可以多方操作，做多可以挑選主投買，低檔有關鍵分點買、地板股的股票。

Q2. 空頭時如何建立波段多單？

小哥的建議是：**在空頭時期，想要建立波段多單，要選擇關鍵分點低檔買＋高殖利率股。**

還有要提醒投資朋友，因為每個人的資金不同，要入場前自己一定要先確認，

當你買了之後，套牢時，你有沒有辦法接受「領股利、但忍耐未實現損益不如意」的狀況。進場時，也要多找幾個好條件，勝率才會高。

Q3.保本投資的方法有哪些？

　　很多人問：市場上有沒有什麼方法是比較能夠穩健獲利的？有保本投資的方法嗎？投資有一定的風險，一定要小心謹慎。

　　小哥常在上課時跟學員說，上了年紀後，一定要做一些穩健的投資；至於現股當沖、短沖的交易要盡量少做，因為年紀大了要避免冒太大的風險，壓力才不會太大。

　　保本投資的方法有很多種，例如：權證跟股票期貨的套利、可轉債跟股票的套利、可轉債跟股票期貨的套利等。投資朋友可以多加研究。

Q4.有無較低風險、穩健的獲利方法？

　　有些投資朋友覺得投資很難，常常抓不到盤感，因方向看錯而沮喪；有些朋友資金有限，但又希望風險不要太高、獲利不要太低，而來問小哥，有無較低風險且可以穩健獲利的方法？

小哥就會建議可以學習「套利」進行操作。什麼是套利呢？就是在不同的投資商品間，在不同的合約期（例如期貨），不同商品間的轉換（例如可轉債與股票），進行買賣交易，以賺取價格差異的利潤。

進一步說明有套利空間的商品：

①股票期貨中，不同合約間的套利

例如除權的國巨（2327）跟國巨一。同一商品有 2 種價格，利用低買高賣套利，特別是在除權息時可以穩健獲利。

②現貨與股票期貨

出現某種程度價差時，因兩者價格，最終會結算在同一價格附近（股票現貨、股票期貨）而可進行套利。

買期套利：買期貨、賣股票（融券放空或借券放空、確認強制回補日在結算日之後）。

賣期套利：賣期貨、買股票（當價差大於 1% 才值得做）。

③不同商品可以轉換成同一商品

可轉換公司債，可以換成股票。

④各種商品間，價差收斂時

◆股票、零股、權證、大小型股票期貨。

◆權證＋股票期貨的套利報酬率好，但套利風險相對較高。

⑤停券時期的套利（借券、權證）

借券、融券＋股票期貨的套利穩健，可好好參與。

⑥利用低成本的CBAS與股期的套利

可轉債動態套利在現股波動大時就能獲利，值得好好研究。

想要穩健獲利，就要留意操作的眉角，有興趣的朋友可以一起來研究。

6-4　市場7問答》解讀大盤與個股走向順勢操作

Q1.籌碼偏多、技術面偏空，要如何操作？

　　小哥常說操作股票要多找幾個進出場的理由，但有投資朋友問我：「找了2個理由，理由1偏多，理由2卻偏空，要如何操作？」小哥的建議是：只要做多或做空的條件有衝突時，就不要做。

　　台股有很多股票，一定可以找出條件不衝突的好股票。

Q2.為何大盤好就賺，盤不好就不知如何操作？

◆短線交易「一定」要研究籌碼。大盤好，做多較輕鬆；大盤差，做空易獲利。

◆不怕漲、不怕跌，就怕沒有行情，等訊號出來再下手。

◆如果當天都沒訊號，今天就可以休息，有時候休息也是一種策略！

◆學習成功者的經驗，可以避開許多損失。

◆從失敗中學習經驗，避開下次再犯錯，如果當下犯錯，記得檢討原因，檢討會累積經驗值。

Q3.買了強勢股，為何隔天卻收黑下跌？

買了強勢股，隔天卻收黑下跌，有可能買到隔日沖進場的股票。所謂隔日沖，就是一種主力運用「今天買，隔天就倒貨給追價散戶」的短線操作手法，來賺取價差獲利。

常見的狀況是，一檔股票拉長紅Ｋ棒快要鎖漲停，這時候吸引市場上許多散戶進場來追價，而隔日沖主力就會利用散戶的這個弱點來割韭菜賺價差，所以隔天走勢就容易有「開高走低」的情況出現。這就是為什麼，買了今天很強勢的股票，隔天卻變得非常弱勢，洗掉散戶們的持股信心。

如果真的買進之後才發現是隔日沖，遇到隔天收黑，這情況發生該怎麼做？就要回歸到你當初「進場的理由」，該檔股票，你是要做「短線」還是「波段」？

如果是波段，就不需要太在意短線上的波動，設好自己可以接受的停損點，遵守投資紀律──不到停損價，不亂賣；跌破停損價，絕不留戀。如果是短線，進場的理由消失就要出場，短線的波動比較難抓，設好停損就可。

Q4.如何分辨外資買入是隔日沖還是真回補？

外資影響台股動向，所以外資的操作動向，一直是投資人關注的焦點。當外資轉賣為買超時，要如何判斷是真回頭波段加碼，或只是隔日沖呢？可以用以下訊號簡單判別：

外資隔日沖的觀察訊號

　　①外資長期呈現一買一賣。

　　②代表券商：美林、摩根大通。

外資真回補的觀察訊號

　　①外資連續買進。

　　②波段主力大部分呈現買進。

　　③代表券商：摩根士丹利、花旗環球。

Q5.為何營收創新高，股價卻大跌？

股票市場上，影響股價的因素有很多，我們要進一步了解背後的成因，才能正確知道適不適合進場買股票。舉例來說：營收創新高是股價變化的成因之一，但是有些創新高的股票大漲，有些創新高的股票卻大跌，這時就要了解營收創

新高主要的原因是什麼：

①這是因為產業蓬勃發展，市場整體需求提升？

②是公司體質好，經營完善，具良好的競爭力，所以訂單增多營收創新高？

③是淡旺季節性或短暫的需求上升？

④是大環境因素？例如因為疫情而使得口罩大賣。

⑤是會計帳面因素？

了解各項緣由，知道營收創高背後的要因，確認是否為真正的利多？

接著，再進一步用籌碼分析，觀察主力布局情形，就能了解股價大跌的原因，也就能知道適不適合進場買股票。

Q6.股價回升有什麼條件？

當股價趨勢處在多頭，若有拉回，仍有機會回升到上漲趨勢，條件為：

①回檔不破前低。

②主力賣超累積，不破前低。

③低檔爆大量更好。

④關鍵低檔買進。

Q7.如何解讀股票期貨與現貨的正逆價差？

正價差：指的是「股票期貨價格＞標的股票現貨價格」，若大於 1%，意味著投資人預期未來股價會上漲。

逆價差：就是指「股票期貨價格＜標的股票現貨價格」，若小於 1%，代表投資人預期未來股價會下跌。

簡單來說，正價差時是偏多，逆價差很大時，是偏空。不過通常來說，股票期貨與現貨價格呈現一點點逆價差是正常情況。

6-5 當沖3問答》掌握短線進出獲利眉角

Q1.如何選擇當沖標的？

所有的投資操作，一定要有操作的理由。要記得研究籌碼，當沖勝率高的操作，可以選擇：

◆高檔出貨股的隔日沖。

◆股價是前一天是漲停板，但同族群拉高卻殺尾盤的股票。

◆買盤竭盡時空，委買掛大單時，可以空方操作。

◆反彈到下降均線。

◆到了布林通道平行中線的上軌，又有隔日沖主力進場。

Q2.大盤大跌時，如何挑選當沖個股？

◆可以挑籌碼差的做空，也可以挑選籌碼好的，做反彈的短多。

◆要先研究籌碼，看買賣方前 15 名券商的習性，再決定進場。深入研究籌碼，多找幾個進出場的理由，可以提高勝率。

Q3.當沖放空，如何避免被軋？

操作時，一定要研究籌碼，失算時，就要檢討失敗的原因。當沖放空，想要避免被軋，可以先做功課，例如：

1. 前天一定要檢查短線籌碼慣性。

2. 有愈多隔日沖分點進駐愈好。

3. 如果檢查籌碼有波段分點連續買進，就避開操作，可以減少被軋的機會。

4. 觀察大盤的強弱，如果今日大漲，放空可能較不利，就暫緩。籌碼檢查好，看到訊號明確再下單。

5. 如果盤勢較差，可觀察高檔出貨股，標的只要彈，都有機會可以抓到短線獲利的機會。

如果是小哥的軟體「全方位獨門監控」使用者，可透過此軟體資訊，當大單賣出或認購大單賣出時放空。

真的被軋時，又該如何停損？

①遇到急拉當下，就立即停損。

②如果慢了，可以等買盤耗竭，回檔量縮時出場。

③錯了就停損，下次再挑戰。

6-6 　除權息2問答》 用對方法搭上行情順風車

Q1.所謂除權息操作是什麼？

除權息是指公司在配發現金股利和股票股利時，會減去相對應的股價，減去現金股利的金額稱為除息，減去股票股利的金額稱為除權。

台灣上市櫃公司的除權息多在每年 6 月～ 8 月時進行，存股族會選擇股利配發穩定的股票，持有期間每年參與除權息領股利。

不過，因為股利所得需要繳稅，有些大股東為了避稅，會選擇不參與，也就是在除權息交易日前先把股票賣出，等到除權息當天再買回來。另外，許多人看到除權息當天股價跌很多，也會想要搶進。

這兩股力量經常會造成某些股票在除權息後上漲。因此短線操作者的除權息操作，就是是希望除權息日隔天開高。

除權息操作時，想要找到容易獲利的標的，可以觀察「主力 5 日籌碼集中度 > 5%」，或者「最近主力連續買」的個股。

另外，如果想要搭配軟體，小哥的「個股事件獲利王」，可以自動找出除息當天歷史開高機率高的標的交易（有配發股票股利更好）。

Q2.「假除權息」是什麼？

所謂「假除權息」，就是當融資的股票遇到除息時，為保持擔保品水準，於除權息前 6 個營業日，融資戶將採「假除息」結算，以當日收盤價計算。

若整戶融資維持率低於 130% 時，就會面臨「未除息先追繳」的命運，若不補保證金，隔日就會斷頭。

這是依據《證券商辦理有價證券買賣融資融券業務操作辦法》第 53 條規定，除權息交易日之前 6 個營業日起，會先行設算權息值，並自擔保品價值中扣除──這就是一般股票市場俗稱的「假除權息」。

再根據上述法規補充說明，投資人從事融資、融券交易之擔保維持率，是採每一信用帳戶之「整戶」擔保維持率合併計算。依規定計算的「整戶」擔保維

持率如低於 130%，投資人將收到證券商發出「追繳」，該追繳係屬通知程序，投資人雖然無須立刻繳款，然而若是沒有在通知送達日（T 日）起 2 個營業日內（T＋2 日）補繳，且當日（T＋2 日）擔保維持率仍低於 130% 時，則次一營業日（T＋3 日）擔保品將被處分。

另外，若是當日（T＋2 日）擔保維持率回升至 130% 以上，可暫不處分擔保品，但之後要是任一營業日擔保維持率又不足，且投資人未於當日下午自動補繳者，下一個營業日就得處分擔保品。

除權息時，如果你手中融資的股票有較高的權息，整戶擔保維持率的降低幅度也會比較大，因此，有融資的投資人一定要注意手中股票的除權息日期。

當股價跌跌不休時，再加上高現金股利的分派，融資維持率就會快速滑落至 130% 以下的水準，假除息的風暴就會開始出現，提醒融資戶在除息前一定要量力而為。

上市有價證券除權息及其殖利率，可上台灣證券交易所網站查詢。

1. 除權除息預告表：www.twse.com.tw/zh/page/trading/exchange/TWT48U.html。

圖1 除息前遭遇「假除息」追繳斷頭賣壓

以陽明（2609）日線圖為例

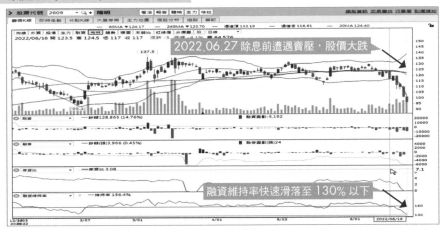

以長榮（2603）日線圖為例

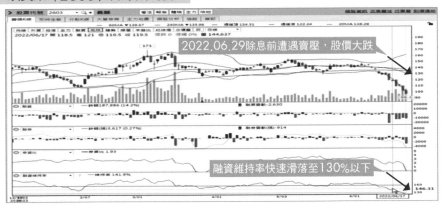

資料來源：理財寶籌碼K線

2. 個股之本益比、殖利率及股價淨值比：www.twse.com.tw/zh/page/ trading/exchange/BWIBBU_d.htm。

舉例來說，航運股陽明（2609）2022 年配發 20 元現金股利，在 2022 年 6 月 27 日除息日之前，遭遇「假除息」的追繳斷頭賣壓，融資維持率就會 快速滑落至 130% 以下的水準，加重除息前多殺多，加深股價的跌勢；同樣地， 當年高配息的長榮（2603）也在除息日 2022 年 6 月 29 日之前，發生類似 的狀況（詳見圖 1）。

<table>
<tr><td>6-7</td><td>

權證5問答》
短線避險增添保障

</td></tr>
</table>

Q1.權證有不掛單時機嗎？

有 3 個時機點權證不掛單：

①標的漲停時，發行商不用掛認購委賣價，認售委買價。

②標的跌停時，發行商不用掛認售委賣價，認購委買價。

③開盤前 5 分鐘，可以不掛價。

Q2.怕法說會變成「法會」，如何用權證避險？

如果已經持有股票，想要透過權證避險，1 張現股該買多少認售權證避險？答案是「1 ／ － Delta」。

還要注意，長期持有的股票，不要用權證長期避險，因為權證有時間價值，

持有愈久愈不值錢。

Q3.利用權證賣壓來空個股的眉角？

做權證賣壓，最好的時機是早上 09：30 前空，最好個股買進分點是隔日沖。籌碼是波段空股票，可利用全方位獨門監控軟體來輔助，提高勝率。

Q4.除息後股價會修正，買認售權證不就穩賺？

除息後的股價，會因為配股或配息而修正，發行商在除權息的前一天，會調整履約價和行使比例，所以不會有買認售權證就穩賺的事。

Q5.用認購參加除權息時，權證會配發股票嗎？

標的股票的除權，權證不會配發股票，只會調整履約價跟行使比例。

若用認購權證參加除息，假設標的股票的股價原本是 100 元，配息為 5 元，除息日變 95 元，當天的認購權證會出現以下情況：

情況①：當收盤是平盤時，權證會少一些時間價值。

情況②：當收盤是大漲時，認購權證價格大部分都會上漲。當填息時，權證上漲，就像領到息。

情況③：當收盤是下跌時，認購權證價格自然會跟著下跌。

用權證參與除權息，是期待除息日開高收高，千萬不要用權證進場、等填息時出場。因為權證有時間價值，填息日程不確定，日程愈長，權證每天都會減少時間價值，是很難賺錢的策略。

Note

國家圖書館出版品預行編目資料

權證小哥：股市致勝交易筆記 / 權證小哥著. -- 一版. --
臺北市：Smart智富文化，城邦文化事業股份有限公司,
2023.05
　　面；　公分
ISBN 978-626-96933-6-8(平裝)

1.CST: 股票投資 2.CST: 投資技術 3.CST: 投資分析

563.53　　　　　　　　　　　　　　　112004958

Smart 智富
權證小哥　股市致勝交易筆記

作者	權證小哥
主編	黃嫈琪

商周集團
執行長　郭奕伶

Smart 智富
社長　　　　林正峰（兼總編輯）
總監　　　　楊巧鈴
編輯　　　　邱慧真、施茵曼、林禺盈、陳婕妤、陳婉庭
　　　　　　蔣明倫、劉鈺雯
資深主任設計　張麗珍
封面設計　　廖洲文
版面構成　　林美玲、廖彥嘉

出版　　　　Smart 智富
地址　　　　115 台北市南港區昆陽街 16 號 6 樓
網站　　　　smart.businessweekly.com.tw
客戶服務專線　（02）2510-8888
客戶服務傳真　（02）2503-6989
發行　　　　英屬蓋曼群島商家庭傳媒股份有限公司城邦分公司

製版印刷　　科樂印刷事業股份有限公司
初版一刷　　2023 年 5 月
初版五刷　　2024 年 6 月
ISBN　　　　978-626-96933-6-8